Le goût d'être heureux...

en dix chapitres !

Catalogage avant publication de Bibliothèque et Archives nationales du Québec et Bibliothèque et Archives Canada

Morgan, Michèle, 1949-

Le goût d'être heureux-- en dix chapitres!

Nouv. éd.

Publ. antérieurement sous le titre: Le mieux de la peur. Montréal : Libre expression, c1998.

ISBN 978-2-89436-182-5

1. Peur. 2. Bonheur. 3. Réalisation de soi. I. Titre. II. Titre : Le mieux de la peur.

BF575.F2M67 2007 152.4'6 C2007-940649-1

Nous reconnaissons l'aide financière du gouvernement du Canada par l'entremise du Programme d'aide au développement de l'industrie de l'édition (PADIÉ) pour nos activités d'édition.

Nous remercions la Société de développement des entreprises culturelles du Québec (SODEC) pour son appui à notre programme de publication.

Cet ouvrage a paru initialement aux Éditions Libre Expression sous le titre *Le mieux de la peur* en 1998.

Correction d'épreuves : Amélie Lapierre

Infographie : Marjorie Patry

Mise en pages : Marjorie Patry

Éditeur : Les Éditions Le Dauphin Blanc inc.
C. P. 55, Loretteville (Québec) G2B 3W6 CANADA,
Tél. : (418) 845-4045 Téléc. : (418) 845-1933
Courriel : dauphin@mediom.qc.ca
Site Web : www.dauphinblanc.com

ISBN : 978-2-89436-182-5

Dépôt légal : 2e trimestre 2007
Bibliothèque nationale du Québec
Bibliothèque nationale du Canada

Imprimé au Canada

MICHÈLE MORGAN

Le goût d'être heureux...

en dix chapitres !

Surmontez 10 grands obstacles !
Apprivoisez la peur !
Osez dire oui au bonheur !

Le Dauphin Blanc

TABLE DES MATIÈRES

Mot de l'auteure pour la nouvelle édition de 2007

Tout le monde a le goût d'être heureux et cherche des moyens pour accéder au bonheur.

Peut-on cependant affirmer que les gens sont heureux ? Souffrent-ils parfois de certaines peurs qui empoisonnent leur vie ?

La vie ressemble à une course à obstacles qui laisse peu de place au repos du corps et de la tête. Ces obstacles deviennent trop souvent de véritables détracteurs qui nous empêchent d'accéder au bonheur. Certains obstacles évoluent parfois au stade d'une pathologie envahissante. On parle alors de maladie et on recommande à la personne atteinte de consulter un spécialiste de la santé ou de joindre un groupe de personnes souffrant de ce même problème.

Tout le monde ne souffre pas nécessairement d'une maladie grave nécessitant une psychothérapie ou un traitement médical. Toutefois, la majorité des gens souffrent, un jour ou l'autre, d'anxiété, d'angoisse et même de panique au sujet des aléas de la vie. Ce mal de vivre ne les rend pas nécessairement dysfonctionnels, mais il risque de perturber grandement leur apprentissage dans l'art du bonheur.

Quels sont ces obstacles susceptibles de court-circuiter notre droit au bonheur ? Il y en a des centaines et ce livre n'a pas la prétention de les aborder tous. Les dix obstacles dont il est question dans ce livre sont néanmoins répandus et semblent atteindre un très grand nombre de personnes, jeunes et moins jeunes.

Il semble en effet qu'à peu de choses près, la majorité des gens rencontrent les mêmes obstacles qu'ils ne révèlent pas toujours à leur entourage. Difficulté à trouver sa place dans la vie, impression de ne pas être apprécié, insécurité financière, dépendance affective, inquiétude au sujet du vieillissement, peur de la solitude, de la maladie et de la mort sont des exemples d'obstacles au bonheur. Ils sont monnaie courante et il ne faut pas penser être seul à ressentir ces peurs tout à fait normales qui deviennent malheureusement, pour certaines personnes, de véritables pièges dont elles cherchent sans succès à se dégager.

Existe-t-il des moyens simples et peu coûteux pour surmonter les obstacles, apprivoiser la peur et se donner le droit au bonheur ? Est-il possible de quitter l'état de mal-être pour arriver à celui de bien-être en changeant quelques comportements et, surtout, en faisant l'effort de transformer nos pensées ?

Sa Sainteté le Dalaï-Lama déclare que « la sensation d'être heureux ou malheureux dépend rarement de notre état dans l'absolu, mais de notre perception de la situation, de notre capacité à nous satisfaire de ce que nous avons. »

En observant l'effet produit par nos différentes peurs sur notre manière de vivre, j'ai découvert que celles-ci pouvaient soit nous écraser soit nous apporter des munitions pour améliorer notre qualité de vie. Les pistes d'action proposées dans ce livre sont à la portée de tous. Elles sont parfois d'une simplicité déconcertante mais n'en sont pas moins efficaces. Les essayer n'exige que peu d'effort et ne demande pas une foi absolue dans le résultat espéré.

En 1998, ce même livre a été publié aux Éditions Libre Expression sous le titre *Le Mieux de la peur*. Le choix de ce titre est expliqué dans le mot de l'auteure écrit à cette époque et qui se trouve à la section suivante de cette nouvelle édition.

Comme la chenille devient papillon, ce livre sur le bonheur a fait peau neuve. Son objectif caresse une ambition : celle de vous permettre de découvrir, en observant ces peurs qui vous rongent et en les apprivoisant, une source de force pour avancer en toute confiance vers la sérénité. La peur existe, on ne peut le nier. En acceptant de considérer la peur comme une amie, une alliée, une occasion de façonner notre destinée, on fait un pas irréversible vers le mieux-vivre. La confiance naît de l'expérience et l'expérience n'appartient qu'à celui et à celle qui accepte de la traverser.

Le bonheur n'est jamais un état qui dépend de quelque chose qui nous est extérieur, de quelque chose qu'il faudrait à tout prix obtenir pour être heureux et dont l'absence rendrait malheureux. Le bonheur est une aptitude que certaines personnes semblent avoir depuis toujours. On dit de ces personnes qu'elles ont le « bonheur facile ». Cette aptitude se développe idéalement dès l'enfance si les besoins de l'enfant sont suffisamment comblés pour lui donner confiance en lui-même et, surtout, une réelle estime de lui-même. Si ce n'est pas le cas, comme pour moi et bien d'autres, il faut apprendre à être heureux. Un défi de taille, mais dont l'investissement constitue, je peux en témoigner, le meilleur placement d'une vie.

Il suffit parfois de si peu pour transformer la chenille en papillon, pour oser être heureux. *Le goût d'être heureux*... un nouveau titre pour ce livre... une nouvelle occasion, pour moi, de partager avec vous les délicieuses « frissonnades » de l'art du bonheur.

Michèle Morgan

Mot de l'auteure pour la première édition de 1998

Il y a quelques années, j'ai traversé une épreuve que j'ai trouvée particulièrement difficile. En effet, après cinq semaines de combat contre sa maladie, je dus me résigner à faire endormir ma chienne, Soleil, à laquelle j'étais très attachée. Environ deux ans après, j'ai pourtant décidé de retourner au chenil d'où elle venait pour aller chercher une petite golden retriever, que les enfants de l'éleveur ont spontanément nommée Soleil, comme l'autre, connaissant mon affection pour cette dernière.

L'expérience douloureuse m'a cependant beaucoup appris sur la vie et sur la mort, sur la soif d'attachement et sur la difficulté à vivre, le moment venu, le détachement pour passer à autre chose. Après avoir pris la décision de cesser le combat contre la maladie dont souffrait Soleil, j'étais dans tous mes états et je passais, d'une minute à l'autre, d'un état de peine à la révolte, à la résignation, puis même à la joie de savoir qu'elle serait enfin soulagée du fardeau de la maladie qui l'accablait. Cet événement m'a aussi permis de vivre, quelques heures avant le départ de Soleil, une expérience étonnante. En effet, environ trois ou quatre heures avant que le vétérinaire ne vienne l'endormir à la maison, malgré son extrême faiblesse et sa perte d'entrain pour le jeu, Soleil a manifesté un regain de vie. Quelle ne fut pas ma surprise de la voir soudain s'asseoir très droite et regarder intensément tout ce qui l'entourait, comme si elle savait qu'elle voyait cet environnement pour la dernière fois, avec le corps physique que son âme animale habitait depuis cinq ans seulement. Je fus tout aussi surprise de la voir se rendre à son plat d'eau pour y boire longuement, comme si la santé lui était revenue par miracle.

Lorsque j'ai parlé du comportement de Soleil au vétérinaire qui s'était occupé d'elle durant sa courte vie – mais à qui je n'avais pas voulu confier la tâche de l'euthanasier, réalisant combien difficile est cette partie du travail d'un vétérinaire –, il me dit ceci : « Michèle, connais-tu l'expression " le mieux de la mort ? " Je lui avouai mon ignorance totale quant à cette expression et ce qu'elle pouvait représenter. Il m'expliqua alors que la plupart des animaux, comme la plupart des êtres humains, vivent, quelques jours ou quelques heures avant de quitter leur corps physique, un grand moment de paix s'apparentant à une forme d'extase. Il me dit aussi que, à l'occasion, il arrive même qu'une personne plongée dans le coma depuis très longtemps sorte soudainement du coma et, au cours de ce moment privilégié appelé « le mieux de la mort », vive, pleinement consciente, des heures précieuses durant lesquelles elle communique sereinement et lucidement avec son entourage.

L'expression m'a fortement impressionnée et, au fil des années, a germé dans ma tête. Presque quatre ans après cette découverte, l'idée du « mieux de la peur » a surgi en moi, comme une fleur prête à éclore. Pendant quelques jours, j'ai joué avec cette idée, l'ai examinée sous toutes ses facettes pour finalement me l'approprier définitivement et en faire le thème de ce livre.

Si le passage de la vie à la mort comprend un moment que l'on peut qualifier de « mieux », pourquoi n'en serait-il pas de même pour le passage de la peur à la libération de cette peur, puisque selon les études de la psychologie humaine, toutes nos peurs, des plus grandes aux plus petites, sont presque toujours une expression de notre peur ultime : la peur de la mort.

Parallèlement à cette réflexion sur les grandes questions existentielles, j'ai aussi observé et écouté les gens autour de moi. Une amie me téléphone pour me dire qu'elle a peur du divorce et qu'elle a peur de s'endormir le soir parce qu'elle fait des cauchemars. Un collègue de travail, admissible à la retraite, décide de ne pas faire le grand saut par peur de la solitude et de l'inactivité professionnelle. Un autre ami ne demande pas le divorce de peur de blesser irrémédiablement sa conjointe qu'il sent fragile et vulnérable, abdiquant ainsi sa propre liberté.

Dans une perspective plus large, tout le monde a peur de la maladie, du vieillissement et du manque de ressources matérielles pour se sentir indépendant. Presque tout le monde a aussi peur de ne pas être aimé ou de ne pas être apprécié par son entourage immédiat. Les politiciens ont peur de ne pas être élus ou de perdre le pouvoir difficilement acquis et, j'imagine, peur de ne pas bien utiliser ce pouvoir lorsqu'ils le possèdent.

Bref, nous voulons tous vivre heureux mais, en même temps, nous sommes très souvent morts de peur tout au long des expériences que la vie nous fait traverser, de gré ou de force.

Cette observation m'a conduite, en pensée, vers ma copine Luce, à qui je voue une grande admiration. Cette personne m'a toujours fait part de sa crainte de ne pas être à la hauteur dans sa vie professionnelle ; pourtant, j'ai rarement connu quelqu'un de plus appliqué et de plus minutieux dans l'accomplissement de son travail. Pas étonnant que ses employeurs lui accordent toujours des mentions d'excellence et que l'on n'hésite jamais à faire appel à elle lorsqu'il se présente de nouveaux défis à relever. Elle vous dirait sans doute qu'elle n'est pas rendue au sommet de l'échelle et que son étoile est encore toute petite, au firmament de la visibilité sociale, et elle aurait sans doute raison. Par contre, et c'est ce qui a retenu mon attention, sa détermination et sa capacité d'affronter sa peur, au lieu de se laisser écraser par elle, l'ont conduite à remplir ses obligations professionnelles de façon exemplaire et lui permettent d'occuper des postes intéressants, relevant sans cesse de nouveaux défis.

En observant mes propres peurs, je réalise qu'elles auraient pu m'amener à m'éteindre graduellement en vivant dans la terreur. J'ai cependant préféré me servir d'elles comme d'un levier puissant afin de me rendre à l'état de bien-être dans lequel je suis aujourd'hui. Cet état n'est certes pas parfaitement constant et il ne m'évite pas toutes les souffrances physiques ou émotionnelles, mais il a le pouvoir de me procurer une qualité de vie des plus appréciables.

Le présent ouvrage vous invite donc à observer quelques-unes des peurs qui nous habitent parfois, et que nous pouvons transformer en alliées. En effectuant cette démarche et en envisageant cette simple idée qu'à l'intérieur de toutes vos peurs se cache peut-être un « mieux » qui vous permettra d'être plus créatif et d'améliorer le contact avec votre intuition, vous ne deviendrez pas quelqu'un d'invulnérable, sans peur aucune, mais vous serez très certainement en mesure d'observer vos peurs les plus redoutables avec un nouveau regard, curieux et interrogateur.

Dans ce livre, j'aborde également, sans détour, des sujets que certains pourraient considérer comme honteux, tels que les fantasmes et les blocages sur le plan sexuel, la peur de voir s'altérer son image corporelle, à laquelle on consacre tant d'efforts pour la conserver intacte et jeune le plus longtemps possible, la crainte de déplaire à sa propre mère même après avoir atteint l'âge adulte, et bien d'autres encore. Ces sujets sont parfois tabous ; pourtant, beaucoup d'hommes et de femmes sont aux prises, à quelques nuances près, avec des difficultés de ce type, même s'ils croient être les seuls à y faire face.

Que se cache-t-il derrière toutes nos appréhensions et comment pouvons-nous nous servir d'elles pour mieux nous connaître et pour vivre plus intensément notre vie ? Ce livre n'a pas la prétention de vous apporter toutes les réponses ni de vous éviter toute forme de souffrance, mais, comme vous vous reconnaîtrez très certainement dans la description des différentes peurs vécues par les êtres humains, il vous offrira une perspective positive pour apprivoiser vos peurs les plus secrètes.

Identifier ses peurs, les décrire, en parler ouvertement, réaliser qu'elles se retrouvent chez d'autres personnes est un premier pas vers la prise de conscience de leur côté positif.

Il faut ensuite tenter de trouver à quel besoin profond chacune des peurs correspond, contribuant ainsi à mettre en mouvement un mécanisme de réaction différent de celui que ces peurs déclenchent habituellement.

Apprivoiser ses peurs et découvrir le « mieux » de chacune d'entre elles est une façon de poursuivre l'apprentissage de l'art d'être heureux. Ceux et celles qui me connaissent déjà par mes livres précédents penseront sans doute que le thème de l'aspiration à un mieux-être ne cesse de m'habiter, et ils auront tout à fait raison. Réfléchir sur l'apprentissage du bonheur est en effet devenu, pour moi, une véritable passion, qui m'anime et me donne toujours le goût de partager mes découvertes avec les gens qui m'entourent.

Il faut avoir beaucoup souffert pour réaliser l'importance de trouver la voie de la sérénité et de la paix. Il faut avoir beaucoup reçu pour avoir envie de donner aux autres un peu de lumière. Il faut être vraiment bien dans sa peau pour rencontrer son public au cœur de la douleur, mais, aussi, au cœur de l'amour.

Avant-propos

Alors que le XXe est terminé, que les églises ont perdu de leur pouvoir, que les sectes et leurs gourous sont, à juste titre, dénoncés, l'être humain, paradoxalement, se pose encore beaucoup de questions sur le sens de la vie et de la mort.

Tout le monde cherche le bonheur et le bien-être. Pourtant, il y a encore beaucoup d'insatisfaction et de détresse chez certaines personnes, qui souffrent de mal-être. Pourquoi en est-il ainsi ? Pourquoi y a-t-il beaucoup d'appelés et peu d'élus ? Pourquoi l'être humain refait-il inlassablement les mêmes erreurs, qui le conduisent aux mêmes souffrances, tout au long de sa vie, ou d'une incarnation à une autre, pour ceux et celles qui croient à l'existence de plusieurs vies successives ?

Se pourrait-il que la réponse à ces questions soit multiple ? C'est ce que je pense.

Il me semble qu'une grande part de la détresse humaine vient d'abord d'un manque de connaissances sur la nature même de l'être humain. Nous ne savons pas qui nous sommes réellement. Nous constatons, bien sûr, que nous avons un corps, mais nous savons aussi que ce corps est éphémère, vulnérable, et qu'il ne constitue qu'un véhicule qu'il nous faudra quitter un jour. Nous ressentons des émotions de tout genre qui nous empêchent de jouir pleinement de la vie et qui nous apportent souvent des maladies, tant physiques que psychologiques. Nous percevons aussi, à l'occasion, une petite voix intérieure qui, telle une flamme vacillante, semble vouloir s'éteindre lorsque s'élèvent en nous des tempêtes d'idées ou de sentiments.

Tant de questions surgissent alors. Est-ce que j'existais avant de naîtrex ? Est-ce que je vais continuer de vivre après la mort ? Est-ce que je vais revoir tous ceux et celles que j'ai aimés et qui ont quitté la terre ? Si la vie continue après la mort, que s'y passe-t-il ? Est-ce que je vais y retrouver tout ce que j'aime ici-bas ?

Une autre cause de la souffrance humaine réside dans la paresse spirituelle ou l'inertie dans laquelle nous avons tendance à glisser lorsque tout est trop facile. On peut bien sûr penser que l'être humain souffre parce qu'il est malade ou parce qu'il subit des épreuves, mais on pourrait aussi voir les choses sous un autre angle. En effet, on pourrait dire que l'être humain est malade et doit traverser des épreuves parce qu'il n'a jamais appris à trouver le bien-être auquel il est convié.

L'absence d'amour authentique m'apparaît comme une autre cause du mal de l'âme qui nous habite si souvent. Vouloir aimer et être aimé est quelque chose de tout à fait légitime, mais les problèmes surviennent lorsque nous confondons amour et dépendance, amour et attentes, amour et passion, amour et romantisme, amour et besoins sexuels ou affectifs. Et pourtant, ce sont cette confusion et toutes nos expériences difficiles qui nous permettent de vivre un jour l'expérience de l'amour authentique.

Cette expérience procure un tel bien-être que nous pouvons affirmer vivre alors un genre d'état de grâce. Pour certains, la route sera longue et ardue alors que pour d'autres elle sera plus courte et plus sereine. Cela dépend beaucoup de la volonté de chacun, de la façon dont on s'investit dans l'apprentissage du bien-être.

Par ailleurs, l'art d'être heureux s'apprend à tout âge. Le plus terrible karma peut se transformer très rapidement par l'utilisation volontaire des outils mis à notre disposition pour nous en libérer. Il n'en tient qu'à nous d'agir !

1

La légende personnelle

« Être ou ne pas être : voilà la question. » Cette affirmation célèbre, tirée d'une pièce de William Shakespeare, m'a toujours fait réagir fortement. Chaque fois que je l'entendais, je me demandais à quoi exactement l'auteur avait voulu faire allusion en écrivant ces mots.

Mon questionnement a débuté lorsque j'étais encore toute jeune, quand, vers l'âge de douze ans, j'ai eu la chance d'assister à une représentation de *Hamlet* au festival de Stratford, en Ontario. Je fus si marquée par la fameuse réplique, « to be or not to be : that is the question », que, pendant plusieurs mois, j'eus l'impression que Shakespeare lui-même venait hanter mes nuits pour me répéter cette phrase en pointant le doigt vers moi. Chaque fois, je me réveillais en sueur et me demandais inlassablement ce que voulait dire « être ou ne pas être ».

Shakespeare a fini par disparaître de mes rêves, mais je venais de prendre conscience de la confusion dans laquelle les êtres humains se trouvaient lorsqu'ils désiraient s'identifier. « Je suis un homme, ou une femme. » « Je suis ingénieur, médecin… » « Je suis grand, blond et maigre. » « Je suis spontanée et sociable. » Plus je vieillissais et plus je constatais que nous, les êtres humains, avions l'habitude de nous identifier à notre corps, à notre profession, à notre statut social ou encore à des traits particuliers de notre personnalité.

J'ai même réalisé que certaines personnes trouvaient le moyen de s'identifier à leur compte en banque. Pourtant, me disais-je, tous ces beaux attributs auxquels les êtres humains aiment s'identifier ne sont-ils pas condamnés à disparaître, avec la marche inexorable du temps ?

Devant une telle constatation, je me suis rendue compte aussi à quel point cette façon de nous décrire et de nous percevoir faisait de nous des êtres fragiles et vulnérables. En effet, si l'on s'identifie à son corps ou à son intellect, que l'on sait appelés à disparaître à plus ou moins long terme, ou si l'on se décrit à travers le prisme de son travail ou de ses biens matériels, comment peut-on se sentir solide et rassuré ?

L'idée de l'individualité et de la permanence de l'être devint alors, pour moi, l'objet d'une recherche et d'un questionnement qui, fort heureusement, trouvèrent leur aboutissement dans une perception différente de ce qu'est l'être humain. Je finis par comprendre que tous ces attributs merveilleux mais temporaires auxquels nous avions l'habitude de nous identifier n'étaient, en réalité, que des véhicules pour permettre à notre « moi véritable » de se développer et de s'affirmer.

Ce moi véritable, certains l'appellent « l'âme », d'autres « l'esprit », ou encore, dans un langage plus moderne, « le soi ». En fait, peu importe le nom que vous donnerez à cette partie de votre être, l'important est d'avoir l'intime conviction qu'elle existe et de comprendre pourquoi elle a besoin de certains véhicules comme le corps et l'intellect pour se développer, et comment elle les utilise. Mais, surtout, vous devez vous libérer de cette peur de disparaître qui vous habite peut-être depuis le début de votre vie actuelle, ou peut-être même depuis le début de votre existence entière, qui pourrait comprendre plusieurs incarnations successives.

Identifier qui l'on est

Roberto Assagioli, psychiatre et psychanalyste, a consacré sa vie à l'approche thérapeutique. Il s'est bien sûr appuyé sur la science médicale, puisque sa formation l'y avait préparé, mais il a également travaillé en étroite collaboration avec des psychologues, dont les différentes approches l'intéressaient au plus haut point. Homme d'une grande sagesse et d'une évolution exceptionnelle, il a lui-même développé une approche thérapeutique, qu'il a appelée la « psychosynthèse ».

Cette approche a retenu mon attention, car elle se démarque des autres par deux aspects importants. D'une part, considérant qu'il y avait du bon dans toutes les formes de thérapies, Assagioli décida de les regrouper pour permettre au patient de bénéficier des bienfaits de chacune d'elles. Le travail d'un thérapeute en psychosynthèse est difficile ; non seulement doit-il connaître toutes les techniques proposées par les diverses thérapies, mais il doit aussi, à chaque rencontre, s'ajuster à la personne qui vient le consulter et choisir l'approche appropriée. Le thérapeute en psychosynthèse peut aussi, à l'occasion, s'exprimer sur ses propres connaissances et expériences, créant ainsi une interaction qui permet au patient et au thérapeute de faire un pas en avant.

D'autre part, et c'est ce qui concerne mon propos sur l'identification de qui l'on est, Assagioli constata que, aussi valables soient-elles, toutes les approches de la psychologie et de la psychiatrie avaient complètement négligé un aspect fondamental de l'être humain, aspect qu'Assagioli considérait comme l'essence même de la personne, soit l'aspect spirituel. Toujours selon cet homme éminent, les personnes qui se présentaient chez un thérapeute étaient beaucoup trop souvent considérées comme malades, alors qu'en fait elles étaient tout simplement en crise de croissance spirituelle. Il constata aussi que, chez plusieurs individus, les difficultés de croissance spirituelle venaient se greffer à des problèmes liés au fait qu'au cours de l'enfance leurs besoins fondamentaux n'avaient malheureusement pas été comblés de façon satisfaisante.

La psychosynthèse invite donc toutes les personnes, thérapeutes et patients, à être particulièrement attentifs à l'aspect spirituel de l'être, à ne pas le négliger au profit des autres aspects. Assagioli ne préconise aucune croyance ou religion en particulier, mais dit qu'il faut respecter les convictions de chacun. Ses nombreuses années de travail consacrées à la thérapie individuelle ou de groupe l'ont conduit à la certitude que celui ou celle qui prend conscience de son « moi véritable », peu importe la voie spirituelle choisie, se libère d'une grande tension et d'une peur profonde de ne plus « être ».

J'aimerais partager avec vous ma perception de ce moi véritable, sans toutefois prétendre que cette perception est la vérité totale et absolue. On dit que la vérité, comme un diamant, a plusieurs facettes et que chacune de ces facettes accroche des milliers de parcelles de lumière. Il m'apparaît cependant évident que toutes les croyances se rejoignent à un carrefour par leurs dénominateurs communs. Lorsque l'on commence à s'intéresser aux messages que nous ont livrés tous les grands penseurs, on réalise qu'il s'en dégage une description assez semblable du périple d'un être humain.

On peut comprendre, à la lecture des textes sacrés qui nous ont été légués depuis des temps immémoriaux, qu'un être humain est, dès le début de son existence, un esprit inconscient appelé, de par les lois de la création, à devenir conscient. L'esprit inconscient a donc la possibilité de devenir pleinement conscient et de réaliser, de façon totalement individuelle, qu'il existe. De plus, et c'est ce qui est merveilleux, cet esprit devenu conscient est appelé à continuer à vivre sur le plan spirituel, et ce, sans fin aucune.

Pour arriver à cet état de conscience, l'esprit doit traverser différentes étapes, également prévues par les lois qui nous régissent. Ces étapes sont à la fois simples et grandioses. Il s'agirait pour cet esprit d'accepter de s'incarner dans un corps physique et de vivre autant de vies qu'il est nécessaire, d'accepter aussi de traverser des expériences de toutes natures pour évoluer, apprendre à vivre en harmonie avec l'existence et, finalement, en arriver à avoir suffisamment de force spirituelle pour ne plus avoir besoin d'un corps physique pour parfaire son évolution. On pourrait comparer ces différentes étapes à celles que doit franchir une personne dans une vie terrestre. En effet, chacune de nos incarnations est à l'image même du périple qui mène à l'autoconscience et à la libération spirituelle.

Il semble, d'après les écrits sur ce sujet, que la majorité des personnes actuellement sur terre compteraient déjà plusieurs réincarnations, qu'elles en soient ou non conscientes. On pourrait se demander pourquoi nous ne pouvons nous rappeler avec précision et certitude ces différentes étapes passées et pourquoi seulement une infime partie des humains semblent avoir des visions très claires de ces vies antérieures. La raison principale pour laquelle un être humain ne se souvient pas de ses vies antérieures serait tout simplement pour lui permettre de découvrir « intuitivement », et du plus profond de son âme, la lumière et la vérité. Or, si l'intellect se souvenait du passé, le travail en profondeur ne pourrait malheureusement pas s'accomplir. Par contre, et c'est une bonne nouvelle, chaque incarnation enlèverait graduellement le bandeau mis sur nos yeux pour nous donner accès à la réalité de notre être. Alors, et c'est ce que disent les personnes ayant pris contact avec leur moi véritable, il s'installe en soi une grande paix intérieure parce que l'on ressent vraiment qui l'on est ; on est conscient du fait que l'on est unique, et on a la conviction que la route qui s'ouvre devant soi est éternelle.

La perspective de devenir, un jour, un esprit désincarné ne vous sourit peut-être pas, et c'est bien normal, puisque présentement vous habitez ce véhicule qu'est votre corps, que vous êtes en contact avec vos facultés intellectuelles et que vous jouissez de tout ce que la terre peut vous offrir de merveilleux. Le défi n'est pas d'arriver à se déconnecter de l'incarnation pour s'évader dans le monde spirituel, bien au contraire. Le défi, c'est de profiter au maximum de ces attributs et de ces outils mis à la disposition de notre moi profond, et de les utiliser dans la perspective saine et efficace de favoriser l'évolution de notre âme.

Vous remarquerez d'ailleurs que plus vous serez en contact avec le moi profond qui est l'essence même de votre être, plus vous aurez le goût et la capacité d'utiliser pleinement vos outils terrestres. Il se crée finalement un lien entre les différentes parties de notre être, la partie permanente et les parties temporaires, et ce lien fait de nous un être « unifié » et plus heureux.

Découvrir ses talents

L'une des peurs vécues à tout âge est la peur de perdre son temps ou, tout simplement, de s'ennuyer. Nombre de gens appréhendent les vacances parce qu'ils n'ont pas les moyens de s'évader de leur routine quotidienne. Plusieurs voient avec inquiétude venir l'âge de la retraite en se disant qu'ils seront alors dans l'antichambre de la mort et que le temps sera bien long. On entend même de très jeunes personnes bayer aux corneilles ou faire des commentaires complètement désabusés sur la vie et leur avenir. Fort heureusement, cette peur de l'ennui existe à des degrés divers et ne se retrouve pas chez tout le monde. Mais comment les gens heureux ont-ils surmonté la difficulté ? Ont-ils reçu le don précieux de savoir se divertir facilement et avec peu de choses ou ont-ils cultivé l'art de bien utiliser leur temps ?

Certaines personnes, dès leur très jeune âge, se débrouillent très bien dans l'art de gérer, avec succès et plaisir, leurs activités et leur temps. Plusieurs d'entre elles ont eu la chance d'être encouragées par leur entourage dans cette démarche intéressante, et font donc leur petit bonhomme de chemin sur des assises solides. Par contre, ce n'est pas le lot de tout le monde.

Une observation des gens heureux et qui ne s'ennuient jamais permet de constater rapidement que ces personnes ont bien compris la parabole des « talents ». Chacun d'entre nous a un ou plusieurs talents à découvrir et à développer. Que ce soit en musique, en bricolage, en danse, dans l'exercice d'un sport, en art culinaire, en écriture, dans le bénévolat ou le contact avec les animaux, ou dans tout autre secteur de votre choix, il y a sûrement des activités qui vous permettront d'avoir du plaisir tout en éprouvant le sentiment de devenir, en les pratiquant, une personne meilleure.

Il est intéressant de constater que plus nos activités sont en affinité avec notre moi profond, plus elles seront constantes tout au long de notre vie. Nous pouvons éprouver un engouement très passager pour une activité parce qu'elle est à la mode, ou encore parce que nous connaissons des personnes de notre entourage qui s'y adonnent. Par contre, les activités qui ont une relation avec nos « talents » et notre vie spirituelle deviennent de plus en plus présentes dans notre vie et peuvent éventuellement déboucher sur une deuxième et même une troisième carrière.

L'idéal serait que tout le monde occupe un emploi qui soit en parfaite harmonie avec ses talents et son moi profond. C'est probablement le cas des artistes de carrière qui ont cette chance inouïe de vivre de leur « talent ». Mais il faut bien gagner sa croûte et, pour ce, occuper parfois des emplois qui ne répondent pas nécessairement à notre idéal. Les spécialistes en orientation professionnelle essaient d'ailleurs de faire prendre conscience de cette réalité aux jeunes lorsqu'ils doivent choisir une carrière. Il est aussi reconnu qu'une personne occupant un emploi qui lui convient, non seulement intellectuellement mais aussi viscéralement, est beaucoup moins fatiguée à la fin d'une journée de travail qu'une autre dont l'emploi ne correspond pas vraiment à ses champs d'intérêt et à ses talents.

Je pense, à titre d'exemple, à une personne que j'appellerai « le petit Mozart ». Cet homme a travaillé tout au long de sa vie professionnelle dans le domaine de la gestion. Ayant découvert chez lui des qualités évidentes de leader, une rigueur intellectuelle peu commune et un grand sens des responsabilités, on a tôt fait de retenir ses services comme gestionnaire. Par ailleurs, ces grandes qualités intellectuelles avaient aussi des rivales irréductibles qui ne demandaient qu'à exprimer l'âme d'artiste du petit Mozart. Mais la vie étant ce qu'elle est, notre petit Mozart a bien été obligé de mettre partiellement de côté ses talents d'artiste pour accomplir ce que nous appelions autrefois son devoir d'état. Fort heureusement, et c'est d'ailleurs ce qu'il est conseillé de faire, il a su entretenir la flamme tout au long de sa vie, grâce à ses loisirs, et peut maintenant, alors qu'il est à la retraite, laisser libre cours à cet aspect moins exprimé de son moi véritable.

La parabole des talents peut donc être envisagée sous un jour nouveau et tout à notre avantage. Au lieu de voir dans cette parabole une obligation ou une dette que nous aurions envers notre Créateur, nous pourrions nous dire plutôt que plus nous développons nos talents, moins nous avons peur de nous ennuyer ou d'être seul. Le cadeau véritable, c'est à soi qu'on le fait, et, bien sûr, par le fait même, à tous ceux et celles qui nous entourent, car en plus de profiter de l'expression de notre ou de nos talents, ils auront la chance de côtoyer une personne épanouie et bien dans ses activités.

Pour bien canaliser nos ressources et nos talents, nous devons les identifier, puis développer une certaine stratégie d'action. Sans cette démarche, on risque de se précipiter dans tous les azimuts et de dilapider ces attributs précieux dont la vie nous a dotés.

Développer une discipline et un certain contrôle de soi

Avez-vous déjà eu l'impression que vous alliez déraper et que vous alliez perdre tout contrôle sur votre vie ? Un tel sentiment peut arriver à tout âge et à différentes occasions.

Ce peut être, par exemple, à la suite d'un échec scolaire, de difficultés financières importantes ou, encore, d'un accident grave. Certaines personnes éprouvent aussi ce malaise profond au moment d'un divorce ou lorsqu'un être cher décède. En fait, il existe plusieurs types de chocs physiques ou émotionnels pouvant susciter cette peur irrationnelle que l'on va glisser sur une peau de banane et ne jamais pouvoir se relever.

Que l'on soit ou non dans une telle crise existentielle, il est possible d'améliorer son existence en affrontant une telle peur ou en se préparant aux coups de la vie qu'il n'est pas toujours possible d'éviter.

L'une des façons efficaces de bien gérer la peur décrite ci-dessus est de s'autodiscipliner dans les sphères de son choix. Prendre l'habitude de se discipliner ne veut pas dire exclure la fantaisie et la spontanéité, mais tout simplement développer un petit bagage de force et de résistance à utiliser au besoin. Il est prouvé qu'une personne capable de grande discipline peut atteindre les plus hauts sommets de son idéal. Le sommet à atteindre, en fait d'idéal, n'a pas besoin d'être l'Everest. Pour l'un, ce pourrait être une vie familiale équilibrée et paisible, pour un autre, l'accomplissement d'un passe-temps particulier. Quel que soit notre idéal, il y aura des hauts et des bas, des imprévus et des difficultés à affronter. Le contrôle de soi ne vient pas instantanément, mais bien avec la pratique assidue de la discipline personnelle. Et qui dit contrôle de soi dit également meilleure attitude par rapport aux différents stress de la vie.

Si la discipline est quelque chose qui vous agace ou dont vous avez une perception négative, faites un test. Prenez, par exemple, la résolution de marcher dehors au moins dix minutes après le *lunch* ou après le souper. Persévérez dans votre résolution et observez la satisfaction que vous ressentirez après quelques semaines, et encore plus après quelques mois, de pratique de cet exercice de volonté. Si la marche n'est pas ce qui vous convient, orientez votre exercice vers un tout autre but : diminuez votre consommation de cigarettes, de boissons alcoolisées ou de caféine, prenez le temps de vous relaxer en méditant quelques minutes chaque jour, consacrez régulièrement du temps à l'exercice physique, entretenez le pelage du chien… Pour mettre en pratique la discipline, les possibilités sont presque illimitées, et vous en retirerez plus de résultats que vous ne pouvez imaginer. J'en suis la preuve vivante !

Pratiquer le lâcher-prise

La suggestion d'apprendre à lâcher prise peut sembler être en contradiction avec celle de tendre, pour être plus heureux, à exercer un certain contrôle sur soi et sur son environnement. En fait, le lâcher prise est tout à fait compatible avec le contrôle de soi, et peut même, dans certaines occasions, démontrer justement que l'on exerce ce contrôle en refusant de s'accrocher obstinément à quelque chose ou à quelqu'un qui ne nous est pas bénéfique. Il est plus douloureux de s'accrocher à quelque chose de défaillant que de couper la corde pour se laisser descendre en chute libre. Essayez-le, le succès est garanti !

Il est étonnant de voir à quel point on a des ressorts psychologiques et émotionnels lorsqu'on lâche prise. Immédiatement, toutes nos cellules, nos neurones et notre système nerveux se mettent en action pour nous faire remonter la pente parfois à une vitesse incroyable. J'ai connu tellement d'hommes et de femmes qui se sont accrochés pendant des années à une union qui n'était plus harmonieuse, et qui présentaient toujours des symptômes de santé défaillante. Lorsque je revoyais, quelques années plus tard, certaines de ces personnes en plein processus de lâcher prise, j'avais de la difficulté à les reconnaître. J'avais l'impression qu'elles étaient en pleine cure de rajeunissement ou qu'elles venaient de gagner le gros lot. N'ayant plus à se battre pour survivre à leur problème, elles dirigent maintenant toutes leurs énergies vers leur propre personne et utilisent toutes leurs ressources dans des activités constructives et non destructives.

On dit souvent que la peur de ce qui pourrait arriver est plus lourde à porter que le fait de vivre réellement l'événement qui nourrit cette peur. Si vous vous débattez désespérément dans une situation, matérielle ou émotionnelle, qui semble gruger toutes vos énergies et vous occasionne de l'insomnie, prenez du recul et essayez de voir comment vous pourriez transformer cette situation à votre avantage. Par exemple, si vous conduisez une automobile luxueuse qui vous coûte très cher, et que cette situation entretient votre ulcère d'estomac, pourquoi ne pas vous départir de cette voiture et vous en procurer une plus compatible avec vos revenus actuels ? Plus tard, si le vent tourne, vous pourrez toujours revenir à ce genre de véhicule. Mais vous réaliserez peut-être aussi que ce luxe particulier n'était pas nécessaire à votre bien-être et que vous préférez mettre vos ressources sur autre chose.

De même, si vous hésitez à changer d'emploi parce que vous sentez, au plus profond de vous-même, que vous ne vous réalisez pas là où vous êtes et que vos perspectives à long terme sont plutôt moches, pourquoi ne pas regarder ailleurs et aller de l'avant ? Il est vrai que le taux de chômage est élevé un peu partout dans le monde, mais quel employeur n'aurait pas le goût d'embaucher une personne dynamique, prête à s'investir dans son travail ? De plus en plus de jeunes créent leur propre entreprise, et il semble qu'il existe toujours une place au soleil pour les personnes déterminées et enthousiastes.

La peur de mettre fin à une vie de couple stable, mais boiteuse, est également très présente de nos jours. C'est, bien sûr, une lourde décision que celle de se séparer, mais pourquoi ne pas lâcher prise si la relation n'apporte plus rien d'enrichissant ? Il pourrait même arriver que le couple se retrouve plus tard, si les affinités et l'amour sont présents, et reparte sur de nouvelles bases enrichies. En outre, si les deux personnes, après avoir constaté qu'elles n'ont plus rien à s'apporter et qu'elles sont rendues au « terminus », acceptent de bon gré de terminer harmonieusement la relation, elles pourraient éventuellement prendre une autre direction et explorer de nouveaux horizons qui leur permettraient probablement d'évoluer plus sereinement.

Parfois, la situation est déchirante et semble désespérée, mais il y a toujours une issue. Un collègue de travail me parlait récemment d'amis qui ont décidé de divorcer parce que la femme souffrait, depuis quatre ans déjà, de la sclérose en plaques et qu'ils ne pouvaient plus avoir une vie harmonieuse. La séparation, comme toutes les séparations, ne fut pas chose facile, mais les deux personnes sont maintenant plus épanouies. La femme a commencé à fréquenter un centre où elle a rencontré des personnes vivant les mêmes problèmes qu'elle, et elle s'est fait beaucoup d'amis. De plus, elle pratique des activités correspondant à ses capacités physiques, limitées en raison de sa maladie. Quant à son ex-conjoint, il a une nouvelle compagne, avec laquelle il peut avoir une vie plus adaptée à ses besoins. Si sa conjointe s'était accrochée à lui, il n'aurait sans doute pas été capable de la quitter, mais, en acceptant la séparation et en le laissant libre, elle s'est elle-même ouvert de nouvelles portes sur le bonheur. Ces deux personnes sont restées en très bons termes et continuent d'avoir des rapports amicaux, en dépit de leur divorce.

Lâcher prise ne veut pas nécessairement dire abdiquer. Cela peut représenter la fin d'un projet, mais aussi le temps d'arrêt nécessaire pour accomplir un virage ou se repositionner par rapport à ce projet. Cela peut aussi être l'occasion d'une prise de conscience de nos valeurs et de la place que nous leur réservons sur notre échelle individuelle. Prenons, par exemple, le cas d'une personne désirant vivre l'expérience de la maternité ou de la paternité, mais qui devient amoureuse de quelqu'un qui ne peut partager cette expérience en raison de problèmes de santé. Devant cette situation, la personne pourrait décider d'abandonner son désir et accepter de vivre sa vie de couple en en retirant d'autres bonheurs accessibles dans les circonstances.

Toute la nature qui nous entoure constitue un exemple probant de la beauté et de l'efficacité du lâcher-prise. Chaque automne, les feuilles abandonnent, une à une, l'arbre auquel elles étaient solidement attachées, mais l'arbre sait bien que le printemps lui rapportera son beau feuillage.

Aussi bénéfique le lâcher-prise soit-il, il faut toujours être conscient de ce que l'on veut et de ce que l'on est. Il faut aussi s'assurer d'être respecté en tant qu'être unique ayant droit à sa place au soleil.

Prendre sa place

Beaucoup de conflits et de mésententes seraient évités si chacun d'entre nous était capable de prendre la place qui lui revient, ni plus ni moins. Cette affirmation semble simpliste, et pourtant on entend souvent des gens dire qu'ils n'ont pas l'impression d'avoir leur place quelque part, parfois même au sein de leur propre famille.

Une personne qui prend sa place, tant au travail que dans sa vie personnelle, n'a plus peur d'être de trop, de déranger, de ne pas être comprise, de se sentir comme un chien dans un jeu de quilles. Inversement, celui ou celle qui ne prend pas sa place ressent toujours comme un vague malaise dans les réunions de travail comme dans les événements de type plus familial.

Mais comment fait-on pour prendre sa place et la conserver ? Cela ne tient, en fait, qu'à peu de choses. Il faut d'abord savoir quel genre de relation l'on désire entretenir avec les personnes avec lesquelles on est régulièrement en contact, et quel genre d'activités on est prêt à partager avec elles, en tenant compte des activités que l'on préfère faire seul. Ensuite, il faut avoir le courage et l'honnêteté de donner l'heure juste aux personnes concernées. Si, par exemple, vous adorez la musique et avez besoin de solitude pour bien l'apprécier, les membres de votre famille devraient connaître cet aspect de vous-même et apprendre à respecter les moments d'intimité que vous vous accordez avec votre musique. Si, au travail, vous aimez dépanner les autres dans un domaine où vous êtes particulièrement habile – l'informatique, par exemple –, ne vous gênez pas, annoncez vos couleurs… il y aura sûrement des preneurs.

On dit que la liberté de quelqu'un se termine là où celle de l'autre commence. C'est possible, mais il faut aussi admettre que la plupart des imbroglios surviennent parce que les gens ne se sont pas vraiment révélés aux autres, en toute transparence, en espérant que ces autres devinent leurs aspirations. C'est faire fausse route que de croire que les autres vont anticiper nos désirs et nous faire la place qui nous convient. C'est à nous de prendre les devants, tout en respectant le territoire des autres, et d'exprimer clairement qui nous sommes et comment nous avons envie de vivre. La communication sera ainsi grandement facilitée et tout le monde y trouvera son compte.

2

La peur du rejet

LA PEUR DU REJET est sans doute l'émotion qui s'apparente le plus à la peur de la mort. C'est aussi la plus difficile qu'ait à éprouver un être humain. Cette peur du rejet est plus douloureuse que toutes les autres craintes, qui découlent souvent d'une peur inconsciente d'être rejeté. En effet, les peurs de n'être pas performant, de n'être pas suffisamment beau ou intelligent, de ne pas avoir d'argent ou d'emploi, de ne pas avoir l'énergie pour suivre le groupe familial ou social, naissent toutes du désir profond d'établir avec les autres un état relationnel dans lequel on se sentirait important, apprécié et désiré.

La peur du rejet peut apparaître dès la naissance. Vulnérable et faible, le nouveau-né a besoin de quelqu'un pour prendre soin de lui et lui permettre de survivre en toute sécurité. Ce besoin de sécurité est souvent comblé de façon satisfaisante par les parents, dont c'est le devoir et la responsabilité. Mais s'il ne l'est pas, et c'est trop fréquemment le cas, il s'installe très vite en l'enfant ainsi négligé un sentiment de rejet qui risque de l'habiter toute sa vie.

Si la peur du rejet existe, c'est donc que le rejet existe aussi. Cette peur n'est pas le produit de l'imagination ni d'une déformation de l'âme. L'observation des animaux a permis de constater que certains petits sont rejetés par le troupeau, dès leur naissance, parce qu'ils ne sont pas assez forts pour survivre ou parce qu'ils risquent de menacer l'équilibre du groupe. Même des animaux adultes peuvent être expulsés d'un clan, par exemple lorsqu'il y a un conflit de pouvoir entre deux mâles reproducteurs. C'est le plus fort qui l'emporte, et l'autre est condamné à errer jusqu'à ce qu'il trouve une nouvelle meute et réussisse à se faire accepter par elle. De façon plus générale, on peut observer que tout organisme vivant tend à rejeter les éléments qui perturbent son fonctionnement. Notre corps, par exemple, nous invitera à rejeter, par le vomissement, une substance nocive qui risquerait de nous rendre malade.

Chez l'être humain, la peur du rejet contient donc au départ des éléments de réactions instinctives saines et naturelles. Il ne faut pas automatiquement la percevoir comme une dysfonction marginale dont ne seraient atteints que certains individus plus faibles ou plus dépendants. La peur du rejet peut cependant devenir maladive lorsqu'elle n'est pas comprise et qu'elle réussit à perturber l'équilibre d'une personne. C'est le cas, par exemple, des dépendants affectifs, qui ont une grande peur du rejet et qui orientent toute leur vie en fonction d'elle, soit en vivant dans la soumission la plus totale, soit en cherchant à être rejetés, tant et aussi longtemps qu'ils n'auront pas fait la paix avec leur peur et qu'ils n'en auront pas compris l'origine. En fait, la dépendance affective est, chez ceux qui en sont atteints, l'expression de leur très grande peur d'être rejetés et de leur carence émotionnelle due au fait que le besoin de sécurité de l'enfant qu'ils ont été n'a sans doute jamais été comblé de façon satisfaisante.

La plupart d'entre nous ont sûrement, un jour ou l'autre, ressenti la peur du rejet sans nécessairement être devenus des dépendants affectifs. Ce n'est pas mon cas, puisque par peur du rejet j'ai vécu pendant de nombreuses années ce handicap difficile de la dépendance affective. Heureusement, j'en suis sortie plus forte, et plus apte à comprendre ce phénomène répandu.

Mal comprise et mal canalisée, la peur du rejet conduit bon nombre d'individus, actifs socialement et en apparence très heureux, à poursuivre une quête épuisante dont le seul objectif est de se faire aimer. Cette quête peut ainsi amener une personne, presque à son corps défendant, à prendre tous les moyens à sa disposition pour être aimable. Par exemple, un enfant s'appliquera à avoir de bons résultats scolaires, ou à être le meilleur dans un sport, dans le seul but de plaire à papa et à maman, dont l'amour, lui semble-t-il, doit être mérité. À l'âge adulte, ce même individu voudra sans doute épater sa conjointe en occupant un emploi prestigieux, en gagnant de plus en plus d'argent ou en lui procurant la plus belle maison du quartier. Chez la femme, ce besoin d'être aimable pourra se manifester par une obsession compulsive à entretenir la maison de façon impeccable, par la nécessité d'être toujours bien coiffée et habillée comme une carte de mode ou, pire encore, par le fait d'être toujours disposée à avoir des rapports sexuels, même si le goût n'y est pas. La peur du rejet conduit certaines femmes à devenir des *superwomen* : tout en ayant un emploi à temps plein, elles se sentent obligées d'être une amante attentionnée, une mère exemplaire et une maîtresse de maison parfaite. Elles sont souvent des candidates au syndrome de l'épuisement nerveux, et sont rarement, même en tenant le coup à ce rythme infernal, des personnes épanouies et sereines.

La peur du rejet amène certains individus à adopter des comportements sociaux exigeant d'eux l'abdication de leur tempérament et le déni de leur personnalité. Par exemple, sur le plan professionnel, par peur de déplaire et de se faire des ennemis, ces gens ont des attitudes mi-figue, mi-raisin, et n'arrivent donc pas à prendre les décisions qui s'imposent. Ce sont des gens pour qui « tout le monde il est beau, tout le monde il est gentil », et dont on ne peut jamais vraiment connaître l'opinion parce qu'ils penchent toujours du côté où souffle le vent. Mon ex-conjoint, qui a été gestionnaire pendant de nombreuses années, et qui ne souffre pas du tout de ce problème, n'a jamais accepté ce style de gestion, qu'il voyait plutôt comme une façon de se rendre populaire auprès des employés. Cette attitude le mettait hors de lui parce que, à son avis, trop de personnes agissaient ainsi par peur de ne pas être reconduites dans leur tâche ou de ne pas obtenir des promotions convoitées.

La peur du rejet provient aussi d'une fausse conception que l'on a de la relation et de la fusion comme sources de bien-être et d'épanouissement. Au tout début de notre vie, lorsque nous ne sommes qu'un fœtus en gestation, notre seul point de référence avec l'univers est notre mère. Cet état fusionnel et confortable est essentiel pour nous assurer un bon ancrage dans la matière, mais il ne doit constituer qu'une période transitoire qui nous permettra de voler de nos propres ailes le moment venu. Cet état symbiotique n'est d'ailleurs pas rompu instantanément à la naissance. Ce n'est que graduellement que le tout petit bébé, puis le jeune enfant, finit par réaliser qu'il ne fait pas un avec sa mère. Sur le plan psychologique, cette transition est encore plus longue et s'échelonne sur plusieurs étapes, qui ne sont pas toujours franchies avec succès. Dans certaines tribus, on procède à des rites d'initiation pour faciliter la prise de conscience de l'être en voie de devenir adulte. Ces rites ont pour but de favoriser la transition entre l'état d'enfant pris en charge et celui d'individu responsable, et même profondément seul devant l'adversité. Ces rites peuvent paraître barbares et cruels, mais ils ne sont, en fait, que le reflet d'une réalité qui suivra l'individu tout au long de son existence. On pourrait donc les voir comme une sorte de mise en situation visant à bien équiper le voyageur terrestre.

Si vous observez votre propre comportement, vous serez peut-être étonné de constater le nombre de vos gestes et de vos choix qui sont conditionnés par la peur du rejet. Agir ainsi pendant un certain nombre d'années n'est pas nécessairement catastrophique. Ce peut même être une façon pour quelqu'un de survivre tout au long de sa vie. Il est par ailleurs sûr que les choix basés sur la peur du rejet ne reflètent pas l'être authentique et ne peuvent pas, par conséquent, être source de joie et de paix. Certaines personnes en arrivent même à se rendre malades, à force de rechercher l'approbation à tout prix ; cependant, elles réalisent, en bout de chemin, que les autres ne les apprécient pas plus pour autant. Ceux et celles qui consacrent leur existence à se dévouer pour combattre leur peur du rejet, et qui attendent, en retour, des manifestations de gratitude et d'approbation, se retrouvent toujours le bec à l'eau et le cœur rempli d'amertume. Ils ne comprennent pas que cette façon d'agir ne favorise jamais une communication enrichissante ni ne permet d'entretenir des rapports gratuits, d'égal à égal, avec les gens de l'entourage familial ou professionnel. Les victimes de ces assoiffés d'amour et de reconnaissance ne sont pas éternellement dupes de la situation. Elles finissent toujours par se rendre compte que les bons gestes n'étaient en réalité qu'une façon d'attirer l'attention et de quémander quelque chose en retour. La peur du rejet transforme les personnes qui en souffrent en de véritables spécialistes de la manipulation humaine. Elles vont même jusqu'à dénier l'évidence. Si on les confronte au sujet de leurs véritables intentions, elles sont susceptibles d'argumenter indéfiniment pour démontrer que leur seule motivation était la bonté, la générosité…

Ayant exercé la profession d'avocate en droit matrimonial pendant quelques années, j'ai été très souvent à même de constater que bon nombre de femmes ont ainsi consacré la plus grande partie de leur vie adulte à se dévouer, corps et âme, pour leur homme et leur progéniture. Cherchant, de cette façon, à donner un sens à leur existence, et oubliant que leur premier devoir était de s'aimer elles-mêmes, ces femmes ont entretenu l'illusion qu'une vie d'abnégation, de renoncements et de sacrifices leur apporterait éventuellement une belle récolte et une vieillesse paisible. Combien de fois ai-je entendu de telles femmes, remplies de hargne et de dépit, jeter à la tête du conjoint qui voulait divorcer qu'elles l'avaient torché et enduré pendant des années et qu'elles ne méritaient pas un tel sort. En entendant ces tristes propos, je me suis toujours demandé pourquoi ces femmes avaient persisté si longtemps dans une relation qui, de toute évidence, les réduisait à une perception si négative d'elles-mêmes. Ou, si elles avaient été relativement heureuses au cours de leur vie matrimoniale, pourquoi elles ne pouvaient tout simplement pas conserver le souvenir de ce qui avait été bon et accepter de tourner la page sans ternir le passé. Je réalise aujourd'hui que la peur du rejet, qui a sans doute toujours habité ces personnes tout au long de leur vie de couple, se manifeste encore davantage au moment de la séparation. Lorsqu'elles arrivent à ce carrefour où chacun décide de prendre son propre chemin, elles se rendent compte que tout ce qui donnait un sens à leur vie de sacrifices ne saurait permettre l'impossible retour en arrière à deux personnes qui n'ont plus suffisamment d'affinités pour continuer ensemble. La vie nous oblige à avancer, et le « sur place » finit toujours par nous faire régresser.

Je ne dis pas que la vie de famille et l'état de parent ne sont pas compatibles avec le mot bonheur, mais ils ne doivent pas être un moyen de combler un vide intérieur et d'échapper à ses devoirs, envers soi-même, d'évolution et de remise en question. Les choix de vivre seul ou en couple, avec ou sans enfants, d'exercer tel genre d'emploi ou tel autre, d'être sportif ou contemplatif ne sont que des variantes dans l'orientation de nos énergies et de nos facultés. Ces choix sont tous bons, mais ne devraient jamais représenter le but ultime de notre existence. Le seul but réel et durable de l'existence de tout être humain est celui d'assumer pleinement sa responsabilité dans l'évolution et le développement de sa conscience.

L'être humain adulte qui comprend cela accepte qu'il est le seul et unique responsable de son bonheur et le seul maître à bord des « véhicules d'évolution » que sont l'âme, les facultés psychiques et le corps. L'esprit inconscient à qui est offerte la possibilité de s'incarner pour devenir conscient doit éventuellement rencontrer la lumière et la vérité, c'est-à-dire qu'il doit entrer en contact avec toutes les réalités, aussi bien spirituelle que matérielle. Cette rencontre produit en lui un véritable renouveau et supprime à tout jamais la peur maladive du rejet.

Supprimer la peur du rejet en la transformant en force positive pour apprendre l'art d'aimer véritablement ne veut pas dire que la vie sera sans difficultés ou sans épreuves, comme si l'on flottait sur un nuage rose. Cependant, en apprenant à vivre sans la peur du rejet, on considère ces difficultés et ces épreuves d'un œil nouveau. On ne panique plus devant les coups durs, et on réalise que toutes les ressources nécessaires pour traverser avec succès ces devoirs d'évolution ne sont vraiment disponibles qu'à l'intérieur de soi.

Dans une conférence, Arnaud Desjardins, auteur bien connu qui a fréquenté de grands maîtres indiens, a déclaré qu'un être humain doit, pour accéder au bonheur, s'arracher de l'illusion qu'il peut éviter la souffrance et la douleur. Il affirme aussi que lutter contre l'expérience nécessaire de la souffrance, comme moyen d'évolution et comme réalité d'une moitié de la vie, c'est en même temps s'empêcher de connaître l'autre moitié, le bonheur. Arnaud Desjardins en arrive à la conclusion que refuser cette réalité de la souffrance et, par conséquent, être constamment dans la peur de cette souffrance, nous maintient dans un état perpétuel de non-bonheur. Il nous invite donc à accepter les épreuves comme une réalité incontournable de la vie et à apprendre d'elles ce qu'elles ont à nous enseigner, tout en sachant que d'autres bons moments nous attendent. Devant cette alternance de joies et de peines successives, l'être humain conscient cesse d'avoir peur et peut vivre intensément et sans arrière-pensées les bons moments comme les moments plus difficiles.

À mon avis, la seule peur qu'un être humain devrait considérer comme saine et qu'il devrait s'appliquer à entretenir est celle de ne pas se réaliser comme esprit conscient et « autoactif » dans la Création dont il est l'invité. Doté du libre arbitre et ayant l'obligation de se soumettre aux lois de la Création pour s'y mouvoir avec grâce et harmonie, l'être humain pourrait, et devrait, en fait, avoir peur d'être éventuellement rejeté par la vie elle-même s'il n'a pas réussi à devenir suffisamment fort et conscient au terme de ses pérégrinations.

La meilleure façon de s'acquitter de cette lourde commande existentielle, qui représente par contre l'un des plus beaux défis qu'un être humain puisse relever, est de travailler à comprendre le sens véritable de l'amour. Il faut dire, cependant, que bien peu de gens y sont parvenus. C'est néanmoins ce que je vise. En effet, moi qui suis encore tiraillée par des vestiges de dépendance affective, qui suis toujours aussi vulnérable au romantisme, qui suis encore occasionnellement séduite par des apparences accrocheuses, et très consciente de mes limites intellectuelles quand il est question d'un sujet comme l'amour, j'ai quand même pris la décision de me consacrer à l'apprentissage de l'art d'aimer. Quelle recherche passionnante !

N'étant pas une experte en la matière, puisque les résultats de ma recherche dépendent de mes essais et de mes erreurs, je suis donc très consciente que mes propos ne sont qu'un pâle reflet de la grande réalité qu'est l'amour. J'ose néanmoins espérer que ce reflet contiendra suffisamment de lumière pour vous permettre de faire un pas de plus dans la bonne direction, ou encore pour confirmer, comme le fait un panneau de signalisation, que le chemin que vous suivez a de bonnes chances de vous conduire à la destination que vous souhaitez atteindre.

Aimer

Aimer est un mot que l'on utilise très souvent, mais dont on ne connaît pas nécessairement le véritable sens. Tout le monde cherche l'amour, mais personne ne le trouve de façon permanente. Il y a une quantité de livres sur l'amour, mais, lorsque l'on en discute avec les gens de notre entourage, on réalise que l'amour, comme art véritable, est plutôt méconnu.

Pour la majorité des gens, aimer consiste à porter, avec plaisir et souvent avec passion, son attention sur une personne, un animal ou même un objet, et à retirer de cet acte d'aimer une satisfaction très gratifiante. Les gens sont pourtant conscients que cet amour n'a pas toujours la même saveur et ils en déduisent qu'ils n'ont peut-être pas trouvé le bon sujet ou le bon objet, susceptible d'actualiser leur potentiel d'amour. En résumé, presque tout le monde est convaincu de sa grande capacité à aimer, mais de nombreuses personnes considèrent ne pas avoir eu de chance « en amour ».

Une constatation intéressante sur cette question d'aimer, c'est que le sujet ou l'objet qui suscite notre amour n'a pas toujours le même effet bénéfique sur nous ; on peut même devenir complètement indifférent à lui. L'amour, vu sous cet angle, serait donc un sentiment non permanent, susceptible d'apparaître ou de disparaître au gré de sa fantaisie et des objets qui le stimulent.

Dans la définition de l'amour que m'ont donnée la plupart des gens que j'ai interrogés, le besoin d'être aimé a aussi une place très importante. Pour certains, aimer sans être aimé en retour est la pire des calamités. Ils se considèrent comme malchanceux parce que le seul être qu'ils aiment ne s'intéresse pas à eux, ne veut donc pas partager leur amour.

Les histoires de « grand amour », pour utiliser une expression courante, sont donc souvent pathétiques et déchirantes, et se terminent presque toujours de façon dramatique. Il n'y a qu'à penser aux héros amoureux : Roméo et Juliette, Tristan et Iseult, Lancelot et Guenièvre, ou même le couple du film *Love Story*, que vient finalement séparer la mort pathétique de la jeune femme, atteinte de leucémie.

L'amour filial, fraternel ou amical cause moins de remous, mais ces types d'amour ne sont pas pour autant exempts de soubresauts. Pensons, par exemple, aux chicanes de famille à la suite d'un décès. Souvent, les rapports humains changent lorsqu'il y a des enjeux pécuniaires. Quand il est question d'héritage, l'amour s'envole parfois aussi vite qu'un oiseau effarouché.

Les grands spécialistes de l'amour ainsi que les livres traitant de la question semblent unanimes pour faire une distinction importante entre « aimer » et « être amoureux ». Dans son merveilleux livre, intitulé *Je t'aime*, le sociologue Francesco Alberoni décrit très bien tout ce qui entoure la passion amoureuse. Il explique ce qui se passe à l'intérieur d'une personne lorsqu'elle fait l'expérience d'être amoureuse ou, comme on le dit fréquemment, lorsqu'elle « tombe en amour ».

L'expression « tomber en amour » (qui est en fait un calque de l'anglais) est plutôt curieuse. Ainsi, sous le mot *tomber*, dans le dictionnaire, on renvoie, entre autres, aux verbes suivants : s'affaiblir, diminuer, s'effondrer, descendre, succomber, mourir... Ce ne sont pas là des mots très évocateurs du sentiment ressenti à l'étape que le sociologue Alberoni appelle l'« état de l'amour-naissant », elle-même précédée de l'étape du choc amoureux. On imagine plutôt l'amour comme un état susceptible de faire grandir la personne amoureuse, de l'élever, de la rendre meilleure et de la faire se sentir plus vivante.

Il semble donc qu'il existe une grande confusion sur la définition de l'amour. L'apprentissage de l'art d'aimer n'est peut-être pas uniquement possible dans les histoires d'amour à l'eau de rose dont on raffole tous, surtout si nous en sommes les héros, mais qui semblent trop souvent se terminer en queue de poisson, en faisant de nous de véritables virtuoses du détachement plutôt que de l'art d'aimer. Ces expériences amoureuses successives, qui nous font douter de notre capacité à aimer, devraient peut-être nous mettre sur la piste de l'amour véritable. Personnellement, j'en suis convaincue. C'est d'ailleurs ce long chemin de Damas qui m'a enfin permis d'entrevoir, avec bonheur, le début d'une perception plus juste de ce qu'est l'amour véritable. Je dis bien le début, car je suis trop consciente du très long chemin qu'il me reste à parcourir pour découvrir pleinement cette réalité grandiose. L'amour, tout comme la justice et la pureté, est un idéal tellement élevé pour nous, êtres humains incarnés, qu'il nous faut travailler avec persévérance et détermination pour y accéder en toute conscience et, surtout, pour arriver à l'intégrer tout naturellement dans notre mode de vie. Mais qui dit ardu ne dit pas impossible. De plus, tout investissement fait en ce sens ne peut que favoriser notre progression spirituelle tout en contribuant à notre qualité de vie, tant sur le plan physique que psychologique. Car, il faut bien se l'avouer, les amours difficiles mais nécessaires, entre la passion et la peur du rejet, ne sont pas une sinécure et nous font perdre quelques plumes au passage. Les quelques rides autour de mes yeux, qui ont tant et tant pleuré, à la suite de chagrins d'amour, pourraient vous en dire long à ce sujet.

Comment donc arriver à reconnaître ce qu'est l'amour véritable et à devenir virtuose de l'art d'aimer ? Tout simplement en décidant de faire de l'amour l'objet de notre attention et de notre apprentissage plutôt que de rechercher compulsivement des sujets ou des objets à aimer. Cette démarche nous amène donc à considérer la capacité d'aimer comme une faculté à développer, et l'apprentissage de l'art d'aimer véritablement comme la voie d'évolution à privilégier entre toutes.

Comme dans l'apprentissage de tout art, pour pouvoir progresser dans celui de l'art d'aimer, il faut des connaissances et il faut le pratiquer. Mais où et comment trouver ces connaissances ? Malheureusement, il n'y a pas de réponse facile à cette question. S'il existait un seul endroit, bien précis où se tourner, que de longs détours et d'expériences douloureuses seraient évités ! Il y a cependant des guides et diverses ressources qui peuvent nous aider à cheminer et à accéder graduellement à la connaissance. Mais, comme dans la pratique de tout art, le plus grand maître ne peut être l'interprète à la place de son élève.

La route n'est donc pas toute tracée et il faut souvent faire des détours contre vents et marées pour accéder au port. Par contre, comme si nous étions sur un bateau, il se trouve toujours quelques phares pour illuminer les nuits les plus obscures. Les écrits sacrés sont quelques-uns de ces phares pouvant nous éclairer en partie. Parfois, aussi, des personnes sont placées sur notre route ; si on est réceptif à ces rencontres, on peut en retirer beaucoup. Le best-seller *La Prophétie des Andes*, de James Redfield, explique très bien le phénomène des rencontres qui semblent dues à des coïncidences troublantes. Dans leur recherche de la connaissance, certaines personnes se soumettent à des rites initiatiques avec des grands maîtres. D'autres vont pratiquer assidûment des disciplines exigeant concentration et intériorité, comme certains arts martiaux ou la méditation.

Tous les chemins mènent à Rome, dit-on. Le simple fait de prendre la décision de connaître ce qu'est l'amour véritable et de faire l'apprentissage de l'art d'aimer est un premier pas dans la bonne direction. Quant aux façons de procéder, elles sont multiples. Cependant, elles ne seront en général efficaces que si elles proviennent d'un choix personnel, libre d'influences intéressées. Imaginons, par exemple, que vous décidez de vous rendre auprès du dalaï-lama en espérant trouver la lumière, mais que cette décision ne résulte pas de votre cheminement intérieur mais d'une proposition de voyage de la part d'une amie. Il est peu probable que vous soyez frappé d'une révélation subite, quoique cela arrive parfois. Comme lorsque l'apôtre Paul, jeté en bas de son cheval, a enfin compris où se trouvait la voie du salut.

Pour ma part, je crois beaucoup aux lectures et aux rencontres, mais surtout à ce que Thérèse de l'Enfant-Jésus appelait « la petite voie ». Cette voie, facile d'accès, consiste tout simplement à demander à Dieu, à votre guide ou à la vie de mettre sur votre route toutes les occasions de comprendre et d'apprendre ce qu'est l'amour véritable. Voici une façon de formuler cette demande : « Je demande à la vie de me faire comprendre le sens de l'amour véritable et de mettre sur mon chemin, au quotidien, gens et événements susceptibles de m'éveiller à cette connaissance. En retour, je m'engage à consacrer l'énergie et la volonté nécessaires pour devenir un virtuose de l'art d'aimer. »

Cette petite voie a conduit plus d'un être humain à la connaissance de l'amour. On dit que l'amour véritable est gratuit et universel, donc pas seulement dédié à un être unique duquel on est amoureux, et qu'il ne peut jamais se transformer en haine. On dit aussi qu'il est sollicitude, respect, tolérance, et qu'il fait de son interprète un être parfaitement responsable de ses pensées, de ses paroles et de ses actes. On dit enfin que l'amour véritable amène l'individu non pas à faire ce que l'on attend de lui, mais ce qu'il juge opportun et juste de faire. En ce sens, il n'est jamais complaisant et faible.

L'amour véritable a aussi comme effet de conduire celui ou celle qui le pratique à une connaissance de plus en plus grande de tous les plans de la Création et des êtres qui vivent à l'intérieur de ces plans. Il permet ainsi à la personne qui accepte de s'ouvrir à lui de décupler son potentiel créatif parce que, libérée d'attentes précises, elle peut recevoir pleinement l'inspiration pour accomplir et s'accomplir.

J'ai le pressentiment que, après m'être investie le temps qu'il faudra dans l'apprentissage de l'art d'aimer, aimer ne sera plus seulement une manière d'agir, mais aussi une manière d'être. Lorsque l'on atteint l'amour véritable, on devient sans doute tout amour soi-même. C'est du moins l'impression que j'ai toujours ressentie en voyant des personnes comme mère Teresa et Jean Vanier, deux êtres extraordinaires qui semblent avoir trouvé, à travers leurs activités quotidiennes auprès des démunis, le sens véritable de l'amour.

Le chemin est sans doute long, mais il a ceci de bon qu'il est de plus en plus lumineux, au fur et à mesure que l'on avance, comme si le jour se levait et qu'il annonçait un temps splendide. Il y a, sur cette route, quelques accidents de parcours, des chutes inévitables et des hésitations, mais jamais de retour en arrière. L'air y est de plus en plus pur et le climat de plus en plus tempéré. On apprécie mieux le chant des oiseaux et la nature. Le contact avec l'humanité est dégagé d'attentes infantiles et les moments de joie profonde sont d'une rare intensité. Graduellement, on se dépouille de la méfiance et de la peur, pour laisser toute la place à la sensibilité intuitive. Pour rien au monde je ne voudrais faire marche arrière, car cette route, j'en ai la certitude, me permettra enfin d'aimer.

Être aimé

Aimer et être aimé sont deux états que l'on associe très souvent. En fait, comme je le mentionnais précédemment, ils seraient même indissociables pour certaines personnes qui croient qu'il est impossible d'accéder au bonheur si l'amour n'est pas partagé.

D'autres personnes ne se soucient guère d'aimer et ne demandent qu'à être aimées inconditionnellement. Elles réussissent parfois à susciter de grandes passions amoureuses, mais sont elles-mêmes rarement satisfaites et heureuses malgré toute l'attention et les cadeaux qu'elles reçoivent. Les personnes qui veulent être aimées sans aimer elles-mêmes ont parfois trop peur qu'en aimant elles soient blessées si profondément qu'elles ne s'en remettraient jamais. Elles ne réalisent pas qu'en agissant ainsi elles s'enlisent dans un gouffre de glace où la communication réelle deviendra de plus en plus rare et d'où elles auront beaucoup de mal à se sortir, même après leur décès. La loi de l'attraction des affinités finit toujours par mettre sur la route d'une telle personne, qui se ferme délibérément à l'amour, mais veut malgré tout être aimée intensément, quelqu'un de semblable avec qui la vie sera loin d'être intéressante. Lorsqu'une personne exerce une grande fascination sur une autre et suscite même la passion chez elle, mais sans lui rendre cet amour, il en résulte une vie d'enfer, aussi bien pour l'amoureux éperdu que pour l'inaccessible idole.

Des personnages tels que Don Juan et Casanova illustrent bien cette situation. C'est aussi l'histoire des grandes séductrices belles et frigides qui ont fait ramper à leurs pieds des hommes fous d'amour pour elles, mais qui, en fin de compte, n'ont jamais été heureuses, malgré leurs innombrables admirateurs. Souvent, de telles femmes se suicident lorsque leur beauté se fane et qu'elles prennent conscience, avec effroi, de leur grand vide intérieur.

Le besoin d'être aimé est toutefois quelque chose de positif lorsqu'il n'est pas orienté sur une ou des personnes précises, mais est plutôt une préférence ressentie par tout être humain normal. Qui, en effet, ne préfère pas se sentir aimé au lieu de se sentir détesté ou de ne susciter chez l'autre que de l'indifférence ? On serait bien hypocrite de prétendre le contraire et d'essayer de se convaincre que ce besoin n'existe pas.

Mon frère Louis, dont j'ai beaucoup parlé dans un précédent livre[1], et qui m'a aidée dans ma lutte contre la dépendance affective, affirme que le besoin d'aimer et d'être aimé est un besoin fondamental chez l'enfant. Il ajoute que ce besoin ne peut être comblé que dans la mesure où l'enfant aura développé une estime de soi suffisante et que ses besoins de sécurité et d'identité auront été préalablement comblés de façon satisfaisante. Il affirme aussi que, chez l'adulte, le besoin d'être aimé n'existe que comme besoin d'être aimé par lui-même. Pour l'adulte, être aimé par quelqu'un d'autre est donc un plaisir des plus agréables, mais pas un besoin. Lorsque l'on accepte qu'être aimé n'est pas un besoin, même si on peut préférer l'être, on n'a plus peur de ne pas se sentir aimé, ou même de sentir que certaines personnes sont en désaccord avec nous. On ne peut pas plaire à tout le monde, et il vaut mieux être complètement soi-même, au risque de déranger les autres, que de se composer un personnage dans le seul but d'être aimé. Tôt ou tard, les masques tombent et obligent la personne démasquée à affronter la réalité.

1. Petits Gestes et Grandes Joies

Une grande confusion existe entre le fait d'être aimé et celui d'être désiré sexuellement ou simplement admiré. Cette confusion a toujours été cultivée par les romans et les films d'amour. Elle peut également provenir, pour des personnes ayant été abusées sexuellement, du fait que leur expérience douloureuse constitue leur seul point de repère quant au besoin qu'elles avaient, enfants, d'être aimées.

Plusieurs personnes croient donc à tort qu'elles ont besoin d'être aimées pour être pleinement heureuses. De plus, elles ne croient satisfaire ce besoin que si elles sentent chez leur partenaire un désir quasi permanent d'avoir avec elles des rapports sexuels. Elles se sentent alors belles, désirables, importantes, magiques, uniques. Elles ne réalisent toutefois pas que le désir de leur partenaire, qui n'exclut pas bien sûr les sentiments profonds, ne saurait jamais, à lui seul, constituer une preuve d'amour véritable. On retrouve aussi, chez plusieurs personnes en mal d'amour, le besoin d'être admirées et approuvées dans tous leurs faits et gestes. Elles ne sont bien qu'en sentant qu'elles ne sont jamais remises en question et qu'elles représentent la perfection pour leur partenaire.

Le jour où on commence à mieux comprendre ce que signifie aimer véritablement, on transforme aussi sa perception de ce qu'être aimé peut représenter. Je peux très certainement me sentir aimée parce que mon partenaire ou un ami m'aide à faire des prises de conscience sur des aspects plus sombres de mes comportements. De même, si mon partenaire a l'honnêteté de me dire qu'il n'est pas dans un état d'esprit pour avoir un rapport sexuel, je peux me sentir très aimée en voyant dans son attitude beaucoup d'authenticité et de confiance dans ma capacité d'accueillir sereinement ce qu'il vit. La communication est cependant essentielle si l'on veut bien comprendre les gens autour de soi et être compris par eux.

Être écouté

On dit que savoir écouter est un art difficile, mais apprendre aux autres à nous écouter m'apparaît aussi un défi de taille. Évidemment, l'apprentissage de l'un a des répercussions sur l'autre.

Tout comme être aimé, être écouté n'est pas un besoin fondamental de l'adulte. C'est cependant quelque chose d'essentiel pour qui veut établir une communication authentique et pour qui veut permettre à son interlocuteur de bien saisir ce qu'il est et ce qu'il pense. Un couple qui ne communique pas de façon authentique, malgré un grand respect et l'absence de disputes houleuses, a peu de chances de survivre, car les deux personnes en cause s'enfoncent toujours plus loin dans leur monde inaccessible. Elles finissent par ne parler que des enfants ou de l'organisation de la maison. Il est triste de voir ainsi deux personnes, qui ont cheminé côte à côte pendant des années, ne pas avoir le courage de s'ouvrir et de risquer l'intimité. Il arrive toujours, dans ce processus, un point de non-retour qui mène directement à la fin du voyage à deux. Même devant l'inévitable, les deux personnes demeurent aussi coincées qu'avant. Elles sont incapables de faire les gestes nécessaires à leur libération réciproque. Puisqu'elles ne peuvent plus avancer, elles font du surplace et se condamnent irrémédiablement à ce qu'Alberoni appelle l'« état de pétrification ». C'est ce que l'on appelle aussi devenir des « morts vivants ». Quel triste destin pour une simple lacune de communication et d'authenticité ! La peur du rejet est sans doute un puissant facteur sous-jacent à cette absence de communication, particulièrement chez ceux qui ont des enfants qu'ils ne veulent pas perturber. Malheureusement, ces personnes ne réalisent pas que l'absence de communication et l'indifférence sont souvent plus néfastes que le fait d'avoir parfois quelques altercations, suivies d'un témoignage réel d'amour et d'affection.

Être écouté par un grand nombre de gens est certainement une expérience intéressante et enrichissante. C'est le cas, par exemple, des personnes qui donnent des conférences ou qui publient des livres. J'entendais récemment le psychologue Guy Corneau dire que le fait d'écrire et de donner des conférences l'obligeait à préciser sa pensée et à mobiliser son énergie pour être plus centré et plus présent, notamment lors des conférences. Je comprends très bien son point de vue puisque je vis sensiblement la même chose. Je réalise en effet à quel point le fait d'être lue et écoutée m'amène à un travail intense sur moi-même et sur mon mode de vie. Noblesse oblige, comme on le dit souvent.

À ce propos, je voudrais faire une petite mise au point et demander aux gens de faire preuve d'une certaine tolérance à l'égard de ceux et celles qui ont décidé, soit par leurs écrits ou par des conférences, de partager leur cheminement et de fournir quelques outils pour favoriser la croissance personnelle. Ces personnes, imparfaites comme nous le sommes tous, peuvent éventuellement faire des faux pas, ce qui suscite des commentaires désobligeants, du style « cordonnier mal chaussé ». Le fait d'agir, d'écrire et de parler rend une personne très vulnérable à cet égard, mais il est évident qu'en ne faisant rien on ne risque jamais de commettre des erreurs.

De façon générale, apprendre à écouter n'exige qu'une chose, simple mais capitale, de la part de l'interlocuteur : c'est d'apprendre à se taire et à ne pas interrompre la personne qui parle. Atteindre ce contrôle de soi est déjà une garantie de bonne écoute. On a trop tendance, lorsqu'une personne nous parle, à vouloir mettre notre grain de sel, à intervenir par des commentaires ou des conseils, à la remettre sur le bon chemin si l'on juge qu'elle n'est pas sur la bonne voie. On adopte probablement cette attitude négative parce que l'on n'a jamais appris à écouter, mais peut-être aussi parce que l'on n'a jamais fait l'expérience d'être soi-même écouté véritablement.

Écouter véritablement nous amène à porter attention au point de vue de l'autre personne et à retenir ce qui l'habite. Ainsi, dans une prochaine conversation avec la même personne, on pourra se mettre à son diapason et lui poser des questions sur des éléments qu'elle a déjà abordés et dont on se souvient parce que l'on était très attentif à ses propos. Par contre, si on ne l'écoute que d'une oreille distraite en cherchant des réponses et des solutions à son problème, on s'empêche de se mettre en contact avec le senti de la personne ; de plus, on ne l'aide d'aucune façon à trouver en elle-même ses propres solutions.

Réussir à être écouté peut aussi résulter d'une démarche au cours de laquelle on a appris comment devenir intéressant. Cela peut vous sembler surprenant que j'affirme une telle chose, mais c'est la base même du succès des personnes les plus écoutées. Se rendre intéressant signifie, entre autres, tenir des propos utiles pour les autres et non seulement se raconter soi-même juste pour se vider le cœur. Se soulager, à l'occasion d'un trop-plein d'émotions en en parlant avec quelqu'un peut s'avérer utile, mais ce ne doit pas être la base générale de nos propos.

Se rendre intéressant implique aussi de la disponibilité et de la patience, parce qu'il faut investir du temps et de l'énergie pour expliquer et répéter au besoin. Des notions auxquelles on réfléchit depuis longtemps peuvent être tout à fait nouvelles pour notre interlocuteur. Prendre le temps de répondre aux questions qu'il se pose, et non à celles qu'on s'imagine qu'il pourrait poser, amènera très certainement cet interlocuteur à écouter religieusement. En accordant un intérêt sincère aux personnes qui prennent le temps de nous écouter, on devient soi-même une personne intéressante à écouter.

Je pense, par exemple, à des conversations qu'il m'arrive d'avoir avec des spécialistes de l'informatique. Ces derniers ont souvent beaucoup de difficulté à se mettre au niveau d'un profane en ce domaine. Ils vous étourdissent avec des notions qui paraissent, à vos yeux, aussi complexes que le chinois, mais qui pour eux sont aussi simples que deux et deux font quatre. Dernièrement, j'en ai eu ras le bol de me faire dire, avec un petit sourire narquois : « Mais voyons, Michèle, tu ne sais pas cela ? C'est pourtant bien simple ! » J'ai donc décidé de contre-attaquer, avec humour, en demandant à mon cher spécialiste de l'informatique : « Dis, est-ce que c'est facile pour toi d'écrire un livre ou de jouer du piano ? » Tout étonné et déstabilisé par ma question, il m'a répondu que faire de telles choses ne pouvait pas être facile puisqu'il ne les avait jamais apprises. Toute fière de mon idée, j'ai enchaîné, toujours avec le sourire : Mais voyons donc, tu n'as jamais appris cela ? Ce n'est pourtant pas si difficile ! Je pense qu'il a compris le message. Depuis, il est beaucoup plus attentif à mes besoins qu'à son désir inconscient d'étaler ses connaissances.

Les intervieweurs de la télévision exercent toujours sur moi une grande fascination. J'aime observer jusqu'à quel point ils sont vraiment attentifs aux réponses de leur invité. Dirigent-ils l'entrevue en fonction des réponses de celui-ci ? Ou, au contraire, poursuivent-ils l'entrevue en posant des questions déjà prévues, ne laissant aucune place à l'improvisation et à la spontanéité ? Mme Jeanette Biondi est une personne que j'ai toujours trouvée particulièrement attentive et très douée pour les entrevues dynamiques ; malheureusement, ça fait longtemps que je ne l'ai pas vue à la télévision. Je n'oublierai jamais son entrevue avec Yves Duteil. Elle a émis l'opinion que ce devait être difficile pour sa conjointe de vivre dans son ombre ; en effet, celle-ci l'accompagnait toujours, mais n'était jamais présente sur scène ni pendant les entrevues avec les journalistes. Duteil lui a répondu, avec son plus beau sourire : « Mais elle n'est pas du tout dans mon ombre, c'est plutôt moi qui suis dans sa lumière. » Mme Biondi fut très certainement étonnée de cette réponse, mais pas désarçonnée. Au contraire, elle a enchaîné de façon extraordinaire en disant que c'était là un beau témoignage d'amour que toutes les femmes de la terre aimeraient sans doute entendre prononcer par leur conjoint. C'est ce que j'appelle une écoute intéressante !

Ma mère disait souvent que la meilleure façon de se rendre intéressant, en conversant avec une personne, était de lui parler d'elle-même ou d'un sujet qui l'intéressait. Je suis persuadée qu'elle avait raison. Le courrier que je reçois en rapport avec mes livres me confirme d'ailleurs cette opinion de maman. Plusieurs personnes disent qu'elles se reconnaissent tellement à travers mes propos qu'elles auraient pu écrire le livre elles-mêmes. Ces commentaires m'encouragent à continuer de servir, d'une certaine façon, de miroir, un peu comme le fait un thérapeute en relation d'aide.

Ma mère, qui était d'une grande sagesse, prétendait aussi qu'une bonne façon d'être apprécié par quelqu'un est de mettre cette personne en valeur. Je la soupçonne cependant d'avoir, à l'occasion, utilisé cette stratégie pour n'en faire qu'à sa tête, par exemple lorsqu'une de mes belles-sœurs lui suggérait de se pomponner un peu quand elles allaient au restaurant. Maman, qui aimait plus être à l'aise que coquette, lui a un jour répondu : Vois-tu, Martine, si je suis moins bien mise et moins jolie, les gens te remarqueront encore plus. C'est toi qui sera la reine, même si c'est moi qui porte le nom de Marie-Reine. » Chère maman, quelle petite futée elle était malgré ses airs d'humilité et de discrétion.

Être reconnu

L'un des meilleurs antidotes contre la peur du rejet, c'est d'être reconnu. Pas besoin de s'appeler Jacques Villeneuve, Céline Dion, Claudia Schiffer ou Robert de Niro pour atteindre cet objectif. Vous n'avez qu'à vous distinguer dans un domaine qui vous intéresse ou par une attitude plaisante envers les gens de votre entourage. Par exemple, on remarque toujours une personne ponctuelle et on apprécie le respect qu'elle démontre pour les autres.

En général, une personne se distingue par le métier ou la profession qu'elle exerce et, surtout, par sa compétence. Beaucoup de gens sont aussi reconnus pour leur empathie envers leurs clients et leur façon d'humaniser leurs services. La diligence, le sens des responsabilités, la précision du travail accompli et même l'aspect esthétique de ce travail sont autant de qualités très appréciées, aussi bien par les clients que par les collègues.

Personnellement, cela me fait toujours chaud au cœur d'entendre mes clients dire qu'ils ne savaient pas que des fonctionnaires pouvaient être si engagés dans leur travail et si affables. Lors du dernier Salon du livre de Montréal, une personne dont j'avais eu à régler le dossier quelques années auparavant est venue me voir, accompagnée de ses enfants, qu'elle tenait à me faire rencontrer. Elle me remercia chaleureusement pour la qualité de mon travail et pour la manière dont nos échanges s'étaient déroulés à l'époque. Je fus très touchée par ce témoignage qui me fit réaliser que, si la satisfaction du travail bien fait est très importante, l'appréciation de ce travail ajoute évidemment à ce plaisir. Je reçois souvent ce genre de témoignages, par téléphone ou par écrit. Les personnes qui prennent la peine de souligner le bon travail des autres sont de véritables rayons de soleil dans la journée de celui ou celle qui reçoit le témoignage. On a malheureusement tendance à se manifester plus rapidement lorsque le service est mauvais et à se taire lorsque tout va pour le mieux. Il suffit pourtant de si peu pour exprimer sa reconnaissance à quelqu'un qui le mérite.

Le fait d'être apprécié est donc très gratifiant et permet de combattre efficacement la peur du rejet. Par exemple, si une personne ne vous apprécie pas spécialement ou ne tient pas à votre amitié, mais que d'autres gens vous témoignent de la reconnaissance pour votre travail ou autre chose, vous serez moins affecté par son attitude. Le besoin d'être reconnu par une personne en particulier est directement lié à la dépendance affective et vide de son énergie l'individu aux prises avec ce désir irréalisable. En effet, les dépendants affectifs ont tendance à s'arranger pour être éventuellement rejetés.

Il y a un phénomène intéressant à observer au sujet de la satisfaction que ressent une personne lorsqu'elle se sent reconnue. On constate que le degré de satisfaction ressentie n'est pas nécessairement proportionnel à la notoriété du fait reconnu ou à la quantité de personnes qui expriment leur reconnaissance. En effet, une personne peut ressentir autant de joie à être reconnue comme la meilleure cuisinière de tartes aux pommes du quartier qu'une autre qui s'est distinguée par une réalisation plus spectaculaire. Par ailleurs, le degré de satisfaction est directement proportionnel à l'intérêt que la personne porte elle-même aux faits et gestes qui font qu'elle est appréciée, ainsi qu'à l'énergie qu'elle y a consacrée.

Il y a des milliers de façons d'être apprécié. Mon frère Louis, par exemple, raffole de la danse et fréquente souvent des lieux où les danseurs masculins sont plutôt rares. Inutile de vous dire que sa compagnie est recherchée. Sa bonne humeur et ses talents de danseur sont très appréciés.

D'autres personnes sont reconnues pour leurs magnifiques réalisations horticoles, qui font le ravissement de tout le voisinage. Je suis certaine que vous pourriez me citer de nombreux exemples, parfois tout simples, de gens qui se démarquent et dont on parle positivement. Il suffit de peu de chose pour apporter un peu de joie autour de soi et amener les autres à apprécier ce que l'on est et ce que l'on fait.

Plus une personne accomplit des actions concrètes directement liées à ses talents et à ses valeurs profondes, plus elle est heureuse et dégage des vibrations positives. Le fait d'être reconnu constitue aussi un stimulant qui pousse au dépassement. Dès que l'on dit à quelqu'un qu'on le trouve bon, il veut être meilleur. Si on lui dit qu'il s'est amélioré, il visera encore plus haut, jusqu'à atteindre un jour l'excellence. Au fond, en reconnaissant les autres et leurs talents, on se fait à soi-même un beau cadeau !

Donner au lieu d'attendre quelque chose des autres

La meilleure façon d'être déçu et de se sentir rejeté, c'est de demander aux autres de nous procurer quelque chose qui ne vient jamais. En se plaçant ainsi dans une position d'attente perpétuelle, on devient un petit peu plus frustré et aigri chaque jour.

Changer cette situation est aussi simple que dire bonjour. Il faut apprendre à donner, tout simplement. Lorsque l'on est toujours en attente de quelque chose, on n'a aucun contrôle sur les événements. De plus, on peut en arriver à penser que les personnes de qui on attend quelque chose n'ont pas d'estime et de considération pour nous.

On dit souvent qu'en donnant on reçoit beaucoup. C'est tout à fait exact en ce sens que le plaisir ressenti à partager avec quelqu'un d'autre, qu'il s'agisse de biens matériels, de connaissances ou de travail, est en soi quelque chose de gratifiant. Mais ce que l'on reçoit le plus, en apprenant à donner au lieu d'attendre, c'est du bon temps pour être heureux. On fait, somme toute, d'une pierre deux coups. Les personnes qui attendent sans cesse passent des heures à ruminer leur inquiétude, leur colère ou leur peine parce qu'elles se sentent délaissées ou pas respectées. Elles perdent ainsi un temps précieux qui pourrait leur apporter tellement de bonnes choses si elles apprenaient à changer leurs attentes en préférences, et à diriger leur énergie sur l'action de donner.

Il n'est pas toujours nécessaire de donner de l'argent ou des biens matériels pour se sentir heureux. Des tas de gens font, durant leurs congés, de l'écoute téléphonique pour personnes en détresse. D'autres vont servir des repas dans des centres pour démunis ou dans des foyers pour personnes âgées.

Il est utile de développer cette faculté de donner, non seulement auprès d'étrangers, mais aussi et surtout avec nos proches. Nos plus grandes frustrations quant à des attentes insatisfaites viennent la plupart du temps des gens qui nous sont chers et dont on espère des comportements trop précis. Non seulement nos attentes sont-elles trop précises, on a l'audace de souhaiter que nos parents et amis les devinent et accourent pour les combler. Évidemment, neuf fois sur dix, cela ne se produit pas et on est frustré.

Si, par exemple, vous rêvez de recevoir une carte de souhaits pour votre anniversaire ou pour Noël, prenez les devants et envoyez vous-même de telles cartes aux gens que vous appréciez et à qui vous avez envie de dire : « Je pense à toi. » Vous aurez ainsi de bonnes chances de recevoir aussi une carte à votre anniversaire. Mais, même si cela ne se produit pas, vous ne serez pas vexé parce que vous aurez découvert que le plaisir de trouver la carte appropriée et de transmettre ses bons vœux est tout aussi amusant qu'en recevoir.

Donner de son temps pour aider des collègues de travail ou de jeunes enfants avec leurs travaux scolaires engendre aussi beaucoup de satisfaction. De tels dons de soi répondent au besoin de partage qu'éprouvent la plupart des adultes.

Certaines personnes sont de véritables encyclopédies vivantes, mais gardent jalousement leur savoir comme s'il s'agissait d'un trésor à cacher. On dirait qu'elles ont peur d'être dépassées ou remplacées si elles partageaient leurs connaissances. C'est vraiment dommage parce qu'en agissant ainsi elles s'isolent dans leur petit monde et ne participent pas à élever le niveau de conscience et de savoir de leur entourage. Chaque être humain n'est peut-être qu'un tout petit grain de sable ou une goutte d'eau dans l'océan. Mais des milliards de grains de sable ou de gouttes d'eau réunis constituent un tout imposant.

Apprendre à donner plutôt qu'à recevoir est utile dans toutes les sphères de notre vie et a toujours des répercussions positives. La personne en attente sur le plan sexuel, par exemple, pourrait être créative et décider d'offrir un bon massage à son partenaire, établissant ainsi un contact affectif qui est souvent plus important que l'acte sexuel lui-même. Faire les premiers pas, dans ce domaine comme dans d'autres, en acceptant de donner sans attentes précises et en mettant son orgueil de côté, finit toujours par rapporter des dividendes.

Offrir le gîte à des personnes pour leur éviter des frais d'hôtel peut faire vivre des expériences très enrichissantes. Je connais un couple qui accueille chaque année des jeunes musiciens inscrits à des concours nationaux ou internationaux. Ils profitent ainsi d'échanges culturels intéressants, et de beaux concerts dans leur maison.

Apprendre à donner est aussi la seule façon d'apprendre à recevoir, aussi paradoxal que cela puisse paraître. Une personne qui ne donne jamais et qui est en perpétuelle attente de quelque chose n'est jamais disposée à recevoir ce qu'on lui offre parce que cela ne correspond jamais exactement à ce qu'elle avait imaginé. Une personne qui ne donne pas n'a jamais été en mesure d'observer la réaction de celui qui reçoit ni de ressentir les émotions que cette réaction peut créer chez celui qui donne. Elle est donc toujours gauche, parce qu'elle est la plupart du temps déçue, et elle cache évidemment mal sa déception. Une telle attitude n'incite bien sûr pas celui ou celle qui voulait lui faire plaisir à récidiver, et elle s'enlise encore plus loin dans le gouffre.

En conclusion, pour se débarrasser de la peur du rejet, ou du moins l'amoindrir considérablement, il faut faire l'apprentissage de l'amour véritable, apprendre à écouter et comment se faire écouter, utiliser ses ressources pour être reconnu et, enfin, donner plutôt qu'attendre quelque chose des autres. La peur du rejet, c'est un poison mortel, incompatible avec le bonheur. Décider de travailler avec patience et détermination pour la combattre ne la fait pas disparaître instantanément. Cependant, comme on le dit souvent : « Petit train va loin. » Vite, dépêchez-vous de quitter la gare et donnez du carburant à votre locomotive ! Plus tôt vous partirez, plus tôt vous arriverez à destination.

3

La beauté des corps

AVOIR la préoccupation de la beauté peut, *a priori*, sembler superficiel. Pourtant, du moment que ça ne devient pas une obsession, le goût pour l'esthétique est une très belle avenue à explorer. Roberto Assagioli, le père de la psychosynthèse dont j'ai parlé dans le premier chapitre, explique très bien les « polarités » de l'être humain, c'est-à-dire la tendance à aller d'un extrême à l'autre. C'est cette réalité que l'on exprime lorsque l'on dit qu'une personne « a les qualités de ses défauts ». Assagioli préconise, comme solution, de se centrer, c'est-à-dire de trouver un endroit confortable à peu près à mi-chemin entre nos tendances. Dans le domaine de l'esthétique comme dans tout autre, il s'agit donc de viser le juste milieu. *In medio stat virtus*. Cette locution latine veut dire : « La vertu est au milieu. »

La beauté a retenu l'attention des peintres, des poètes, des cinéastes : beauté des humains, bien sûr, mais aussi de tout ce qui existe sur terre. La nature en général, les animaux et même les objets inanimés (œuvres artistiques ou architecturales, par exemple), suscitent l'admiration et procurent du plaisir, non seulement en raison de leur utilité, mais également sinon plus en raison de leur apparence.

On dépense des fortunes pour aller admirer les beautés de la nature ou celles des musées. On en dépense tout autant pour améliorer et conserver les attributs esthétiques des êtres humains.

La beauté ne se révèle pas qu'au sens de la vue, mais aussi à celui de l'ouïe. Ne dit-on pas, d'une musique agréable : « Quelle est belle, cette mélodie ! » ou « qu'il est beau, cet arrangement musical ! »

En portant attention au langage que l'on utilise, on se rend compte que l'on accorde également des qualificatifs de beauté à des attitudes ou même à de simples pensées. En effet, on dit souvent qu'une personne a fait un beau geste, ou qu'elle a eu une bonne pensée pour quelqu'un d'autre.

La beauté est donc omniprésente dans notre vie, dans nos pensées, dans nos désirs et nos aspirations. Elle s'exprime tout autour de nous, sur nous et en nous, faisant le bonheur des uns et le malheur des autres. Pour faire en sorte qu'elle ne fasse que votre bonheur, apprenez à la cultiver, à l'apprécier, à l'entretenir et, surtout, à ne jamais éprouver de sentiments d'envie à son égard. Le secret infaillible pour ne pas souffrir de la beauté, c'est d'éviter toute forme de comparaison. Rien ne sert de comparer sa maison, son auto, ses cheveux ou même sa voix avec ceux du voisin. Il faut plutôt savoir tirer le meilleur parti de ce que l'on a.

Remodeler ses trois corps

Ceux et celles qui ont déjà fait une recherche sur le sens de la vie soutiennent que l'être humain est composé de plusieurs corps. D'une école de pensée à une autre, les appellations des différents corps peuvent varier, mais toutes les approches finissent par se rejoindre. Il y a bien sûr le corps physique, que l'on peut tous voir et toucher. Puis il y aurait le corps astral, un genre de double éthéré du corps physique, qui aurait la faculté de sortir du corps physique pour effectuer ce que l'on appelle un « voyage astral ». Un voyage astral s'effectue la nuit, par le processus du rêve, ou encore, de façon plus dirigée, par le processus du rêve conscient au cours duquel la personne demeure éveillée.

On entend aussi parler du corps mental, du corps éthéré, de l'âme, de l'esprit… tous des éléments, avec d'autres, qui sont présents dans tout être humain et qui participent, selon leur nature respective, à son évolution.

Le but de ce livre n'est certes pas de vous décrire dans le menu détail chacune des parties qui nous composent, mais bien d'avoir de l'être humain une vue d'ensemble simple et facile d'accès. J'ai délibérément choisi, depuis des années, de considérer trois grands aspects de l'être humain et de travailler sur l'équilibre de ces trois aspects. Dans mon livre intitulé *Les clés du bonheur*, j'invitais justement les lecteurs à rechercher cet équilibre des corps physique, mental et spirituel.

Dans *Pourquoi pas le bonheur ?*, j'insistais plus sur la mise en forme du corps mental en expliquant l'importance d'améliorer l'image de soi et en proposant une technique d'utilisation volontaire du subconscient. En utilisant moi-même cette technique, j'avais réussi à faire disparaître de ma vie plusieurs problèmes qui m'empêchaient d'avoir accès à la sérénité. Il en est résulté un mieux-être et une qualité de vie nettement améliorés.

Dans mon ouvrage *Petits Gestes et Grandes Joies*, je suggérais de nombreuses façons d'entretenir la bonne forme physique et l'hygiène mentale. Tout un chapitre est consacré au bien-être de l'âme, où je décris mes dix ressources préférées pour y accéder. J'insiste aussi beaucoup, dans ce livre, sur l'importance de retrouver l'enfant en soi et de se libérer de la dépendance affective qui étouffe celui ou celle qui en souffre et l'empêche de vivre une union saine basée sur le choix et non sur le besoin.

Maintenant, je veux vous faire part de ma récente démarche concernant le corps physique. Plus que jamais, il m'apparaît évident qu'il existe une interaction constante entre les différentes parties de notre être et qu'inévitablement tout le travail effectué pour améliorer l'une de ces parties influence la bonne forme des autres.

Voici un exemple pour illustrer comment toutes les parties de notre être s'influencent mutuellement. Ce sont nos glandes lacrymales qui produisent les larmes, mais ce qui les cause peut varier. Les larmes peuvent être provoquées par le corps physique seulement ; par exemple, lorsque l'on coupe des oignons, elles ne tardent pas à venir. Elles peuvent aussi être causées par une peine très grande ou une émotion très forte. Dans ce cas, il peut évidemment s'agir d'une influence du mental, siège des sentiments et de l'imaginaire, ou encore d'une intuition provenant plutôt de l'âme, comme à l'écoute d'une musique que l'on pourrait qualifier de céleste.

Pour démontrer l'interaction des différents corps, on peut aussi observer différentes sources de joie. On peut ressentir une grande joie à étancher sa soif avec un bon verre de limonade, ou en recevant une nouvelle agréable au sujet d'un être cher.

Un exemple éloquent est l'influence qu'a sur nos corps physique, mental et spirituel le fait de vivre un sentiment amoureux. Lorsqu'une personne est amoureuse, on dirait qu'elle s'embellit soudainement et qu'elle est plus légère. De plus, son humeur est plus stable et positive. Enfin, cette personne est portée à ne voir que du bon autour d'elle et à vouloir partager son bonheur avec les gens de son entourage en leur rendant des services ou en leur disant de bonnes paroles. C'est comme si un trop-plein de bonheur se répandait autour d'elle. Ceux et celles qui voient l'aura des gens peuvent même détecter cet état amoureux par la brillance de sa couleur.

Il y a plusieurs années déjà que je travaille sur la mise en forme physique, mentale et spirituelle par différentes techniques comme la programmation, la visualisation créatrice, la méditation, le yoga, la marche, la natation, la lecture de textes sacrés, la contemplation, l'écoute de la belle musique, la pratique du silence et bien d'autres encore. Cependant, je ne travaillais pas beaucoup sur l'aspect esthétique du corps physique. Ceux et celles qui me connaissent ou qui ont lu mes livres précédents savent que mon principal objectif « physique » était de conserver un poids idéal tout en pouvant manger et boire ce dont j'avais envie. Cet objectif atteint, je me suis donc assise sur mes lauriers, comme on dit, en continuant à faire un minimum d'exercices pour me sentir « bien dans ma peau ».

Tout dernièrement, j'ai eu l'envie d'expérimenter autre chose sur le plan du corps physique. En me regardant dans le miroir, j'ai soudainement réalisé que j'étais plutôt du genre « libellule » avec mes 48 kilos et mon 1,63 m. J'étais presque chétive, un peu à l'image de l'anorexique que j'ai été. Une autre constatation m'a fait réagir : mes muscles manquaient de tonus et ma peau, particulièrement dans les régions inférieures, comme c'est le lot de la majorité des femmes, devenait de plus en plus molle comme du Jell-O. J'ai donc décidé de me servir de mon corps comme d'un laboratoire et de défier les effets dévastateurs du temps et de l'âge, sans toutefois en faire une obsession.

J'ai aussi pensé à autre chose en me regardant et en palpant ce petit corps gracieux mais un peu délicat. Était-il à l'image de mon intérieur ? J'ai vite constaté le décalage. Me percevant depuis plusieurs années comme une personne remplie d'énergie, de tonus mental, de force et de ténacité, comment pouvais-je ne pas essayer de rendre mon corps plus conforme à cette image de mon mental et de mes convictions sur le plan spirituel ? Aucun handicap physique ne m'en empêchait.

Bien sûr, il faut être réaliste et ne pas aspirer à quelque chose d'inaccessible lorsque l'on travaille sur la mise en forme de nos corps. Le travail et la persévérance peuvent pratiquement accomplir des miracles, mais toujours dans les limites du gros bon sens. Un bras coupé ne repousse pas, mais on peut s'adapter à une prothèse et faire travailler tous les autres membres. La cécité est le plus souvent irréversible, mais les non-voyants développent mieux que quiconque leurs autres sens. Et les personnes handicapées qui participent aux Jeux olympiques spéciaux nous donnent un bel exemple de ce que l'on peut accomplir avec de la détermination.

Depuis quelques mois, à l'âge respectable de 48 ans, j'ai ainsi entrepris de remodeler mon corps physique qui, ne l'oublions pas, est la maison de l'âme et de l'intellect. Ma démarche est donc toute récente, mais a déjà produit des effets. Mes résultats me permettent même de tirer d'intéressantes conclusions.

Je tiens avant toute chose à préciser qu'une telle démarche n'est pas essentielle au bonheur ni même à la bonne forme. Je dirais plutôt que je m'offre un petit luxe que je qualifierais de « superforme », un peu comme une gâterie après un repas sain et équilibré. Il n'est pas obligatoire, pour être en forme, d'avoir des formes parfaites et un système cardiovasculaire comparable à celui d'un athlète.

Par ailleurs, je constate que la plupart des hommes et des femmes qui jouissent d'une excellente forme physique et d'un corps bien galbé y ont contribué très activement. Selon moi, la « superforme » résulte de 10 % d'hérédité, de 30 % de volonté, de 30 % en argent investi et de 30 % du travail de « petites fées » qui nous aident par leurs conseils et leurs encouragements.

L'hérédité ne joue donc qu'un rôle secondaire pour la majorité des individus. Malheureusement, certaines personnes ont hérité de problèmes comme l'obésité grave ou des malformations congénitales qui les empêchent de poursuivre un objectif de superforme. Mais elles trouvent souvent le moyen de compenser ces limitations en développant des centres d'intérêt plus appropriés à leur condition. En général, si elles acceptent bien leur différence, elles peuvent jouir d'une excellente qualité de vie.

Pour la plupart des gens qui vivent le stress de la vie moderne et qui occupent un emploi sédentaire, l'une des meilleures façons de garder son système cardiovasculaire en excellente condition et d'entretenir son tonus musculaire est de suivre un programme d'entraînement en gymnase. J'ai longtemps été très sceptique quant à l'efficacité de tels programmes. Depuis, j'ai réalisé que mes préjugés étaient tout à fait sans fondement et résultaient de ma méconnaissance totale des centres de entraînement.

L'un de mes préjugés était de penser qu'il fallait y passer plusieurs heures par jour pour arriver à un résultat concret. Or il n'en est rien. Il suffit de trois à quatre heures par semaine, pour qu'en très peu de temps votre condition physique s'améliore de façon spectaculaire. Moi-même, qui suis pourtant assez active par la marche et la natation quotidienne, je suis ébahie par les résultats de mon entraînement. Je m'entraîne le matin, trois fois par semaine, de 7 h 15 à 8 h 30 environ. J'ai d'abord essayé de faire des exercices pendant la pause de midi, mais cela ne me convenait pas du tout. Si vous désirez tenter cette expérience un jour, je vous suggère donc d'être très attentif à votre horloge biologique, qui vous indiquera le temps propice pour vous. Pour certains, le soir est la période idéale alors que d'autres préfèrent le matin ou le midi. De toute façon, les centres de entraînement sont en général ouverts de 6 h 30 à 23 h. Le choix d'horaire est donc vaste.

Un autre de mes préjugés : je pensais qu'il pouvait être mauvais d'utiliser des appareils « artificiels » pour atteindre un certain tonus musculaire. Après réflexion, j'ai réalisé qu'avec une telle façon de penser je me priverais de bien autre chose. Par exemple, le seul instrument de musique vraiment naturel n'est-il pas la voix ? Nous privons-nous pour autant des instruments de musique que l'homme a inventés, pour en jouer ou pour écouter des œuvres merveilleuses ? Et le seul moyen de transport vraiment naturel n'est-il pas le pedibus, c'est-à-dire le fait de marcher pour se rendre d'un endroit à un autre ? Faudrait-il donc bannir les automobiles, les bateaux et les avions pour respecter le principe de ne s'en tenir qu'à ce qui est naturel ? Nous vivons dans un monde moderne, entourés d'inventions de toutes sortes. Il n'en tient qu'à nous d'utiliser efficacement, mais sagement la technologie moderne, qu'il s'agisse d'ordinateurs, de véhicules de transport, d'instruments de musique, etc.

J'ai aussi réfléchi au fait que nos ancêtres, et même nos parents, travaillaient fort physiquement, entraînant ainsi quotidiennement leurs muscles. Aujourd'hui, il n'est plus nécessaire de frotter le linge sur des planches à laver ; des machines font le travail pour nous. On marche moins et on fait moins de bicyclette ; on se déplace en auto. Même plus besoin de couper du bois ; on a le chauffage central. Et pourtant notre anatomie n'a pas changé et a besoin que l'on s'en occupe. Il s'agit cependant de ne pas exagérer et d'utiliser le gros bon sens. La plupart des centres proposent d'ailleurs des programmes personnalisés et supervisés par du personnel compétent.

C'est dans le centre où je me suis inscrite que j'ai rencontré Marie-Hélène, ma première « petite fée ». Je lui ai expliqué très clairement mes attentes et mes contraintes et elle m'a judicieusement conseillée pour que je sois satisfaite. Environ une fois par mois, nous revoyons ensemble mon programme individuel, et nous l'ajustons à ma progression. Que demander de mieux ?

Un autre de mes préjugés qui s'est rapidement envolé concernait l'âge des personnes qui fréquentent les centres de entraînement physique. Je croyais que la moyenne d'âge était très basse. Eh bien ! quelle ne fut pas ma surprise de constater, du moins à l'heure à laquelle je m'y rends, que la plupart des personnes sont plus âgées que moi. Un nombre croissant de retraités viennent garder la forme dans des centres de ce genre. J'ai même lu récemment que l'on peut améliorer le tonus musculaire à tout âge et que des personnes de plus de 80 ans ont vu leur condition physique s'améliorer de façon remarquable après avoir entrepris un programme d'entraînement adapté à leur situation.

Il est évident, par ailleurs, qu'opter pour ce genre de démarche exige une discipline assez rigoureuse et beaucoup de ténacité. Je ne vous conseillerais pas, en effet, une telle démarche si vous êtes le genre de personne à manquer une période d'exercices sur deux ou même sur trois. Faites un essai de un ou deux mois. Vous serez rapidement fixé sur votre tempérament et saurez si cette approche vous convient. En général, on aime ou on n'aime pas. Par contre, lorsque vous aurez pris goût à cette discipline, vous réaliserez que vous pouvez aussi être discipliné dans beaucoup d'autres activités et atteindre ainsi plus rapidement vos objectifs.

Si vous avez déjà dépassé la trentaine, vous désirez peut-être travailler de façon plus complète votre carrosserie. Autant chez les femmes que chez les hommes, les années laissent de petites traces indésirables telles que les varices, la couperose, les rides, la cellulite, le pneu à la taille ou simplement de l'œdème dû à la rétention d'eau dans les tissus. Toutes ces imperfections ne sont pas dramatiques, mais elles peuvent, avec des soins appropriés, être supprimées en grande partie.

Afin de poursuivre mon expérience, et sachant que je vous en ferais part dans un livre, j'ai donc rencontré Louise et Élizabeth, deux autres petites fées, dont la tâche consiste à travailler sur l'aspect purement esthétique de l'enveloppe corporelle. Certains y verront de l'orgueil mal placé, d'autres un gaspillage de temps et d'énergie, mais plusieurs y reconnaîtront, au contraire, un respect de soi et une volonté ferme de retarder le plus longtemps possible les aspects moins intéressants du vieillissement. Personnellement, je trouve cela admirable. Comme la plupart des gens mettent la moitié de leur vie à trouver la paix, le bonheur et la sérénité, alors pourquoi ne pas profiter de toute cette richesse dans un corps le mieux conservé possible ?

Évidemment, ces démarches ne sont pas gratuites. Marcher dehors au grand air, faire des exercices chez soi ou travailler manuellement autour de sa maison, ça ne coûte pas un sou. S'inscrire à un centre de entraînement physique, recevoir des massages ou faire traiter ses varices occasionnent des dépenses, parfois élevées. Je vous invite cependant à faire un examen de conscience, et de votre budget. Vous serez peut-être étonné d'où va votre argent. Certaines personnes pensent ne pas avoir les moyens de payer quatre cents dollars par année pour un abonnement dans un centre, mais dépensent plusieurs milliers de dollars pour des boissons alcoolisées, des cigarettes et des sorties au restaurant. Pourquoi ne pas s'aimer suffisamment pour se faire le cadeau de la beauté et de la santé ?

D'autres personnes dépensent aussi des milliers de dollars pour des vêtements très chers parce qu'elles ont de la difficulté à trouver quelque chose à leur goût. Lorsque l'on travaille un peu plus sur la bonne forme physique, les vêtements tombent mieux ; plus besoin de la griffe des grands couturiers pour avoir fière allure.

Je ne ressemble pas du tout à une poupée Barbie et je n'envisage pas d'accéder à des formes parfaites. Mais je peux vous affirmer qu'avec ma démarche récente je me sens de plus en plus énergique. J'ai supprimé presque totalement le syndrome prémenstruel et je vois, et sens, une transformation très évidente de mon corps. Je me sens encore plus épanouie qu'auparavant. Cette démarche ne m'a pas donné la joie de vivre, parce que je l'avais déjà, mais elle m'apporte une sensation de tonus physique et mental particulière que je n'avais pas encore ressentie.

L'un de mes collègues de travail s'amuse à m'agacer en me disant que cet engouement ne sera sans doute que passager, mais, si je me fie à mon intérêt pour la natation, qui dure maintenant depuis plus de treize ans, j'ai bon espoir de persévérer. Il me semble que lorsqu'un mode de vie procure un tel bien-être, que l'on réussit à intégrer cette démarche à son horaire sans trop le bousculer et que l'on ne dépasse pas ses limites, on a sans doute tendance à le conserver comme un cadeau du ciel. Je vous en reparlerai dans quelques années, dans un prochain livre ou lors d'une conférence, et vous direz si cette impression est fondée.

Vieillir en beauté

Refuser de vieillir n'est pas compatible avec le fait de vieillir en beauté. C'est, en effet, contradictoire que de ne pas accepter ce phénomène naturel tout en espérant en tirer le maximum. Prenez l'exemple des feuilles dans les arbres. Au printemps, elles commencent par de petits bourgeons charmants et soudain nous apparaissent dans toutes les nuances de vert, allant du vert très tendre au vert plus soutenu. On pourrait désespérément s'accrocher à cette image des arbres printaniers, pourtant nous serions privés de leur majesté automnale lorsque les feuilles s'habillent des couleurs les plus chaudes et les plus joyeuses avant de se retirer pour l'hiver. Si un arbre est envahi de chenilles ou que le verglas l'a endommagé, on le traite pour lui permettre de retrouver sa splendeur. Mais on ne songerait pas à empêcher son évolution.

La façon dont on vieillit est une question d'attitude plus que d'apparence. Je lisais dernièrement que les gens qui vieillissent le mieux, et dont on dit qu'ils ont su conserver une éternelle jeunesse, sont ceux qui ont réussi à se garder alertes physiquement et mentalement. Observez la démarche des gens. Une personne de 30 ans qui marche très lentement, qui a le dos courbé et la mine triste, a l'air vieille. Inversement, une personne de 80 ans qui arbore un sourire franc, s'intéresse aux autres, est au courant de l'actualité et a conservé une certaine souplesse dans sa démarche fait se retourner les têtes. On dit de cette personne qu'elle vieillit bien.

Vieillir en beauté, c'est aussi cultiver sa différence. À l'adolescence, tout le monde veut ressembler à tout le monde. Les modes quant aux vêtements, à la coupe de cheveux et même aux passe-temps répondent, à un jeune âge, à un besoin de s'identifier à une catégorie de personnes et à se fondre dans la masse. En vieillissant, cependant, on s'individualise. Les rides, l'expression du visage, les yeux qui ont beaucoup pleuré, les mains qui ont beaucoup travaillé sont autant de signes particuliers qui, comme les empreintes digitales, font qu'une personne est unique, avec un vécu différent des autres.

Il est toutefois possible, avec les moyens modernes et un minimum de soins, d'accepter ces attributs propres à un âge plus avancé tout en s'offrant le luxe de la beauté. Il n'y a cependant pas de recettes magiques ni de dénominateurs communs pour faire des choix à cette époque de la vie. La clé du succès, à mon avis, réside avant tout dans le fait d'éviter le piège de la comparaison et de ne fixer ses standards qu'en rapport avec soi-même. De toute façon, si vous avez une image positive et belle de vous-même, soyez assuré que les autres vous percevront aussi de façon positive. Si, en plus, vous dégagez la joie de vivre, tout le monde voudra être à vos côtés.

Prenons l'exemple des cheveux. Certaines personnes les teignent très tôt, et longtemps, parce que, pour elles, avoir des cheveux gris ou blancs leur donne le sentiment d'être vieilles. En fait, elles ne se reconnaissent pas sous cette forme. Je pense qu'il est tout à fait sain que ces personnes modifient la couleur de leur chevelure tant qu'elles ne seront pas à l'aise avec une image différente de leur idéal.

De plus en plus de gens ont recours à la chirurgie esthétique pour corriger des joues ou des yeux tombants. De telles interventions peuvent avoir un effet positif, mais il faut être conscient qu'elles ne donnent pas la jeunesse éternelle et qu'elles ne sont pas un gage de bonheur. De plus, elles sont accompagnées de souffrances physiques et mentales qui sont parfois longues à guérir. La récupération postopératoire peut prendre plusieurs jours ou même plusieurs semaines. Une amie me racontait que sa mère et sa sœur ont toutes deux eu recours à la chirurgie esthétique et qu'elles avaient eu le visage très enflé et plein d'ecchymoses pendant quelque temps. Tout ce temps est donc un peu « perdu » pour celui ou celle qui préfère ne pas trop faire d'activités en public tant que la récupération n'est pas complétée.

J'ai connu une personne charmante, que j'appellerai « la belle Odette », qui a subi de nombreuses interventions esthétiques au cours de sa vie. À la suite du décès de son conjoint à qui elle était très attachée, et qui avait été très malade pendant plus d'une année avant son décès, la belle Odette a eu envie de prendre un coup de jeune et a décidé de se faire remonter le visage et d'effacer les nombreuses rides que la souffrance lui avait infligées. Lorsque j'ai rencontré Odette pour la première fois, j'ai pensé qu'elle avait environ 30 ou 35 ans, mais on m'a dit qu'elle en avait déjà plus de 50. L'intervention avait donc été une réussite. Au fil des ans, j'ai revu Odette de temps à autre et j'ai réalisé qu'elle n'avait pas encore trouvé la sérénité. Elle a eu recours à beaucoup d'autres chirurgies et a même reçu des implants dentaires à un âge très avancé. Elle m'a confié n'avoir ressenti une véritable paix intérieure que le jour où elle a décidé d'accepter son âge. Mais je pense, pour en avoir discuté avec elle, qu'elle recommencerait sans hésitation toutes ces expériences de vie qu'elle a traversées avant d'atteindre la sagesse et la paix. Odette est décédée maintenant, mais, avant de quitter la terre, elle a beaucoup voyagé, s'est rendue en Inde et a fréquenté de nombreux groupes de croissance spirituelle. Cette expérience de vie m'a démontré, une fois de plus, que le fait de travailler sur son apparence extérieure n'est pas incompatible avec l'évolution intérieure. En fait, je pense que la belle Odette a travaillé simultanément sur tous les plans de son être et a probablement trouvé plusieurs réponses à ses nombreuses questions existentielles.

Vieillir nous donne donc l'occasion de faire des choix pour soi-même, de laisser de côté les préjugés, de ne pas s'en faire avec le qu'en-dira-t-on et de s'amuser à réaliser nos aspirations. L'un de mes frères a décidé, récemment, après avoir eu pendant plusieurs années les cheveux gris et la barbe presque blanche d'un patriarche, de se faire teindre les cheveux pour se sentir plus jeune auprès de sa conjointe, qui a quelques années de moins que lui. Pour ma part, je le trouvais très beau avec son *look* vénérable, mais je ne peux qu'admirer sa décision d'avoir laissé libre cours à sa fantaisie et d'avoir pris ce moyen concret pour aimer davantage son apparence.

Je pense aussi à mon ex-conjoint qui n'hésitait jamais à porter des tenues sportives décontractées comme il l'avait toujours fait au cours de sa vie. La tenue « jeans et tee-shirt » ne va pas à tout le monde, mais quand je le voyais habillé ainsi, ça me faisait un effet du tonnerre. Je pense que cela vient du fait qu'il se sentait bien et à l'aise dans cette tenue, et que ça paraissait.

J'ai une copine, Mireille, qui, à plus de 50 ans, est belle comme un cœur. Mireille a un style bien à elle : elle ne porte que du noir et du blanc avec, à l'occasion, une touche de rouge. Elle se permet aussi des jupes assez courtes qui mettent en valeur sa silhouette et ses jambes bien galbées. Elle est également magnifique dans des *leggings* et de longs chandails. Il est évident que toutes les femmes de plus de 50 ans ne pourraient s'habiller ainsi et avoir le même résultat que Mireille, mais chaque personne peut trouver son style en ne se préoccupant pas plus qu'il ne le faut des modes et des standards.

Vieillir, c'est donc la liberté de choix, l'indépendance, la fantaisie. De plus, on peut continuer à être branché sur les ondes positives de la beauté et de la santé. Nous avons, autour de nous, plein d'exemples de gens âgés, beaux et heureux. Je pense notamment à la comédienne Janine Sutto. Elle dégage tellement de joie de vivre et d'énergie qu'on lui donnerait vingt ans. Ne lâchons pas ! Comme le dit si bien l'auteur-compositeur Jean-Pierre Ferland, c'est à 30 ans que les femmes sont belles, après ça dépend d'elles… Et ça vaut tout autant pour les hommes !

Apprendre des trucs faciles

Il n'y a pas que l'exercice et la chirurgie pour entretenir ses corps et se sentir mieux dans sa peau, dans sa tête et dans son âme.

Comme je le mentionnais précédemment, j'ai voulu, dans mes premiers livres, donner à mes lecteurs une bonne boîte à outils favorisant le bien-être et la santé. J'ai peut-être un peu négligé le corps parce que, à ce moment-là, j'étais plus préoccupée par les aspects spirituel et psychologique de l'être humain. Jouissant d'une bonne santé, malgré tous mes soubresauts affectifs et émotionnels, et cherchant sans cesse à comprendre le sens de la vie, je passe maintenant à une autre étape de mon évolution, plus centrée sur le corps physique. J'en profite donc pour partager avec vous quelques-unes de mes découvertes. Elles sont peut-être plus terre à terre, mais non moins passionnantes.

Savez-vous, par exemple, que les petites crèmes pour le visage et pour le corps n'ont absolument pas besoin d'être chères pour faire effet ? Il est cependant absolument indiscutable que leur utilisation fait toute la différence entre une peau douce et une peau rugueuse. Je l'ai moi-même expérimenté et je peux vous affirmer que vous ne perdez pas votre temps à vous « crémer ». Comme bien des personnes de mon âge, j'ai abusé du soleil pendant toute mon adolescence et même durant toute la vingtaine. Résultat : la peau de mes jambes ressemblait vraiment à une peau de crapaud. C'est en parlant avec des esthéticiennes, des dermatologues et des préposées aux produits de beauté vendus en pharmacie que je suis arrivée à cette conclusion que l'efficacité d'un produit n'est pas liée à son prix. Pour obtenir un résultat, il faut simplement de la constance dans l'utilisation. Il faut donc respecter quelques règles de base : trouver un produit qui convient à notre budget, qui nous est agréable par sa texture et par son odeur, et qui réagit bien sur notre peau. Pour choisir ses petites crèmes, il est donc important de respecter ses moyens, de suivre son intuition et d'être attentif à la réaction de son corps. Vous êtes donc la personne la mieux placée pour faire ces choix. Pour ma part, j'ai aussi pris l'habitude de ne pas me « condamner » à utiliser toujours le même produit ou la même gamme de produits. Tout comme les coiffeurs vous conseilleront de changer de shampooing, à l'occasion, je pense qu'il est intéressant de ne pas toujours donner les mêmes ingrédients à notre peau. Cette approche « petite crème pas chère » produit sur moi des résultats impeccables. Il faut dire que l'application d'une crème est devenue un rituel, après la douche ou le bain, et que je ne saute jamais une journée. Résultat : la peau de crapaud s'est transformée en une peau de satin. J'ai bien ri, dernièrement, quand j'ai constaté que mon frère Louis et moi étions tous deux des adeptes des petites crèmes. Mais ce que j'ai trouvé de plus amusant encore, c'est que, n'étant pas riche ni l'un ni l'autre, nous avions tous les deux une prédilection pour le même produit, vendu en pharmacie à un prix très bas.

On découvre aussi des trucs faciles en parlant avec nos grands-parents, nos oncles et nos tantes, ou même en jasant avec nos collègues de travail. J'ai ainsi appris que l'on pouvait « casser » un début de grippe en prenant une bonne dose de vitamine C ajoutée à un produit naturel, l'échinacée. Ce produit renforce le système immunitaire et dispense souvent de l'obligation de prendre des antibiotiques. Cette information, qui m'a été refilée par un collègue, s'est avérée très efficace. J'ai réussi, depuis plus d'une année, à interrompre les rhumes et les grippes dès le début des symptômes. J'ai aussi constaté que la consommation de jus de carotte naturel ou la prise de bêtacarotène en capsule donne un teint plus coloré sans que l'on ait à s'exposer au soleil. On a l'air plus en santé et en forme, avec nos petites joues rosées.

Pour être en forme et garder de belles formes, il y a trois ennemis à déjouer : le tabac, l'alcool et la caféine. Le tabac est non seulement nocif pour le système cardiovasculaire, il est également très mauvais pour la peau, car une personne qui fume garde beaucoup de toxines dans son système. Une esthéticienne me disait qu'elle sait si une personne fume ou non simplement par la couleur et la texture de sa peau. Vous devriez donc vous débarrasser de cette habitude, ou du moins diminuer considérablement votre consommation de tabac, si vous travaillez à améliorer votre qualité de vie et votre apparence.

Quant à l'alcool et à la caféine, je crois à leur consommation modérée, mais en optant pour la qualité. Pourquoi ne pas acheter qu'une seule bouteille de vin par semaine ou encore par mois, selon votre goût, mais ne prendre qu'un vin de qualité. Votre plaisir n'en sera que plus grand. La même approche vaut pour la caféine, sous forme de café, de thé ou de chocolat : qualité supérieure et quantité moindre. Les spécialistes de la saine alimentation et même plusieurs médecins affirment qu'il est préférable de consommer de petites quantités de ces produits, mais de les choisir de très bonne qualité, plutôt que de les supprimer complètement et de se priver d'un plaisir gustatif évident, et risquer ainsi de se sentir continuellement frustré. Personnellement, j'achète du café en grains d'excellente qualité, que je mouds chaque matin. Je ne prends qu'une ou deux tasses de café par jour, mais quelle saveur ! Même l'odeur du café frais moulu augmente mon plaisir. Puisque j'aime aussi le chocolat et que je n'ai plus aucun problème de poids, je choisis du chocolat pur, amer ou mi-amer, qui, selon les connaisseurs, est moins nocif que les autres tablettes offertes sur le marché.

Ma recherche sur la mise en forme physique m'a aussi conduite à la prise quotidienne de suppléments alimentaires sous la forme de multivitamines en capsule ou en liquides. Mais, comme pour les petites crèmes et les shampooings, je préfère ne pas prendre le même produit pendant des années. Lorsqu'un contenant est terminé, je me procure quelque chose d'un peu différent et d'une autre compagnie, question de ne pas ennuyer mon système par la répétition trop fréquente d'un même produit.

Il est maintenant reconnu que les aliments que nous consommons ne sont pas toujours parfaitement équilibrés et ne contiennent parfois pas toutes les vitamines et tous les minéraux nécessaires au bon fonctionnement de l'organisme. Plusieurs médecins préconisent donc de compléter notre alimentation en prenant, une fois par jour, un supplément vitaminique, qui ne serait pas nocif même si nous avions suffisamment de ces vitamines dans notre organisme. Si tel est le cas, le corps élimine tout simplement le superflu.

Un produit très en vogue, comme supplément alimentaire, est la spiruline. Ce produit naturel, à base d'algues, constitue un bon complément à notre régime habituel. Il a aussi l'avantage, surtout en période de travail intense ou de stress, d'augmenter notre énergie et notre résistance.

La bonne forme dépend aussi de notre capacité à gérer nos émotions et à bien accueillir les aléas de la vie. Or il existe des trucs faciles pour combattre le stress, la fatigue et même la déprime. Avez-vous l'impression, quand vous manquez d'énergie ou brassez des idées noires, que la seule solution à vos problèmes serait de partir pour une semaine dans le sud ou de gagner le million à la loterie ? Quoique ces deux perspectives soient très intéressantes, je vous propose quelque chose de plus accessible. Un remède infaillible pour combattre le stress et la déprime, c'est de faire du ménage. Cela peut paraître un peu paradoxal, mais essayez-le et vous m'en donnerez des nouvelles. Nettoyer sa maison, la rendre belle et propre, accueillante et chaleureuse : il n'y a rien de tel pour favoriser le bien-être physique et mental. De plus, en s'activant à passer l'aspirateur, à nettoyer la salle de bains ou à épousseter, on se libère de toutes les énergies négatives. Plus on se concentre sur la poussière à faire disparaître, plus on se sent heureux et fier de son effort.

L'une de mes façons favorites pour combattre le stress, particulièrement lorsque je ressens de la fatigue physique qui m'empêche de faire un effort de plus, c'est de prendre un bain moussant avec des huiles essentielles. On trouve de grosses bouteilles de bain moussant à un prix très abordable. Ce genre de produit n'a presque pas d'odeur et contient un peu de glycérine qui rend la peau très douce. Mais le truc, c'est d'ajouter à cette mousse onctueuse quelques gouttes d'huile essentielle, que l'on trouve dans les magasins d'aliments naturels. Certaines huiles sont chères à cause de la rareté du produit qu'elles contiennent, celles à base de bois de santal, par exemple, mais la plupart sont très abordables. De plus, une bouteille peut durer très longtemps puisque l'on n'utilise que quelques gouttes à la fois.

Personnellement, je m'amuse à faire des expériences et fais de belles découvertes. J'ai ainsi réalisé que quelques gouttes d'huile essentielle au pamplemousse, ajoutées à l'eau de mon bain, me procure un picotement stimulant sur tout le corps et m'énergise. L'huile d'eucalyptus me réchauffe lorsque j'ai très froid, en hiver, par exemple, ou lorsque je sens poindre un rhume. L'huile à base de cèdre me donne l'impression de chasser toutes les idées sombres alors que l'huile de lavande m'apaise lorsque je me sens nerveuse. Il existe des centaines de variétés d'huiles essentielles. Chaque personne peut trouver ce qui lui convient.

Un autre produit fréquemment utilisé pour combattre les baisses d'énergie est un onguent chinois que l'on applique sur la nuque et sur les tempes. Très peu cher, ce produit est offert dans toutes les pharmacies. On s'en sert aussi pour frictionner des membres endoloris ou, en application externe, pour soulager le mal de gorge. L'onguent peut être transparent ou coloré. Personnellement, je préfère celui qui est transparent parce qu'il ne tache pas, mais d'autres gens prétendent que le foncé est plus efficace. À vous de choisir !

Pour retrouver son énergie et son positivisme, on peut, tout simplement, rechercher les occasions de rire. Le rire est non seulement bon pour le moral, mais également pour la santé physique. Une personne qui rit beaucoup digère mieux, élimine davantage et réussit à traverser les difficultés avec plus de force. J'ai déjà pensé qu'il était impossible de vivre une peine tout en conservant sa faculté de rire. Or il n'en est rien. Il peut être plus difficile de trouver des occasions de rire lorsqu'une épreuve nous accable ou qu'une inquiétude nous ronge, mais c'est possible. On peut côtoyer des gens qui aiment blaguer, aller voir des films drôles ou même simuler le rire. On dit que le rire est contagieux ; on pourrait ajouter qu'il contient le virus de l'antidéprime.

Pour conclure cette parenthèse de petits trucs, je vous encourage fortement à parler ouvertement avec les gens de votre entourage des difficultés « ordinaires » de la vie et des trucs que vous avez trouvés pour régler ces problèmes. Vous serez surpris de constater à quel point vous pourrez ainsi être utile aux autres ; en retour, vous apprendrez sûrement beaucoup de nouvelles façons d'aborder la vie au quotidien. Après tout, il n'est pas toujours nécessaire de parler des grands mystères de la vie pour s'entraider et avoir du plaisir !

Tendre vers l'unification des corps

Avoir un corps élancé, ferme et bien galbé ne guérit pas les carences du cœur et de l'âme, pas plus qu'une grande sérénité intérieure ne procure la souplesse à un corps négligé. Il faut donc aspirer à l'unification de toutes les parties de notre être pour entrevoir le début de la plénitude. Une personne unifiée est celle qui réussit à vivre ses valeurs de façon authentique, et ce, sur tous les plans de son être. Lorsque toutes les parties de notre être ne sont pas unifiées, il en résulte des conflits intérieurs qui nous tourmentent sans cesse. On est parfois conscient de ces conflits, mais la plupart du temps on ne l'est pas.

Il y a quelques années, j'ai eu la chance extraordinaire de suivre un atelier de trois jours avec le père Yvon Saint-Arnaud, spécialiste en psychosynthèse. Cet atelier aidait les participants à identifier leurs principales valeurs. Le père Saint-Arnaud nous a expliqué qu'il existe des valeurs dites authentiques alors que les autres peuvent être qualifiées d'inauthentiques. Il peut sembler étrange de parler de valeurs inauthentiques, mais elles sont pourtant monnaie courante chez la plupart d'entre nous. En fait, pour dire que l'on a une valeur authentique, il faut pouvoir affirmer sans hésiter, en observant son vécu, que cette valeur est bien présente sur tous les plans de son être. Si, au contraire, l'on constate que l'on idéalise une certaine valeur sans qu'elle soit reflétée dans nos actes, il faut en conclure que cette valeur n'a pas encore pris sa place en nous et que, par conséquent, elle n'est pas encore authentique.

On peut facilement trouver des exemples de valeurs inauthentiques dans notre propre vie ou chez des gens de notre entourage. Je pense notamment à quelqu'un qui travaillerait dans le domaine de la santé, prodiguant soins et conseils à ses patients, alors que lui-même négligerait sa propre santé en ne dormant pas suffisamment ou en consommant des drogues, facilement accessibles pour lui. On pourrait aussi penser à toutes les fois où nous n'avons pas le courage d'affirmer ouvertement nos convictions alors que nous croyons accorder une grande importance à l'honnêteté et à la transparence.

Il est utopique de penser que l'on réussit facilement à être unifié et à vivre selon ses valeurs dans ses moindres pensées et gestes. La faiblesse est humaine, et nous n'arrivons pas à cette plénitude sans y avoir longuement travaillé. Mais un seul instant par jour de cette plénitude vaut la peine que l'on y consacre une attention particulière. Tendre vers cette unification permet à chaque partie de notre être de s'améliorer sans cesse et de se développer au rythme de ses forces et de ses faiblesses. Chez certaines personnes, l'intellect prendra d'abord plus de place alors que, chez d'autres, ce sera le corps ou l'âme. Mais, petit à petit, les coins s'arrondissent, des ponts se créent et l'interaction commence. Si on laisse à chaque corps le droit de s'exprimer et de dialoguer avec les autres, il en résulte inévitablement une personne plus heureuse et équilibrée.

Rechercher l'harmonie

Voici un beau défi à relever chaque jour : la recherche, difficile, mais stimulante, de l'harmonie, non seulement avec soi-même, mais également avec les autres ainsi qu'avec les lois qui nous régissent.

Pour travailler à atteindre cette harmonie, il faut d'abord apprendre à se connaître soi-même. Il faut aussi essayer de comprendre ceux et celles qui nous entourent, car le bonheur consiste également à bien communiquer avec nos semblables. Certaines personnes ont un destin exceptionnel d'ermite et réussissent à atteindre l'harmonie malgré une solitude presque totale. Mais nous ne sommes, pour la plupart, pas rendus à ce degré d'évolution et devons donc apprendre à communiquer avec nos semblables. Ce long travail de connaissance de soi et des autres, qui s'échelonne sur toute une vie, se fait grâce aux expériences, aux réflexions, aux observations, aux lectures, aux ateliers, aux confrontations, aux échanges, et à beaucoup de déceptions. Il faut tomber plusieurs fois et se relever autant de fois avant de commencer à voir lucidement qui nous sommes et à accepter les autres tels qu'ils sont sans vouloir leur imposer notre loi.

Quant aux lois de la Création, elles sont bien réelles et bien présentes, que l'on en soit conscient ou non. Elles constituent notre encadrement ou, si vous préférez, les balises entre lesquelles nous pouvons circuler en toute sécurité. Cependant, étant doté du libre arbitre, l'être humain peut déroger aux lois, mais c'est à ses risques et périls.

Selon la loi de la réciprocité des effets, par exemple, nous devons assumer les conséquences de nos choix et de nos actes. Pour parler de cette loi, on emploie aussi les expressions « karma » ou « loi du rapport de cause à effet ». Cela veut dire, par exemple, que lorsque l'on souhaite quelque chose de négatif à quelqu'un, ça nous retombe sur le nez tôt ou tard. Inversement, celui qui sème du bon grain récolte de bons fruits. Le fait d'être bon et généreux entraîne invariablement de bons effets pour l'auteur des gestes positifs.

C'est en raison de la loi de l'attraction des affinités que nous attirons des gens qui nous ressemblent, tant par leurs qualités que par leurs défauts. Cette loi s'exerce non seulement entre les êtres vivants, mais permet souvent à un esprit de choisir le lieu de son incarnation avant même le moment de sa naissance.

La loi de la pesanteur est sans doute la plus connue, du moins en rapport avec le corps physique. Pourtant, elle s'exerce sur tous les plans de notre être. Si vous avez le cœur lourd ou l'âme obscurcie, cela se reflétera dans vos yeux et même dans votre allure physique en général.

Les lois de la Création sont accessibles tant par les écrits que par l'observation des faits et gestes de la vie quotidienne. Il n'est pas nécessaire d'être un érudit pour connaître ces lois. À elle seule, l'intuition peut nous y conduire rapidement. Pour m'aider à mieux comprendre les lois, à me mettre en contact avec l'énergie de l'Univers et à trouver la route à suivre dans les cas problématiques, j'ai très souvent recours à la prière et aux incantations. De la même façon, si je sens une inquiétude ou que je perçois des ondes négatives dans mon entourage, je n'hésite pas à avoir recours à ce que j'appelle, avec le sourire, ma « petite magie blanche ».

Depuis quelques mois, par exemple, j'ai pris l'habitude de dire à très haute voix, en me promenant en forêt ou sur le golf à proximité de ma demeure : Ô puissance infinie, manifeste-toi ! Depuis que je dis cette phrase, j'ai l'impression que certaines difficultés ont été résolues beaucoup plus rapidement que je ne l'aurais imaginé au départ. Je m'amuse aussi à parler à des personnes chères qui sont décédées pour me rappeler à leur bon souvenir et pour les remercier de ce qu'elles m'ont apporté de positif. Si je sais que l'une de ces personnes a traversé un problème particulier, je lui demande parfois son aide pour un ami ou une amie qui fait face à un obstacle semblable. J'ai déjà lu qu'une âme désincarnée peut évoluer très rapidement en aidant des personnes sur terre qui sont prêtes, évidemment, à suivre ses conseils. Le même phénomène se produit, dans une perspective purement terrestre, entre âmes incarnées.

La recherche de l'harmonie nous invite aussi à établir un contact enrichissant et respectueux avec la nature, aussi bien avec les animaux qu'avec les végétaux et les minéraux. Ces éléments de la Création ont tellement de propriétés énergétiques et curatives que nous devrions les considérer avec autant de délicatesse et de courtoisie que dans nos rapports avec les humains. Je me souviens d'un magnifique passage du roman *La montagne est jeune*, de Han Suyin. J'ai oublié les mots précis utilisés, mais je sais que l'histoire se passait au Tibet et que le héros, par mégarde, avait marché sur une fleur. L'homme, pourtant très viril et à l'allure déterminée, avait pris la peine de présenter ses excuses à la fleur et il avait fait l'éloge de son parfum et de sa beauté.

On parle beaucoup, depuis quelques années, des vertus des plantes, des fleurs et des pierres. J'ai personnellement obtenu de bons résultats avec les « fleurs de Bach » et les « élixirs floraux » fabriqués à Ham-Nord, au Québec. De telles approches thérapeutiques n'ont pas le même effet sur tout le monde. Je suis persuadée que plus une personne chemine spirituellement et tend vers l'unification et l'équilibre de ses trois corps, moins elle aura tendance à utiliser des produits chimiques pour accélérer sa guérison. Le passage du chimique au plus naturel se fait en général très naturellement et sans influences extérieures. Dans ce domaine comme en toute chose, il faut toutefois faire preuve de vigilance et suivre son intuition. Si l'on a un problème précis et que l'on est déjà soigné par la médecine traditionnelle, il ne faut pas mettre fin au traitement pour tenter de se guérir à l'aveuglette, en consultant à droite et à gauche dans l'espoir de trouver un remède miracle. Le gros bon sens, encore une fois, est le meilleur guide pour nous conduire à bon port.

L'harmonie avec soi, les autres, les lois de la Création et l'environnement est un gage de beauté, quel que soit notre âge. Mais il est impossible de penser harmonie sans accepter d'investir un peu de notre temps pour concrétiser notre désir d'évolution. L'évolution implique parfois une révolution, même si, en général, la route s'accomplit un pas à la fois. L'évolution implique aussi certains renoncements et la capacité de se prendre en main pour devenir un être solide, équilibré et utile dans la Création.

4

La solitude

LA MAJORITÉ des êtres humains, de leur plus tendre enfance jusqu'à la fin de leur vie, ont peur de la solitude et essaient de la fuir. Lorsque l'on demande à de très jeunes enfants ce qui pourrait leur arriver de pire, ils répondent tous que ce serait de perdre leurs parents et de rester seuls au monde.

Encore aujourd'hui, de nombreuses jeunes filles rêvent du prince charmant qui viendra les enlever sur un cheval blanc, les conduira à l'église et leur fera beaucoup d'enfants. Oui, elles veulent encore se marier et être entourées de beaux enfants, et elles n'abandonnent pas facilement leur idéal. « Un de perdu, dix de retrouvés », dit le dicton. Les filles vont allègrement d'une histoire de cœur à une autre, y laissant quelques plumes au passage, mais recommençant toujours avec le ferme espoir que cette fois sera la bonne. Quant aux garçons, qui semblent plus froids par rapport au mariage et à l'engagement à long terme, ils se sentent néanmoins inquiets lorsqu'ils se font éconduire par la belle de leur cœur. Une amie travailleuse sociale me disait récemment que le taux de suicides à la suite d'une déception amoureuse serait croissant chez les jeunes hommes.

Le problème de la solitude est encore plus évident chez les éclopés de l'amour. Les personnes dans la quarantaine, la cinquantaine et la soixantaine qui sont toujours à la recherche de l'âme sœur se comptent par milliers. Elles cherchent désespérément celui ou celle qui leur fera oublier leurs peines et leurs deuils, malheureusement pas toujours résorbés, et considèrent chaque année de solitude comme une année de perdue. Quant aux personnes du troisième âge qui n'ont pas de partenaire, elles aussi peuvent espérer trouver un compagnon ou une compagne pour partager leur quotidien. Mais elles souffrent plus que d'autres de solitude et d'isolement parce qu'elles ne sont plus sur le marché du travail, parce qu'elles n'ont pas souvent la visite des membres de leur famille ou parce qu'elles se sentent déracinées depuis qu'elles sont en foyer d'accueil.

La solitude est donc un spectre monstrueux qui amène les gens, petits et grands, à adopter des comportements ou à se fixer des objectifs dans le seul but de l'éviter.

Aimer la présence de ses parents est tout à fait légitime pour un enfant. Par contre, l'enfant qui manque de sécurité et qui est terrorisé par l'idée de perdre ses parents pourrait en arriver à organiser toute sa vie en fonction de cette seule perspective. Il s'emploiera, inconsciemment la plupart du temps, à faire la conquête de ses parents ou, le plus souvent, celle du parent du sexe opposé. Dans le livre *Petits Gestes et Grandes Joies*, je parle des besoins de l'enfant et des effets néfastes occasionnés lorsqu'ils n'ont pas été comblés de façon satisfaisante par les parents.

Les besoins fondamentaux de l'enfant sont le besoin de sécurité, celui d'identité, celui d'estime de soi et celui d'aimer et d'être aimé. Ils doivent être comblés de façon satisfaisante, mais pas nécessairement parfaitement, pour que l'enfant assume pleinement sa vie et ne recherche pas toujours la présence d'autres personnes pour combler un certain vide intérieur. Pour bon nombre d'entre nous, ces besoins fondamentaux n'ont pas été comblés au moment opportun. C'est ce qui explique qu'il y ait tant de personnes en détresse (alcooliques, toxicomanes...). On sait cependant que cette lacune se corrige ; l'individu carencé qui prend conscience de son problème peut jouer lui-même le rôle de son propre parent.

Les personnes souffrant de carences profondes ont souvent des problèmes de dépendance affective qui les rendent tout à fait incapables d'accéder au bonheur et à la sérénité. Plus que quiconque, les dépendants affectifs ont peur de la solitude. Pour eux, la seule façon d'être bien est de trouver une bouée de sauvetage et de s'y accrocher de toutes leurs forces. Même s'ils réalisent que le bien-être résultant d'une bouée est éphémère et illusoire, ils n'arrivent pas à se sortir de cet enfer. Le problème de dépendance affective est abordé plus en détail au chapitre 9 de ce livre.

D'autres personnes réussissent tant bien que mal à traverser la vie, sans toutefois avoir un sentiment de quiétude. On ne peut pas dire qu'elles souffrent de dépendance affective chronique, mais elles traînent toujours un boulet et se demandent pourquoi elles font tant de compromis pour ne pas être seules, ou pourquoi elles ressentent un vide intérieur lorsqu'elles ne passent pas la majorité de leur temps avec d'autres gens.

Il est très légitime, et sain, pour un être humain de vouloir vivre en couple, d'avoir des enfants, puis vivre sa retraite entouré d'amis fidèles avec lesquels jouer aux cartes ou au golf peut être très agréable. Le problème n'est pas de désirer de telles choses, mais de se sentir paniqué à l'idée qu'elles ne se concrétisent pas et d'avoir l'impression d'être dans un trou noir si elles ne se produisent pas.

Le problème, aussi, c'est qu'une telle peur de la solitude peut facilement engendrer de mauvais choix, ou faire qu'une personne s'accroche à une situation qui n'est pas du tout favorable à son évolution. La peur de se retrouver seul peut mener aux pires bassesses, et la difficulté d'assumer la solitude entraîne de grands déboires.

Comment transformer cette peur en une alliée ? Comment faire marche arrière et se débarrasser de l'idée préconçue que le bonheur exclut la solitude ? Comment concilier le fait que la vie en société nous invite à apprendre au contact des autres et le fait que des milliers de personnes vivent seules, sans conjoint ni parents ? Ces personnes ont aussi droit au bonheur.

Il n'y a évidemment pas de recettes magiques pour apprivoiser la peur de la solitude et transformer la solitude en une alliée pour accéder à la sérénité quotidienne. En envisageant différemment la solitude, on peut transformer sa vie. Pour cela, cependant, il faut y croire et consacrer le temps nécessaire pour reprogrammer le conscient et l'inconscient. Les attitudes par rapport à la solitude décrites dans les pages qui suivent vous sembleront peut-être trop simplistes pour lutter contre une peur aussi grande que celle de la solitude. Faites-en l'essai et observez votre transformation. Ces attitudes touchent à tous les aspects de l'être : physique, mental et spirituel. Elles mettront en action un mécanisme puissant qui vous habite mais que vous n'utilisez peut-être pas efficacement : la volonté. Chemin faisant, quel que soit votre âge, vous réaliserez que votre peur de la solitude s'estompera graduellement. La solitude pourrait même devenir, à votre grande surprise, une denrée précieuse que vous protégerez jalousement.

Le changement d'attitude n'a absolument pas pour objectif de faire de vous des êtres asociaux ou indépendants au point de ne plus vouloir de contacts humains et affectifs avec d'autres personnes, ni de vous amener à éviter toutes formes d'engagement. Il s'agit tout simplement de vous faire prendre en charge votre vie et le temps précieux dont vous disposez en vous rendant capable de bien gérer tous les moments de solitude mis à votre disposition. En faisant la paix avec votre solitude, vous constaterez aussi que vous avez amélioré les moments de rencontre avec les autres, car ces moments ne serviront plus à étancher votre soif d'attachement ou à combler un vide ; ils seront plutôt devenus l'occasion de partager du bon temps avec ces personnes, sans exigences ni attentes d'aucune sorte.

De plus, aussi paradoxal que cela puisse paraître, plus les gens aiment être seuls et cultivent ce besoin, plus les autres apprécient leur présence. Esprit de contradiction de l'être humain ? Bien sûr que non ! Cela tient seulement au fait que les personnes ayant réussi à apprivoiser et à aimer leur solitude dégagent des vibrations harmonieuses qui attirent les autres comme des aimants. Elles tiennent cependant à leurs moments de solitude et doivent demander gentiment aux autres de ne pas les envahir. Ces personnes sont toujours occupées à quelque chose qui les intéresse et ne sentent pas nécessairement le besoin de toujours tout partager.

Si vous avez une très grande peur de la solitude, je sais que vous serez sceptique à l'idée de faire un virage à 180 degrés, et que vous pourriez envisager un jour la solitude comme une denrée précieuse. Vous vous dites peut-être qu'il est impossible que vous en arriviez à refuser de voir des gens parce que le moment ne vous conviendra pas et que vous préférerez, à ce moment précis, votre solitude. La seule façon de le vérifier, c'est évidemment de tenter l'expérience. Bien sûr, tout le monde ne développe pas le même goût pour la solitude. Il y a une question de tempérament et chacun a ses préférences.

Mais je peux vous affirmer, sans l'ombre d'un doute, qu'après avoir effectué ce virage, vous ne paniquerez plus devant la solitude et que celle-ci ne vous empêchera plus d'accéder à toutes les petites joies quotidiennes que la vie met gracieusement à votre portée. Les attitudes positives que je propose ici sont aussi très efficaces pour les personnes souffrant de dépendance affective, qui sont toujours très affectées par la peur d'être seules. La transformation des attitudes ne constitue cependant pas, pour ces personnes, la solution complète à leur problème de dépendance, qui nécessite aussi un travail en profondeur.

Choisir d'être seul

L'une des choses les plus difficiles et des plus frustrantes à vivre est de se faire imposer une situation. Devant une obligation ou une pression, l'individu a tendance à se sentir oppressé, étouffé, malheureux, et il tente désespérément de changer la situation, même à son détriment. Il est cependant parfois difficile, ou même impossible, de changer une situation. Si votre conjoint veut vous quitter ou qu'un être cher vous est soudainement arraché par la mort, vous ne pouvez pas changer le cours du destin et faire marche arrière. Mais il est tout à fait à votre portée d'adopter une attitude positive par rapport à cet événement et d'en assumer les effets comme si vous aviez choisi cette voie pour votre évolution. Tous les spécialistes de la santé mentale s'accordent pour dire que la façon d'aborder une épreuve est plus importante, et a plus de répercussions à long terme sur la personne qui la subit, que l'événement lui-même.

Le premier pas à effectuer pour vaincre sa peur de la solitude est donc de se dire, de se répéter et, au besoin, d'écrire que l'on *choisit* sa situation de personne seule, pour quelques heures ou pour quelques années. On refuse ainsi de s'apitoyer sur son sort et d'avoir l'impression de subir la situation.

Vous direz sans doute qu'il est impossible d'affirmer que l'on choisit d'être seul si l'on a été séparé de l'être cher par le divorce ou par la mort, ou encore si l'on n'a jamais rencontré une personne avec laquelle on a suffisamment d'affinités pour cheminer comme couple. À mon avis, on peut faire une telle affirmation du moment que l'on s'approprie la situation, qu'on la fait sienne. Il faut décider d'en tirer le maximum d'avantages pour soi, quelle que soit la souffrance initiale que nous impose la situation. On peut préférer partager sa vie avec quelqu'un, mais pas à n'importe quel prix. On peut souhaiter poursuivre une relation si elle est enrichissante pour les deux partenaires ; mais si l'une des deux personnes ne s'y sent plus heureuse, s'accrocher au désir de vivre en couple n'est pas sain.

Pour arriver à s'approprier une situation et la tourner à notre avantage, il est bon de voir avec lucidité l'envers de la médaille. On a souvent tendance à idéaliser ce que l'on n'a pas et, malheureusement, à ne pas voir tous les bons côtés de ce que l'on a. Saviez-vous, par exemple, que les personnes qui vivent seules ou qui sont seules plusieurs heures par jour font souvent l'envie de ceux et celles qui courent toute la journée et qui ont de la difficulté à avoir quelques minutes d'intimité ? Savez-vous aussi que bien des gens vivant en couple n'ont rien à se dire et qu'en réalité ils ressentent plus de solitude, à deux, qu'une personne seule avec elle-même ?

On vient au monde seul et on quitte la terre seul. Entre ces deux événements que sont la naissance et la mort physiques, une série d'expériences de joies et de peines nous attendent. Ces expériences, qui nous font vivre de fortes émotions, contribuent à renforcer notre individualité, tant psychique que spirituelle. Les détachements se suivent, dans notre vie, à un rythme incroyable. Apprendre à vivre les détachements de toutes sortes est un apprentissage important pour apprécier la solitude.

Parallèlement à la démarche visant à être suffisamment détaché pour ne pas vivre dans la peur de perdre des êtres chers, ou même certains objets matériels, l'être humain doit aussi cultiver un grand nombre de champs d'intérêts pour remplir, avec joie, toutes les années qui lui sont accordées pour évoluer. Les êtres passionnés n'ont jamais peur de la solitude.

On dit souvent que la retraite se prépare dès le plus jeune âge. En effet, les personnes qui développent leurs talents et qui prennent le temps de découvrir les multiples splendeurs de l'Univers ont rarement peur de la solitude. Certains passe-temps exigent de la patience et procurent des heures de plaisir solitaire. On peut s'adonner à des activités fort complexes, ou faire de simples casse-tête.

Ma mère, décédée à l'âge de 88 ans, s'est amusée jusqu'à la toute fin de sa vie à faire des mots croisés ; elle s'intéressait à l'actualité en lisant des journaux et suivait fidèlement ses émissions de télévision préférées. Chaque jour, elle accomplissait son petit rituel d'exercices d'assouplissement et aimait se détendre dans un bain parfumé. Elle a vécu ainsi plusieurs années toute seule dans un petit appartement ; pour rien au monde elle n'aurait voulu perdre ce qu'elle appelait son « intimité ». Certaines personnes ne jouissent pas d'autant d'autonomie jusqu'à la toute fin de leurs jours ; elles peuvent néanmoins se trouver un petit coin de paix, même dans un foyer pour personnes âgées, afin de profiter pleinement de ce qui suscite leur intérêt.

Il y a quelques années, alors que je souffrais moi-même de solitude et que j'envisageais avec horreur l'idée de rester vieille fille, j'ai décidé de faire du bénévolat dans un hôpital pour malades chroniques. J'y ai fait la connaissance de Bill, un être absolument extraordinaire. Il est paraplégique et vit à cet endroit depuis plus de 25 ans. À la suite d'un accident d'automobile à l'âge de 40 ans, lui qui était célibataire et qui avait toujours mené une vie active, il s'est retrouvé cloué dans un fauteuil roulant, sans personne pour l'accueillir. Pour quelqu'un de plutôt sportif et aimant beaucoup voyager, la vie a donc basculé d'un seul coup. Bill aurait pu sombrer dans le désespoir, et même songer au suicide. Au contraire, il s'est mis à cultiver le plaisir d'être seul. Il m'a confié ceci : « Avant mon accident, j'ai vécu à cent milles à l'heure et j'ai souvent brûlé la chandelle par les deux bouts ; depuis, j'apprends à développer les ressources qu'il me reste et je m'occupe à des passe-temps plus intellectuels. » Par exemple, Bill participe à des tournois d'échecs par correspondance et il a appris plusieurs langues, qu'il enseigne à d'autres patients. Il fait aussi beaucoup de méditation et lit tous les livres qu'il n'a jamais eu le temps de lire auparavant.

Mais le plus étonnant, dans l'histoire de Bill, concerne les femmes. Bill m'avait raconté qu'avant son accident il aimait beaucoup avoir une amie de cœur, mais que, depuis qu'il était paraplégique, il avait renoncé à cet aspect intéressant de la vie. Quelle ne fut pas ma surprise, quelques années après avoir fait sa connaissance, de constater qu'il avait commencé à fréquenter une belle jeune femme, de plusieurs années sa cadette, et que celle-ci ne demandait pas mieux qu'il vive auprès d'elle. Bill poursuivit la relation pendant quelque temps, s'offrant même des fins de semaine complètes hors de l'hôpital. Il décida tout de même de demeurer dans le centre hospitalier où il était depuis son accident. Il m'avoua qu'il n'avait pas envie de renoncer à sa vie de célibataire, malgré ses sentiments profonds et sincères pour sa tendre amie. Il avait aussi perçu, entre eux, un décalage intellectuel qui, selon lui, créerait des difficultés d'adaptation encore plus importantes que celles qu'occasionnerait son handicap. Je suis vraiment demeurée béate de surprise et d'admiration lorsque Bill me fit part de sa décision de ne pas convoler en justes noces et de sa préférence pour sa solitude sereine. Quel cheminement et quelle force intérieure !

Comme vous pouvez le constater, on peut bel et bien décider de choisir sa solitude, quels que soient les événements que la vie nous réserve et quel que soit notre âge. Si vous avez un gros poids sur le cœur, prononcez ces mots : « Je choisis d'être seul aussi longtemps que ce sera bénéfique à mon évolution, et je suis déterminé à être heureux et à tirer le meilleur parti de chaque moment de solitude mis à ma disposition. » Vous vous sentirez déjà plus léger.

Améliorer son environnement

Qu'il soit seul ou non, l'être humain a toujours intérêt à créer un environnement qui favorise le bien-être et le sentiment de sécurité. Les gens qui appréhendent la solitude ont souvent des commentaires révélateurs. Ils ont peur, par exemple, d'avoir froid ou de trouver la maison bien vide. En portant attention à nos propres commentaires concernant la peur d'être seul, on trouve souvent des moyens de la combattre.

Lorsque nous étions dans le ventre de notre mère, nous nous sentions en sécurité et bien au chaud. Pas étonnant que le froid nous rende mal à l'aise. Quelqu'un qui a les pieds gelés, par exemple, peut ressentir un tel inconfort qu'il sera incapable de trouver le sommeil et se mettra à angoisser. Il est donc important de créer autour de soi et en soi des conditions favorables à un climat de sécurité et de chaleur. Voici des suggestions bien simples : de bons bas de laine réchauffés dans la sécheuse, une couverture chauffante ou un « sac magique ». Rien de tel, aussi, qu'un bon bain chaud pour retrouver la paix et la sérénité, et chasser toutes les idées noires.

Si vous vivez seul, assurez-vous de chauffer suffisamment votre maison, faites un feu dans la cheminée ou installez des lumières chauffantes à la sortie de la douche. Ces petits détails contribueront à rendre votre vie plus agréable. Un lit confortable est aussi quelque chose de très important. Les personnes qui ont peur de la solitude ont souvent peur d'aller se coucher parce qu'à ce moment-là elles ressentent plus d'angoisse. Une telle réaction est tout à fait normale et est souvent liée à des peurs d'enfance. Pour combattre ce problème particulier, rien de tel qu'une chambre aux couleurs correspondant à ses goûts, un lit douillet recouvert d'une couette naturelle et des oreillers moelleux sur lesquels se laisser aller à de beaux rêves. Pour avoir un lit confortable, les draps en flanelle de coton sont toujours plus accueillants que tout autre tissu. Les beaux draps de percale, qui contiennent du synthétique, vous glaceront l'hiver et vous feront transpirer en été. Un détail aussi simple que le tissu des draps peut donc contribuer à diminuer la tension intérieure et à favoriser le sommeil. Quant à moi, je garde toujours quelques branches d'eucalyptus à côté de mon lit, car leur odeur m'enivre plus qu'un bon vin.

L'environnement sonore peut aussi être déterminant dans le combat livré à la peur de la solitude. À chaque personne de trouver ce qui lui convient. Personnellement, je vis seule à la campagne, où le chant des oiseaux et le vent dans les arbres constituent la meilleure thérapie d'adaptation à la solitude. Ma copine Mireille, elle, préfère vivre en pleine ville où elle perçoit le mouvement des gens, le va-et-vient des automobiles, et où toutes les commodités de la vie se trouvent à proximité de sa résidence. Elle me disait récemment qu'elle ne se sentirait pas à l'aise dans un endroit comme le mien alors que, de mon côté, je me sentirais agressée par les bruits urbains.

La musique fait évidemment partie de notre environnement sonore et peut sans contredit améliorer notre qualité de vie. Par exemple, du Mozart est un « antidépresseur » efficace dans toutes circonstances. Certaines pièces musicales, comme les chansons de la Compagnie Créole, donnent le goût de danser, alors que d'autres ouvrent les robinets des glandes lacrymales. Après tout, ce n'est pas parce que l'on est seul que l'on doit se couper de ses émotions. Un truc à peu près infaillible pour chasser la peur de la solitude, surtout à l'heure du coucher, c'est d'écouter une cassette de relaxation, avec ou sans paroles. La plupart du temps, on ne se rend même pas jusqu'au bout de la cassette. On en oublie vite sa crainte, on se détend très rapidement, puis on plonge dans un sommeil réparateur.

L'environnement se compose aussi de tous les petits accessoires qui font de notre chez-soi un endroit unique et à notre image. Photos de famille, de voyages ou d'amis de longue date, éléments décoratifs particuliers, cadeaux précieusement conservés, plantes dont on s'occupe avec attention, vaisselle et napperons de fantaisie pour égayer la salle à manger et, pourquoi pas, un piano qui n'attend que notre bon vouloir pour nous chanter la sérénade.

Les personnes qui choisissent leur solitude au lieu de la subir savent en général se créer un environnement confortable, accueillant et chaleureux. Si la maison leur semble soudain trop grande ou trop vide, elles n'hésiteront pas à déménager dans un endroit plus intime, ou changeront les meubles de place et garniront les coins trop déserts avec des nouveautés stimulantes, une cage à oiseau, par exemple, ou un chevalet invitant à l'art de la peinture. L'avantage de vivre seul, c'est que l'on n'a pas besoin de tout négocier pour aménager son environnement. Non qu'il soit désagréable de choisir meubles et tapis avec son partenaire ou colocataire, mais le fait d'être seul maître à bord procure un sentiment de contrôle et de liberté très appréciable.

Cultiver les contacts affectifs

Vivre seul ne veut pas dire se couper de toute vie affective. Il est au contraire très sain de rechercher l'affection, car les échanges d'ordre affectif énergisent.

Pour une personne vivant seule, l'une des façons les plus simples de multiplier les contacts affectifs, c'est d'avoir un animal de compagnie. Ceux et celles qui me connaissent, ou qui ont lu mes livres précédents, savent l'importance qu'ont dans ma vie mes deux chats, Chaton et Filou, et ma chienne golden retriever, maintenant âgée de trois ans. Une mise en garde s'impose cependant : un animal de compagnie n'est pas un objet ou un jouet que l'on prend selon son bon vouloir et que l'on range pour quelques jours lorsque sa présence ne nous est pas nécessaire. Les animaux nous apportent beaucoup et nous apprennent énormément de choses sur la vie. Par contre, ils demandent de l'attention et des soins quotidiens. Ils requièrent eux aussi leur dose d'affection, sinon ils peuvent devenir agressifs ou distants.

Les chats ont parfois mauvaise réputation à ce sujet. Des gens vont même jusqu'à dire qu'ils sont hypocrites parce qu'ils sont imprévisibles. Ils vantent la fidélité des chiens et la prévisibilité de leur comportement, et conseillent de se méfier des chats. Par expérience, je peux vous dire que de telles généralisations sont à éviter. Un animal, quelle que soit sa race, est un individu différent des autres. Malgré ses caractéristiques génétiques, il sera en grande partie à l'image de ce qu'on lui aura inculqué. Mes deux chats sont des boules d'affection incroyables. Chaque soir, ils m'attendent, tout comme ma chienne d'ailleurs, pour m'accueillir à mon retour du travail. Ils ne manquent jamais une occasion de venir se blottir sur mes genoux ou sur ma poitrine en ronronnant de satisfaction. Un gros chat câlin sur soi est une merveilleuse thérapie lorsque l'on a du chagrin. C'est comme s'il absorbait une partie du chagrin sans en être affecté lui-même.

Il n'y a évidemment pas que les animaux pour avoir des contacts affectifs enrichissants. N'ayant pas d'enfants, je me suis quand même créé un réseau de petits enfants vivant autour de chez moi. Il y a les jumeaux roumains, qui me racontent leurs mésaventures dans leur pays natal, avant leur adoption par une famille québécoise ; les petites sœurs, Charlotte, trois ans, et Catherine, sept ans, qui ne manquent jamais de venir me voir pour faire la causette, mais surtout pour flatter la belle Soleil qui en raffole ; et tous ces enfants dont j'ignore les prénoms, mais qui me font toujours un grand sourire et m'envoient la main chaque fois que je passe avec ma voiture, la vitre baissée, et leur souhaite une bonne journée.

Le besoin d'être touché, affectivement et physiquement, mais sans connotation sexuelle, peut être assouvi par un simple soin du corps, comme un bon massage. Se faire faire par une esthéticienne un soin du visage avec des huiles essentielles peut apporter beaucoup sur ce plan. Autrefois, de tels soins étaient plutôt réservés aux femmes, mais de plus en plus d'hommes comprennent leur utilité et n'hésitent pas à parler ouvertement des soins esthétiques qu'ils reçoivent.

La petite fée Louise, mon esthéticienne, me confiait d'ailleurs récemment que les hommes sont de plus en plus conscients de l'effet bénéfique qu'a un soin du corps sur le caractère de leur compagne, et l'invitent à prendre rendez-vous. Ils profitent souvent plus de l'effet apaisant des soins sur leur compagne que du plaisir d'admirer le résultat visuel. À mon avis, une telle approche thérapeutique a sûrement le même effet sur la personne vivant seule. L'effet est peut-être encore plus grand chez elle parce qu'elle ne peut pas se coller sur un partenaire pour recevoir des montagnes de petits becs en guise de manifestations affectives.

Le contact affectif peut aussi être vécu très simplement, par la rencontre d'un regard ou d'un sourire joyeux, par une poignée de main chaleureuse, en faisant un compliment à quelqu'un ou en téléphonant à une personne vivant au loin. L'échange de lettres et de cartes de souhaits cultive grandement le contact affectif. Avez-vous remarqué comme on se sent heureux lorsque l'on reçoit une carte postale ou une lettre d'un ami ? Les relations épistolaires sont malheureusement moins fréquentes aujourd'hui ; pourtant, elles sont toujours un gage de grandes joies lorsque l'on se donne la peine d'y consacrer un peu de temps. L'été dernier, j'ai rencontré Hans, un jeune homme de vingt ans qui faisait un stage en hôtellerie à l'auberge Quatre Temps, un magnifique centre de thalassothérapie à Lac-Beauport, près de Québec. Ce jeune homme entretenait une correspondance assidue avec une vingtaine de personnes dans différents pays à travers le monde. Il ne s'ennuyait jamais et aspirait à rencontrer un jour tous ceux et celles avec qui il correspondait depuis quelques années déjà.

Pour des contacts affectifs très enrichissants, on peut rendre visite à des personnes âgées dans un foyer ou à des malades chroniques. J'ai eu la chance de vivre, il y a à peine deux mois, une expérience extraordinaire lorsque ma copine Louise et moi sommes allées voir sa mère, qui résidait dans un foyer. À tour de rôle, Louise et moi avons joué du piano et fait chanter les résidentes, qui ne cessaient de nous remercier de notre visite amicale. J'ai même dansé la valse avec une charmante dame, qui a semblé beaucoup apprécier. Louise et moi gardons de précieux souvenirs de cette journée inoubliable, d'autant plus qu'il y a quelques jours la maman de ma copine est décédée et que cette chance ne se reproduira pas, du moins pas avec elle. Je compte bien retourner de temps à autre faire une petite visite à cet endroit et jouer quelques mélodies du bon vieux temps pour faire chanter ou danser les pensionnaires. Ces personnes demandent si peu à la vie ; pour elles, une simple visite constitue un véritable rayon de soleil.

En donnant de l'affection, on en reçoit au centuple, et on se sent vraiment moins seul. La vie nous offre plein d'occasions d'avoir des contacts affectifs, mais nous nous fermons souvent les yeux et préférons nous concentrer sur un manque affectif en particulier. Si vous avez soif et qu'il y a de l'eau à profusion autour de vous, auriez-vous le réflexe de vous empêcher de boire parce que vous n'avez envie que d'un jus de pomme ou d'un verre de lait mais n'en avez pas sous la main ? Cette question peut vous sembler amusante et même loufoque, mais c'est précisément ce que nous faisons lorsque nous nous apitoyons sur notre pauvre sort de personnes seules ; nous nous privons de nous abreuver au puits d'affection et d'amour que la vie met à notre disposition de mille et une façons.

Vivre un jour à la fois

La panique peut facilement nous gagner si l'on envisage la solitude comme quelque chose qui peut durer des mois, des années ou même tout le restant de notre vie. Choisir sa solitude, s'aménager un environnement adéquat et cultiver les contacts affectifs sont certes des moyens efficaces pour faire baisser la tension chez une personne qui a peur de la solitude. Cependant, ces attitudes positives ne viennent pas toujours à bout de cette peur si elle est bien ancrée en cette personne.

La peur d'un événement, d'une situation, se situe beaucoup plus dans l'appréhension du futur que dans le fait de traverser l'événement lui-même. Si vous ressentez une grande peur de la solitude, mais réussissez à bien planifier votre emploi du temps pour aujourd'hui, en ne pensant ni à demain, ni à la semaine prochaine, ni encore moins à la prochaine fête de Noël, vous diminuerez instantanément la pression qui vous habite. De toute façon, vous ne savez même pas si vous serez vivant demain ou l'année prochaine, alors pourquoi vous torturer avec des pensées négatives sur l'avenir ?

On peut envisager des projets personnels à court, moyen et long terme, des projets qui n'impliquent pas nécessairement d'autres personnes et que l'on peut contrôler presque totalement. De tels projets nourrissent notre créativité et notre capacité de planification sans toutefois nous mettre de la pression. Envisager la solitude à court, moyen et long terme peut être sain lorsque l'on s'est réconcilié avec elle et que l'on a compris qu'elle constitue un avantage dans notre vie. Mais avant d'avoir atteint cette étape, la meilleure approche consiste très certainement à ne prendre les choses qu'un jour à la fois. Il s'agit, somme toute, de la même technique qu'utilisent avec succès les personnes qui veulent se libérer de leur dépendance à l'alcool ou à la drogue. Cette approche a fait ses preuves depuis longtemps et peut certainement être efficace dans la lutte contre la peur de la solitude.

Lorsque le sentiment de panique devient intense, pour vous aider à mettre en pratique l'attitude de vivre un jour à la fois, posez-vous la question suivante : « Comment est-ce que je vivrais la journée actuelle si je savais qu'il s'agit de la dernière journée de ma vie ? » Pour répondre à cette question, il y a une condition : vous ne pouvez compter que sur vous-même pour bien combler ce court temps qu'il vous resterait à vivre. Si l'occasion se présente de voir certaines personnes parce qu'elles en ont le goût et le temps, c'est à vous de décider si c'est bien la façon dont vous voudriez passer votre dernière journée. Mais s'il n'y a personne, pourquoi ne pas prendre rendez-vous avec vous-même et avec vos passe-temps les plus passionnants ? Personnellement, en réponse à la question, je pense que je passerais une partie de ma journée à méditer et à observer ce qui m'entoure, puis je rédigerais un genre de testament pour mes lecteurs et lectrices afin de leur léguer mes impressions sur cette expérience de ma dernière journée de vie.

Être seul, mais pas isolé

La dernière attitude, mais non la moindre, qu'il est profitable de développer par rapport à la solitude, c'est de faire la différence entre être seul et être isolé. Je l'ai déjà mentionnée et j'insiste sur cette réalité : on peut être entouré de gens et se sentir plus seul que si l'on était physiquement isolé des autres.

On dit des personnes souffrant d'autisme qu'elles sont coupées des autres et sont enfermées dans un monde qui exclut toute intrusion humaine. Des thérapeutes travaillant auprès d'autistes ont cependant constaté que l'on peut souvent établir un contact avec eux par l'approche de la zoothérapie. Il semble en effet qu'un lien émotionnel se crée assez facilement entre l'animal et l'autiste. Une fois ce contact avec l'animal établi, on arrive parfois à aider la personne à sortir partiellement ou complètement de sa prison.

Le fait d'être physiquement seul ne devrait pas entraîner un sentiment d'isolement lorsque cette solitude est vécue sainement et dans un contexte de vie où règnent le bonheur et la joie de vivre. Nous avons souvent l'impression que ceux et celles qui vivent en couple, ou dans une famille nombreuse, ont plus de chances d'être heureux en raison des nombreux contacts humains dans leur vie personnelle. On pourrait aussi penser que le fait de travailler à l'extérieur et de côtoyer quotidiennement beaucoup de monde contribue à combler un certain vide intérieur.

L'observation des gens heureux et qui ont un contact positif avec leur solitude démontre au contraire qu'être constamment entouré de gens n'est absolument pas une condition *sine qua non* à l'épanouissement et à la maturité émotionnelle. Pensons à certains artistes adulés par leur public et qui trouvent difficile de se retrouver seuls après un spectacle ou après une tournée de quelques mois. Pour ces artistes, le public peut constituer une véritable drogue sans laquelle ils ont du mal à retrouver leur équilibre. Inversement, des chercheurs solitaires ou encore des écrivains vivant presque en retrait du monde disent qu'ils ne voient pas le temps passer et qu'ils sont même mal à l'aise au sein d'un groupe, aussi sympathique soit-il.

J'ai déjà mentionné, dans *Petits Gestes et Grandes Joies*, les bienfaits d'Internet pour les personnes vivant seules. Non que je veuille me faire l'apôtre de la technologie moderne, mais il faut bien être de son temps ! De plus, pourquoi ne pas profiter de cette petite merveille qui, bien utilisée, révolutionne le monde ? Tout en restant tranquillement chez soi, on a maintenant accès à des banques de données pratiquement illimitées. On peut entrer en contact avec des milliers d'individus à travers le monde qui partagent les mêmes champs d'intérêts ; on peut enrichir son bagage culturel, et tout cela sans avoir à faire de grosses dépenses comme celles occasionnées par les voyages. Bien sûr, on ne peut comparer le fait d'aller à Paris pour visiter le Louvre et la consultation d'un site Internet du musée. Par ailleurs, on peut se servir de ce véhicule informatique pour mieux planifier ses voyages, par exemple en obtenant de l'information de personnes ayant déjà fait le type de voyage qui nous intéresse.

Pour ceux et celles qui y croient, le sentiment d'être isolé peut être complètement supprimé de l'existence en apprenant à se mettre en contact avec toute l'énergie cosmique et avec tous les êtres vivants au sein de la Création. Ici, *êtres vivants* ne veut pas nécessairement dire « êtres incarnés sous une forme physique ». Les personnes qui, comme moi, ont développé la capacité d'entrer en contact avec leurs guides invisibles ou leur ange gardien, ou qui établissent une forme de communication avec des êtres chers décédés, ne se sentent jamais seules et vivent des expériences merveilleuses tout au cours de leur existence.

Cette faculté d'entrer en contact avec l'invisible peut se révéler instantanément chez certaines personnes, même à un âge très tendre. Pour la plupart d'entre nous, cependant, elle se développe graduellement, parallèlement à l'ouverture de notre conscience au regard des réalités non palpables de la vie. C'est notamment à cette connaissance de la réalité invisible que nous invitent les livres *La Prophétie des Andes*, de James Redfield, et *Le Pèlerin de Compostelle*, de Paulo Coelho.

La communication avec l'invisible peut se faire différemment d'un individu à un autre et il n'y a donc pas de chemin unique pour y accéder et en jouir pleinement. Personnellement, je sens la présence de mon guide depuis plusieurs années et il se manifeste toujours de la même façon. Sans que j'y pense ou que je m'y attende, je sens soudainement un vent frais autour de mon oreille gauche. Je fais alors une pause et demande d'être réceptive au message que mon guide veut me transmettre.

Évidemment, je n'ai pas compris le phénomène de cette manifestation dès le premier jour ; il m'a fallu quelques années avant de bien le comprendre. Ceux qui ne croient pas à cette réalité pourraient penser que tout cela n'est qu'imagination et fumisterie. Je leur réponds que l'interprétation du phénomène m'apparaît plutôt secondaire. Ce qui importe, c'est que, régulièrement, je fais une pause et m'ouvre à ce que l'on a à me dire, quel que soit l'auteur du message. Cet auteur pourrait même être une partie de mon inconscient, selon la perception qu'ont les sceptiques de tels phénomènes.

Sur le plan de la réalité invisible, il est aussi possible de s'ouvrir à un monde de fantaisie et de magie qui dépasse tout ce que vous pouvez imaginer. En vous intéressant aux petits êtres de l'essentialité que sont les gnomes, les salamandres, les ondines, les elfes et les fées, vous pourriez vivre des expériences amusantes qui vous laisseront sans doute perplexe et songeur. Mon ex-conjoint, qui a assisté plus d'une fois à mes incantations pour appeler les êtres de l'essentialité, a été le témoin de phénomènes inexpliqués à la suite de ces communications plutôt inusitées. Il dit qu'il ne comprend pas bien ces phénomènes étranges, mais qu'ils l'incitent à la réflexion et, surtout, à ne pas rejeter du revers de la main tout ce qui ne lui est pas connu et familier.

J'aimerais vous raconter une histoire un peu invraisemblable survenue quelques jours après le décès de ma première chienne Soleil, qui, comme je l'ai mentionné au début de ce livre, a été un détachement extrêmement difficile à accepter pour moi. Le lendemain du décès, en novembre 1993, j'écoutais le bulletin d'information avec mon conjoint et j'entends que M. Gérard D. Lévesque, homme politique bien connu au Québec, était décédé le même jour que ma Soleil. On parlait de M. Lévesque comme d'un être sensible et bon qui semblait apprécié par tous ceux qui avaient travaillé avec lui ou l'avaient eu comme ami. Sans vraiment penser à ce que je faisais, mais croyant à la survie des âmes humaines et animales après le décès du corps physique, j'ai demandé à M. Lévesque de prendre soin de ma belle Soleil partie pour l'au-delà le même jour que lui. J'ai fait part de cette prière à mon conjoint. Lui qui avait bien connu M. Lévesque, il a trouvé ma réflexion un peu bizarre dans les circonstances. Je n'ai pas insisté, mais j'ai continué à penser intensément à ma requête.

Environ quatre ou cinq jours plus tard, je suis allée chez le vétérinaire pour faire vacciner l'un de mes chats. Je lui ai demandé s'il trouvait exagérée ma réaction émotive à la perte de mon chien. Il me rassura sur ma santé mentale et manifesta beaucoup d'empathie devant ma peine. Il m'expliqua que lorsqu'elles perdent un enfant, certaines personnes reportent, pendant un certain temps, toute leur attention et leur affection sur un animal ayant appartenu à l'enfant, comme si l'enfant continuait de vivre à travers l'animal qu'il chérissait. Il ajouta que je n'étais pas la seule à réagir fortement à la perte d'un animal, et que certaines personnes tentaient même désespérément de prolonger la vie de leur animal, ne se résignant pas à le laisser partir pour l'autre monde.

Il me parla notamment d'un homme dont le chien était atteint de la même maladie que Soleil et qui l'avait supplié de le garder en vie aussi longtemps que possible. Cet homme lui avait dit que son chien était le seul à l'accueillir lorsqu'il rentrait tard le soir et qu'il lui tenait compagnie le matin lorsqu'il devait quitter la maison très tôt et que tout le reste de la maisonnée était encore dans les bras de Morphée. L'homme était tout à fait sain et équilibré, me dit le vétérinaire ; c'était quelqu'un de bien connu et respecté du public. Quel ne fut pas mon étonnement lorsqu'il me révéla son nom : Gérard D. Lévesque, celui-là même à qui, quelques jours auparavant, j'avais confié ma Soleil. Quelle coïncidence étrange que M. Lévesque et moi ayons eu le même vétérinaire et ayons eu à traverser une difficulté de parcours semblable. Et quelle autre coïncidence que le vétérinaire ait choisi, parmi tant d'autres, de me parler de cette expérience particulière.

Mettant mon orgueil de côté, je décidai de raconter mon histoire au vétérinaire. Sa réponse me fit chaud au cœur : « Michèle, ta chienne Soleil ne peut être entre de meilleures mains que celles de Gérard D. Lévesque. » Je n'oublierai jamais cette réaction si humaine et dénuée de tout jugement de valeur. Elle me fit tellement de bien que je ne remis plus jamais en doute que ce rêve fût possible, malgré son côté inusité.

Comme vous avez pu le constater, la fantaisie et l'imaginaire sont des outils précieux pour combattre la peur de la solitude. On dit que les jours se suivent et ne se ressemblent pas. Vous pourriez penser que cette locution célèbre est dénuée de sens et qu'au contraire les jours sont composés des mêmes gestes routiniers qui font de notre vie une histoire monotone qu'il nous faut bien vivre parce que nous en sommes le personnage principal. Le fait de tisser des liens, et de les entretenir, avec les êtres vivants de l'Univers, qu'ils soient visibles, comme les gens de notre entourage, la faune et la flore, ou invisibles, comme les personnes décédées, les anges ou les êtres de l'essentialité, est une excellente façon de briser la monotonie et, surtout, de cultiver le sentiment de n'être jamais seul.

Cette façon d'interagir avec tout ce qui vit peut, à l'occasion, causer quelques inconvénients. Ma grande amie Yvonne, qui est médium et qui parle ouvertement de ses longues conversations avec les âmes désincarnées, m'a dit un jour qu'elles avaient envahi sa maison au point qu'elle avait dû leur demander, gentiment, de s'éloigner un peu parce qu'elle ressentait le besoin de se retrouver toute seule pendant un certain temps. Si elle avait raconté cette histoire à des sceptiques, ils auraient probablement pensé qu'elle commençait à travailler du chapeau et lui aurait peut-être même suggéré de consulter un spécialiste de la santé mentale.

Pourtant, Yvonne converse ainsi avec les êtres invisibles pour nous, mais visibles pour elle, depuis sa plus tendre enfance, et elle a maintenant 90 ans. Elle a vécu seule jusqu'à l'âge de 40 ans, puis a été mariée durant une douzaine d'années. Lorsque son mari est décédé, elle a choisi de poursuivre sa route toute seule et n'a jamais, dit-elle, ressenti le besoin de reprendre la vie commune avec un conjoint. C'est une personne rayonnante de santé physique et mentale, plus lucide que bien des gens plus jeunes qu'elle et complètement autonome. Elle ne s'ennuie jamais et ne se sent jamais seule. Elle fait preuve aussi d'une grande sagesse et d'un jugement peu commun par rapport à tous les problèmes existentiels de la vie. Yvonne attribue une partie de cette sagesse au bagage d'évolution qu'elle avait déjà au moment de sa naissance, mais admet avoir beaucoup appris en écoutant ce que ses guides lui ont confié.

Si vous ne vous sentez pas très à l'aise avec cette approche inusitée, vous pouvez, sans risque de vous tromper, faire une programmation pour demander à la vie de vous ouvrir les yeux et les oreilles à tout ce qui est susceptible de contribuer à votre évolution et à l'épanouissement de toutes vos facultés.

Je n'oublierai jamais le film *Le Prisonnier d'Alcatraz*, qui illustre bien le pouvoir de l'ouverture à la vie. C'est l'histoire, véridique, d'un prisonnier dans la prison à sécurité maximale de l'île d'Alcatraz d'où personne ne s'est jamais échappé. Un jour, il trouva un oiseau blessé dans la cour de récréation. Il mit l'oiseau dans sa poche et l'emporta dans sa cellule à l'insu des gardiens. Il réussit à sauver la vie de l'oiseau en lui donnant du pain et de l'eau, et s'en fit un ami. Lorsque l'incident fut connu, on permit au prisonnier de garder l'oiseau auprès de lui et, à sa demande, on lui fournit des livres sur l'ornithologie. En quelques années, le prisonnier d'Alcatraz devint l'un des plus grands ornithologues du monde. Il consacra le reste de sa vie à cette science merveilleuse, qu'il fit progresser grandement.

Il est difficile d'imaginer une personne plus seule et plus isolée que ce prisonnier de l'île d'Alcatraz confiné à sa cellule pour le restant de sa vie. Il sut pourtant établir un contact avec le petit être fragile et vulnérable qu'était l'oiseau blessé que la vie avait placé sur son chemin. Il aurait pu ignorer l'oiseau ou, pire encore, retourner sur lui sa hargne et sa frustration. Au contraire, son attitude positive d'ouverture à la vie le conduisit à accomplir un destin beaucoup plus grandiose et utile que celui qui aurait probablement été le sien à l'extérieur de la prison. Les voies de la vie sont parfois mystérieuses, mais notre volonté de comprendre les messages qui nous sont destinés nous conduit toujours à bon port.

5

La force sexuelle

LE PRÉSENT CHAPITRE porte sur des peurs fréquentes liées à des problèmes d'ordre sexuel, et vise à vous faire réaliser que vous n'êtes vraiment pas la seule personne au monde à ressentir de telles peurs. Il a aussi pour objectif de vous suggérer de nouvelles approches pour transformer ces difficultés sexuelles en expériences enrichissantes, en se situant toujours dans la perspective que l'instinct sexuel n'est qu'une manifestation de la force sexuelle. Il faut accorder à cet instinct la place qui lui revient, mais sans lui permettre d'usurper toutes les énergies dont est capable une force sexuelle bien comprise et bien orientée.

On entend souvent dire qu'il y a trois choses qui mènent le monde : l'argent, le pouvoir et le sexe. En fait, il y a quelque chose d'assez vrai dans cette affirmation, surtout en rapport avec le sexe. Cependant, et c'est là le plus important, ce qui mène vraiment le monde ce n'est pas le simple fait de désirer avoir des rapports intimes avec certaines personnes, mais bien le fait que la force sexuelle constitue le plus important et le plus noble fleuron d'un être humain incarné.

Un être humain, ne l'oublions pas, est avant tout un être spirituel qui a l'occasion, pour élever son niveau de conscience, d'habiter un corps physique durant toute sa vie terrestre.

Comme je l'ai expliqué dans *Petits Gestes et Grandes Joies*, la force sexuelle d'une personne est beaucoup plus que sa vie sexuelle active. Cette force, c'est toute l'énergie qui habite une personne, qui la pousse à avancer, à prendre des décisions, à se réaliser dans la vie. Sans cette force, aucune œuvre artistique ou scientifique n'aurait vu le jour. Dans cette nouvelle perspective, la force sexuelle nous apparaît alors comme un levier ou comme un tremplin pour nous propulser vers le haut. Mal canalisée, cette force peut évidemment conduire quelqu'un à une vie sexuelle déséquilibrée, compulsive et avilissante.

Cette force sexuelle est donc présente en tout être humain, et ce, dès le moment de sa conception. Par ailleurs, ce n'est qu'à la puberté qu'elle prend vraiment son essor et commence à orienter ses modes d'expression. Avant cet âge, la force sexuelle est en quelque sorte protégée de toutes intrusions négatives, à moins que l'enfant ne soit soumis à des traitements dénaturés sous forme d'abus sexuels ou d'agressions psychologiques importantes.

La force sexuelle représente donc, pour tout être humain, une ressource puissante sans laquelle il ne pourra pas se réaliser pleinement sur terre, ni même réussir à devenir un être autonome et indépendant. Il est donc normal qu'une telle puissance puisse faire peur à la jeune personne qui en prend conscience, mais qui, par ailleurs, se sent invincible lorsque cette force commence à se manifester en elle. Les grands rêves, les idéaux les plus élevés, les objectifs les plus difficiles à atteindre s'élaborent presque toujours durant cette période au cours de laquelle l'être humain commence à prendre contact avec sa force sexuelle, soit à l'adolescence et au début de l'âge adulte. Par la suite, ces grands idéaux sont parfois mis au rancart, par manque de conviction personnelle ou parce que l'entourage adulte en a étouffé la pulsion de départ.

Parallèlement à la découverte de cette force sexuelle qui l'emmène dans les rêves les plus fous, la jeune personne découvre aussi son instinct sexuel, qui n'est qu'une infime partie de la capacité d'expression de la force sexuelle. L'attirance sexuelle pour une autre personne est alors très présente, et souvent même dérangeante pour celui ou celle qui traverse cette période de la vie. Il faut bien admettre, par ailleurs, que cette attirance, qui coïncide avec des transformations corporelles importantes, est plutôt agréable.

Que tant de personnes confondent la force sexuelle et l'instinct sexuel vient surtout du fait que l'instinct sexuel et tout le processus de la procréation sont plus connus de la majorité des gens. Ils sont en effet longuement commentés, autant dans les programmes scolaires que dans la littérature scientifique. De plus, les films et les romans exploitent au maximum les histoires de cœur et de sexe, sans toutefois faire la part des choses. Quant à la force sexuelle, elle est plutôt méconnue du point de vue théorique, bien que chacun d'entre nous l'utilise inconsciemment tout au long de sa vie.

Comprendre le plus rapidement possible cette différence importante éviterait probablement à beaucoup de jeunes de graves déboires et de très grandes désillusions. Mais le chemin est encore long à parcourir avant que l'on donne à la force sexuelle sa juste place dans les têtes, et dans les manuels scolaires. Malheureusement, en attendant, beaucoup de gens souffriront toute leur vie des conséquences de cette méprise et de cette ignorance involontaire.

La peur liée à la force sexuelle s'explique donc, en partie, par cette importance indue accordée à l'instinct sexuel et au désir d'expérimenter à tout prix le plaisir charnel, d'avoir des rapports physiques intimes avec un partenaire de son choix. Ce plaisir a pris tellement de place que l'on en arrive à oublier que le préalable à ce plaisir devrait se situer à d'autres niveaux, et qu'il ne devrait être que la conséquence d'une union fondée sur des affinités profondes entre deux êtres humains. À force d'idéaliser le sexe, on en oublie l'amour. En mettant tant d'énergie à désirer jouir physiquement, on risque en effet d'entretenir une image erronée de l'amour véritable.

On ne devrait pas, à mon avis, qualifier de bons ou de mauvais de tels comportements, car ils s'inscrivent, bien sûr, dans une recherche, bien intentionnée, du bonheur et de la paix du cœur. On dit cependant que l'enfer est pavé de bonnes intentions. Et les multiples déchirements auxquels doit survivre un être humain dans sa quête du meilleur mode d'expression de sa force sexuelle ressemblent trop souvent à des expériences infernales, sur les plans physique, émotionnel et spirituel.

Il est inutile de crier au scandale, de nous juger ou de juger sévèrement nos semblables. Il convient plutôt d'adopter l'attitude de compassion qu'a eue le Christ lors de son passage sur la Terre. Tous les humains sont en cheminement d'évolution. Il y en a peu de foncièrement mauvais, mais certains peuvent être souffrants et inconscients. Il ne faut pas pour autant perpétuer la confusion. Nous avons la possibilité de réorienter notre tir lorsque nous comprenons mieux toutes les données.

Dompter et canaliser sa libido

Il est extrêmement rare que les gens parlent ouvertement de leurs pulsions sexuelles et de leur façon de les gérer de manière satisfaisante. Par ailleurs, on entend beaucoup de boutades à ce sujet, qui dénotent souvent un certain malaise à vivre la sexualité de façon saine et épanouie.

Curieuse de nature et fortement intéressée par cette question depuis l'adolescence, j'ai donc pris les moyens pour en apprendre un peu plus et pour tenter de démythifier le tabou de la sexualité, dont la plupart des gens refusent de parler ouvertement, mais qui constitue une obsession existentielle chez plusieurs.

Je me suis d'abord tournée vers des ouvrages sur le sujet, mais j'ai vite compris qu'ils ne reflétaient en fait qu'une toute petite partie de la réalité vécue au quotidien par monsieur et madame Tout-le-monde. Il me fallait donc réussir à franchir les barricades de pudeur et de gêne érigées par les gens et les inciter à s'exprimer librement sur toutes les difficultés qu'ils avaient éprouvées, au fil de leur vie, par rapport à l'instinct sexuel.

Fort heureusement, je suis moi-même assez expressive et j'ai eu la chance d'avoir une mère avec laquelle je pouvais discuter de tels sujets, comme nous l'aurions fait de tout autre. J'ai donc assez rapidement réussi à considérer tout ce qui entourait la sexualité, les rapports intimes et même les désirs les plus secrets au même titre que n'importe quelle autre fonction inhérente à la condition humaine. Je suis arrivée à la certitude qu'il n'était en réalité pas plus difficile de parler de sa sexualité que de parler de son travail ou de ses passe-temps. Voir en cette fonction humaine quelque chose de dégradant ou de honteux, c'était, pour moi, faire insulte à la vie elle-même. L'être humain est doté de qualités intellectuelles et spirituelles qui lui permettent d'entourer ses fonctions génitales avec un raffinement unique. En quoi cela devrait-il être caché ou faire l'objet de répressions quelconques ?

En étant ainsi réceptive et en ne portant jamais de jugement, j'ai eu la très grande chance d'écouter de nombreuses personnes, de tous âges, parler ouvertement de leur sexualité. Ces hommes et ces femmes, indépendamment de leur statut social ou de leur identité sexuelle, m'ont semblé en général soulagés de pouvoir enfin parler d'un sujet aussi délicat.

Après toutes ces confidences, ce qui retient surtout mon attention, c'est que presque personne n'est complètement satisfait de l'intensité de son instinct sexuel, ou de sa *libido*, pour employer le terme populaire. Qu'ils vivent seuls ou en couple, qu'ils soient hétérosexuels, homosexuels ou bisexuels, qu'ils soient beaux et jeunes ou aient atteint l'âge respectable des rides et du petit bedon, la plupart des gens déclarent qu'ils ont trop ou pas assez de libido. J'ai aussi découvert que la majorité des hommes, indépendamment de la force de leur désir, ont une peur maladive d'être en panne d'érection ou de souffrir d'éjaculation précoce. Quant à la majorité des femmes, elles se posent toujours les mêmes questions sur les différentes sortes d'orgasmes et sur le fameux point G, et elles paniquent à l'idée d'être trop lentes à atteindre l'orgasme et d'impatienter leur partenaire. Ces inquiétudes illustrent bien toute l'importance accordée à la performance et au bien-être sexuel du partenaire.

Voici quelques exemples de personnes qui pourraient souffrir d'un trop-plein de libido : une personne dont le conjoint a moins de désir sexuel, celle qui est sans conjoint depuis plusieurs années, ou qui n'en a jamais eu, celle dont le conjoint souffre d'une maladie grave qui ne lui permet plus de vivre des ébats amoureux, ou encore la personne homosexuelle qui ne s'accepte pas. Pour ces gens, la pulsion sexuelle représente parfois un véritable combat, tant physique que psychologique.

Quant à la personne dont la pulsion sexuelle est moins grande, elle aussi peut souffrir si, par exemple, elle a l'impression de passer à côté d'un élément fondamental de l'existence, ou si elle se sent coupable face à un partenaire au sang chaud.

Bref, les personnes en harmonie parfaite avec l'intensité de leur libido, avec l'expression de cette pulsion et avec leurs rapports aux autres à ce sujet, se comptent sur les doigts de la main. Si vous êtes une telle personne, vous êtes un privilégié de la vie. Plus probablement, vous avez réussi à maîtriser vos pulsions et en avez fait des amies plutôt que de les combattre.

Lorsque j'utilise les mots *dompter* et *canaliser* sa libido, je me plais à imaginer cet aspect de mon être comme un jeune cheval sauvage, ou encore comme une bête fauve qui m'appartient et dont je pressens tout le potentiel. J'ai l'intuition que cet animal farouche est unique, beau et fort. Je sais aussi qu'il pourrait m'agresser et même me blesser sérieusement si je n'arrive pas à lui inculquer une certaine discipline et ne lui offre pas tout ce qui est nécessaire à une bonne qualité de vie. Par contre, je suis convaincue qu'avec un minimum de soins, beaucoup d'amour et de patience, et des exercices d'adresse, cet animal développera tout son potentiel et que nous pourrons établir un rapport harmonieux sans risque de blessures fatales.

L'une des façons les plus rapides et les plus faciles de faire diminuer la pression que vous ressentez si vous trouvez que votre libido est trop envahissante, ou que vous n'en avez pas assez, c'est de décréter que cet aspect de votre être ne représente pas toute votre force sexuelle, mais n'est qu'une partie de cette force. Vous pouvez aussi vous dire que la libido n'est pas et ne sera jamais d'une stabilité à toute épreuve, qu'elle fluctue, un peu comme la température extérieure. Vous ne vous étonnez pas, n'est-ce pas, que le degré de chaleur ou d'humidité varie plusieurs fois au cours d'une même journée. Vous n'êtes pas surpris non plus de voir de gros nuages faire place à un soleil radieux, même si les météorologues ne l'avaient pas prédit. De même, vous n'êtes pas étonné des variations dans votre humeur. Vous pouvez soudainement être pris d'un fou rire inexpliqué, ou encore ressentir une grande nostalgie à la simple écoute d'une pièce musicale. Pourquoi, alors, être si exigeant quant aux pulsions sexuelles ? Ces pulsions, ne l'oublions pas, sont liées à tous les aspects de notre être, spirituel, mental et émotionnel, et fluctuent donc au fil des jours et de notre vécu.

Une autre façon de réduire les exigences démesurées que l'on peut avoir concernant sa libido, c'est de comprendre que l'on peut utiliser toutes ses manifestations à notre avantage. Ainsi, si je suis en panne de désir, je peux me demander par quoi le remplacer, particulièrement si j'ai un partenaire que j'aime et auquel je veux témoigner mes sentiments. Nous optons trop souvent pour la facilité en ne réalisant pas tout le potentiel de communication émotionnelle et sensuelle dont nous disposons pour établir un lien avec les autres et avec la vie en général.

Si j'ai un trop-plein d'énergie et que je ne peux actualiser la pulsion autrement que par la masturbation – qui n'est pas, pour la plupart des gens, un acte particulièrement gratifiant, quelle que soit leur habileté purement technique à se faire jouir –, je peux m'adonner à un exercice physique exigeant passablement d'énergie, comme le ski de fond ou la bicyclette. Je fais ainsi un transfert d'énergie.

Une autre façon de vivre le trop-plein de libido est de s'asseoir calmement, de respirer profondément et de demander à cette énergie ce qu'elle a à nous révéler. Mes meilleures idées me viennent très souvent dans ces moments d'énergie intense que je ne peux assouvir par une vie sexuelle active, mais que je canalise très efficacement vers d'autres buts.

J'ai vécu une expérience assez spéciale, il y a quelques années, alors que je faisais une cure en thalassothérapie. Je profitais vraiment de chaque massage et de chaque bain de mer, mais je ressentis un réel malaise lorsque l'on me fit des « enveloppements » aux algues. Ce n'était pas parce que le traitement était mal fait ou que j'étais incommodée par la chaleur ou l'odeur, mais parce que, ainsi ficelée comme une momie et immobile pendant une longue demi-heure, je ressentis des pulsions sexuelles pour le moins inopportunes. Évidemment, je ne dis rien à la thérapeute, croyant qu'elle ne pourrait, de toute façon, rien faire dans les circonstances. Je pris donc mon mal en patience, et fus très heureuse lorsque l'on me dit que je venais de recevoir le dernier traitement aux algues inclus dans la cure. Je décidai cependant de parler de ma réaction à la personne qui faisait mon évaluation à la fin de mon séjour. Son commentaire, qui m'étonna d'abord, était en fait empreint de sagesse et de positivisme : « Que vous êtes donc chanceuse ! Il y a tellement de personnes qui disent ne plus ressentir de pulsions sexuelles depuis longtemps, mais ce n'est pas votre cas. Je trouve cela fantastique. »

À partir de cet instant, même si ce n'est pas toujours facile, j'ai essayé d'apprécier cette énergie, quel que soit le contexte. J'ai réalisé qu'elle constitue un véritable cadeau puisque je peux, par ma simple volonté, l'orienter vers de nombreuses activités constructives.

Il est aussi fondamental, dans cette nouvelle façon de considérer ses pulsions sexuelles, d'apprendre non seulement le respect total de soi, mais aussi le respect total de son partenaire. Lorsque nous sommes en mal d'amour, nous pouvons imposer à notre partenaire des comportements et des attitudes qui ne sont pas naturels, qui ne sont offerts qu'en réponse à nos besoins. Ce genre de communication sexuelle se solde très souvent par des problèmes de frigidité chez la femme et d'impuissance chez l'homme.

On peut facilement tomber dans le piège du non-respect si l'on pense, par exemple, qu'il existe une certaine « normalité » quant à la fréquence des rapports sexuels. Certains en arrivent même à établir le nombre de rapports que devrait avoir un couple en tenant compte du nombre d'années d'existence de la relation. Cette façon d'établir des normes est néfaste et peut conduire quelqu'un à penser qu'il est complètement déficient dans le domaine de la sexualité.

Les nombreux entretiens que j'ai eus à ce sujet avec des gens très simples, comme vous et moi, m'ont aussi permis de constater que l'on pense très souvent que l'herbe est plus verte chez le voisin. Les célibataires envient les couples heureux et pensent qu'ils vivent l'apothéose sexuelle, alors que bien des gens mariés envient les célibataires pour leur liberté totale. En fait, ni les gens mariés ni les célibataires n'ont une vie sexuelle parfaite et totalement satisfaisante. À moins, bien sûr, qu'ils aient fait un cheminement analogue à celui que je décris ici et aient réalisé que le sexe n'est qu'un moyen d'expression de l'amour et de la force sexuelle, et qu'il faut lui accorder l'importance relative qui lui revient.

Je parlais récemment avec une jeune mère de famille qui a trois enfants et qui est très heureuse avec son conjoint. Ils vivent au rythme du boulot-garderie-dodo et, en fin de compte, ont très peu de temps pour des rapports sexuels. Par contre, le couple s'accorde au moins une semaine de vacances par année en amoureux, pendant laquelle ils se retrouvent toujours plus intensément sur le plan sexuel.

J'ai aussi parlé, dernièrement, avec un jeune professionnel, célibataire et bien de sa personne, qui consacre tellement d'énergie à l'établissement de sa carrière, dans un contexte de compétition féroce, qu'il n'a même pas de temps à consacrer à une petite amie. Il a délibérément choisi de mettre sa vie sexuelle active entre parenthèses, le temps de bien s'établir, et il ne semble pas du tout frustré par ce choix.

Le contexte économique oblige beaucoup d'amoureux à vivre éloignés l'un de l'autre, et il n'est pas toujours évident d'ouvrir l'interrupteur sexuel lorsqu'ils réussissent à faire coïncider leurs horaires. Ce régime exige beaucoup de détermination de la part des deux partenaires, avec comme résultat de soit solidifier le lien, soit le rompre définitivement. Les obstacles et les contraintes de tout genre permettent souvent de sonder la profondeur d'une union. Comme me le disait un jour mon éditeur, qui est d'une grande sagesse, les épreuves importantes rapprochent ou éloignent les conjoints, car elles ne tolèrent pas la tiédeur et l'indifférence.

De nombreuses personnes disent qu'elles ont l'impression d'avoir une horloge biologique en elles, qui a pour effet qu'elles se sentent parfois beaucoup plus *hot* qu'à d'autres occasions. La plupart des femmes vous diront que pendant leur période d'ovulation de même que vers la fin de leur cycle menstruel les manifestations hormonales sont particulièrement intenses. Quant aux messieurs, je n'ai pas réussi à découvrir les secrets de leur biorythme sexuel, mais j'ai plutôt l'impression, pour avoir parlé de la question avec plusieurs d'entre eux, que le désir se fait plus pressant lorsque, en plus de se sentir amoureux, ils sont dégagés des soucis de travail ou qu'ils ne pensent pas à leurs problèmes monétaires.

Si votre partenaire et vous avez la chance inouïe, un jour, d'être chacun au meilleur de votre désir physique, émotionnel et spirituel, vivez ce moment comme une grâce exceptionnelle qui n'arrive que peu de fois au cours de toute une vie. Ces moments uniques d'extase amoureuse, incluant le contact sexuel, sont un peu un avant-goût de l'éternité. Nous entrevoyons alors une lumière particulière qui s'apparente à notre vision idyllique de l'au-delà. Ces moments extatiques sont plus souvent accessibles par la contemplation ou par le processus de la créativité que par la rencontre amoureuse, car dans ces deux cas, la présence d'une autre personne n'est pas essentielle.

Lorsque l'on se rend compte de la complexité de la sexualité et des impondérables qui peuvent l'affecter, on pourrait se décourager et cesser d'aspirer à une vie sexuelle épanouie. Éviter les relations sexuelles n'est certainement pas la meilleure solution, à moins, bien sûr, que l'on choisisse cette voie non pas par dépit ou par ignorance, mais parce que l'on y voit une possibilité d'évolution personnelle. Mais attention à l'illusion que la continence favorise nécessairement l'évolution spirituelle. L'effet inverse peut se produire. Ainsi, choisir cette voie pour de mauvaises raisons peut entraîner des troubles de la personnalité très graves et même pousser quelqu'un à des gestes regrettables. C'est ce qui s'est malheureusement produit chez certains religieux qui ont développé des comportements déviants et ont agressé de jeunes enfants et des adolescents confiés à leur garde.

Certaines personnes ressentent de la frustration parce qu'elles ne réussissent pas à exprimer leur nature ardente par une vie sexuelle active stable et épanouie. D'autres se sentent malheureuses parce qu'elles souffrent d'un manque de désir pour les rapports physiques. Dans les deux cas, les personnes ressentent un malaise parce qu'elles idéalisent la vie sexuelle et ne réalisent pas que, comme toute chose sur cette terre, la vie sexuelle ne peut pas être parfaite. On peut avoir des préférences, mais celles-ci ne doivent pas devenir un besoin vital, essentiel à son bien-être.

Il existe tellement de domaines intéressants offrant une plus grande marge de manœuvre qu'il serait dommage d'investir tant d'énergie à prévoir dans les moindres détails comment s'exprimera notre sexualité. Il ne faut pas oublier que, dans l'expression de cet aspect de notre vie, on doit aussi tenir compte d'une autre personne. Réaliser que la sexualité comporte un côté imprévisible et qu'elle est sujette à des variations fréquentes peut susciter en nous une saine curiosité et offrir l'occasion de développer notre faculté d'adaptation.

Dompter et canaliser sa libido est donc le contraire de prévoir de façon précise ce que l'on va faire de cette pulsion. C'est accepter, dans le respect de soi et de l'autre, ses limites et ses manifestations en réalisant qu'elle ne constitue pas la seule avenue pour exprimer notre force sexuelle. Lorsque l'on déjoue le piège d'accorder trop de place aux pulsions sexuelles, on fait un grand pas vers la détente et le plaisir véritable. Dans le domaine de la sexualité, toutes formes de contrainte et d'objectif de performance sont à proscrire pour qui veut se sentir bien dans son corps comme dans sa tête.

Étudier ses fantasmes

On a longtemps pensé que c'était honteux d'avoir des fantasmes et qu'il ne fallait surtout pas les révéler, même pas à notre conjoint. Puis le balancier a changé de côté et les fantasmes sont presque devenus un signe de santé mentale et sexuelle. Faut-il condamner les fantasmes, ou les considérer comme pratiquement essentiels à une vie sexuelle intéressante ? Comment s'y retrouver devant de telles contradictions ?

Je tiens à préciser que mes propos sur les fantasmes n'ont absolument rien de scientifique ; ils sont basés sur ma propre expérience et sur mes observations. Je vous invite donc à lire ce qui suit en vous disant que ce n'est pas l'unique vérité et que j'ai tout simplement essayé de mieux comprendre le phénomène des fantasmes. De toute façon, ne dit-on pas que même des disciplines comme la psychologie et la psychiatrie, qui étudient les phénomènes de la pensée, ne sont pas des sciences exactes comme les mathématiques ou la géographie ?

Lorsque j'étais plus jeune, on disait que les fantasmes constituaient des péchés par la pensée et qu'ils risquaient de conduire directement en enfer les personnes qui osaient entretenir de telles abominations. Je me disais qu'il y avait sûrement quelque chose de vrai dans cette affirmation. Je pressentais déjà l'importance de nos pensées, qui peuvent éventuellement se matérialiser, et savais qu'il est toujours préférable de veiller à leur pureté. Comme le dit toujours ma grande amie Yvonne : « L'esprit est prompt mais la chair est faible. » De plus, croyant fermement que la force de la pensée est supérieure à l'acte lui-même, je me doutais bien qu'il y avait un grave danger à nourrir son cerveau ou son imaginaire de pensées représentant des actes que l'on aurait du mal à assumer. (Pour mieux saisir l'importance de la pensée, rappelons-nous comment on détermine si un individu est coupable ou non d'un acte criminel : il faut la preuve qu'il avait *l'intention* de commettre le crime.) Quant à l'enfer, j'avais rapidement conclu qu'il pouvait aussi se trouver sur terre et qu'avoir des fantasmes ou non n'y changerait sans doute rien.

Je fus cependant un peu plus sceptique lorsque le balancier changea de côté et que des sexologues se mirent à vanter les mérites des fantasmes et à encourager les personnes éprouvant des problèmes d'ordre sexuel à cultiver leurs fantasmes, et même à en inventer si elles n'en avaient jamais eu. Il me vint alors l'idée de vérifier le sens du mot *fantasme* dans le dictionnaire. J'y appris que le fantasme est une « production de l'imagination par laquelle le moi cherche à échapper à l'emprise de la réalité ». En d'autres mots, ce que certains sexologues disaient, c'était : « Si votre réalité est ennuyante ou ne vous convient pas, fuyez-la par le mécanisme du fantasme. » J'ai même entendu un sexologue suggérer aux femmes, au cours d'une conférence, de s'imaginer dans les bras d'un acteur de cinéma si leur conjoint ne leur plaisait plus suffisamment pour susciter un désir de rapprochement sexuel.

Cette approche, du moins ce que j'en avais compris, me semblait une aberration. Je trouvais que c'était encourager les gens à devenir de plus en plus faux dans leurs rapports amoureux.

Mais je devais bien admettre que les fantasmes existaient, même chez moi, et j'en conclus qu'ils devaient sûrement servir à quelque chose. Et plus je m'intéressais à ce sujet, en questionnant ceux et celles qui acceptaient de dévoiler leurs fantasmes et de dire en quoi ils les avaient fait cheminer, plus je réalisais que les fantasmes ressemblent, par de nombreux aspects, au phénomène du rêve. Les rêves sont souvent très étranges et ne s'interprètent qu'en fonction d'un code propre à chaque personne. Les chercheurs sérieux ne se permettront jamais d'interpréter un rêve sans tenir compte de la personne qui l'a fait. Par contre, on s'intéresse depuis toujours aux rêves, qu'il s'agisse du sage d'antan ou du thérapeute d'aujourd'hui qui invite ses patients à se souvenir de leurs rêves pour tenter d'y trouver un fil conducteur menant à une meilleure connaissance de soi.

De là me vint l'idée que la vérité devait se situer entre les deux pôles. Je n'arrivais pas à accepter qu'il fallait à tout prix rejeter ses fantasmes et prétendre qu'ils n'existaient pas, ni qu'il fallait les nourrir ou même s'en inventer sous prétexte qu'ils mettent du piquant dans la vie sexuelle.

Comme ceux qui étudient l'interprétation des rêves, je décidai donc d'étudier les fantasmes. Je voulais comprendre pourquoi ils se manifestaient et déterminer si leur réalisation pouvait rendre plus heureux. Chemin faisant, je me suis dit que l'on pouvait peut-être donner au mot *fantasme* une autre définition que celle du dictionnaire. Pourquoi, en effet, ne s'agirait-il pas d'une production de l'imagination et de l'intuition par laquelle le moi chercherait à exprimer une réalité profonde, non apparente, correspondant au vécu d'un individu ? Peut-être le moi utilise-t-il les fantasmes pour exprimer toute une partie cachée, et donc plus énigmatique, de lui-même.

Vous vous doutez bien que ce n'est pas par hasard que j'ai entrepris ma longue réflexion sur les fantasmes. C'est parce que je souffrais d'une difficulté à ce sujet. Avec un certain recul et après avoir étudié beaucoup de cas vécus, je sais maintenant que mon hypothèse était tout à fait plausible. Elle s'est confirmée chez plusieurs personnes qui ont accepté de faire un travail en profondeur pour comprendre les méandres de leurs fantasmes.

Pour bien illustrer mon propos, je vais vous donner quelques exemples concrets. Ainsi, vous comprendrez mieux comment l'étude de ses propres fantasmes peut mener à une meilleure connaissance de soi et favoriser une vie sexuelle plus épanouie. Avant d'aborder ces exemples, je tiens à préciser que les fantasmes dont je parle ici ne sont pas de simples fantaisies occasionnelles ou fugitives inspirées par une scène d'un film ou par un livre particulièrement stimulant sur le plan de l'imaginaire. On ne peut évidemment pas se promener les yeux fermés et les oreilles bien bouchées pour se protéger de toutes intrusions dans nos pensées intimes. De toute façon, ces intrusions superficielles et occasionnelles ne sauraient corrompre et menacer l'âme sereine et le corps pur.

Les fantasmes auxquels je fais allusion sont les obsessions, ou les idées fixes d'une personne, particulièrement en ce qui concerne les rapports sexuels. En général, ces fantasmes portent sur des comportements ou des activités que la personne ne met pas en pratique dans sa vie de tous les jours, mais qui la hantent au point de l'empêcher d'établir des contacts authentiques et sains avec son partenaire. De tels fantasmes donnent souvent l'illusion, du moins pendant un certain temps, qu'ils favorisent votre vie sexuelle. N'en croyez rien. Ils s'immiscent lentement au plus profond de votre inconscient et érigent des murs symboliques autour de vous, vous isolant des autres, et particulièrement de votre partenaire. Tout se fait de façon graduelle, à votre insu, mais vous conduit inéluctablement à ne plus pouvoir établir de contacts intimes avec les autres.

Ceux qui suggèrent aux personnes ayant des difficultés d'ordre sexuel d'utiliser les fantasmes comme bouée de sauvetage ne seront probablement pas d'accord avec ma vision des choses. Bien sûr, tout dépend de l'objectif visé et du temps que l'on accepte de consacrer à sa propre évolution. Si vous désirez une thérapie de couple de courte durée, des recettes rapides pour un accouplement garanti, l'utilisation des fantasmes ou de tout autre artifice vous fera peut-être gagner du temps.

Si, par contre, vous désirez bien vous comprendre et connaître vos aspirations les plus authentiques, même si cela risque de faire des vagues en vous et autour de vous, vous opterez plutôt pour un travail en profondeur. C'est d'ailleurs un excellent placement à long terme pour votre cheminement intérieur et votre croissance personnelle.

Je tiens aussi à préciser qu'il n'est pas du tout mauvais d'être imaginatif et fantaisiste sur le plan sexuel. Certains fantasmes, s'ils ne deviennent pas envahissants, peuvent être positifs et apporter un complément intéressant à sa vie amoureuse.

Le premier exemple, issu de mon propre vécu, illustre très bien qu'un fantasme tenace et incompréhensible peut provenir d'expériences passées dont on n'a pas de souvenirs conscients, mais qui sont inscrites de façon indélébile dans l'inconscient. Pendant des années, j'ai ainsi eu, à mon corps défendant, des fantasmes de violence de type sadomasochiste. Je ne comprenais jamais pourquoi de telles images me hantaient sans cesse. Je les attribuais à des lectures qui m'avaient probablement impressionnée au tout début de mon adolescence. Les livres du marquis de Sade, par exemple, m'attiraient irrésistiblement et m'excitaient. Inutile de vous dire que j'en ressentais de la honte et de la culpabilité parce que je n'arrivais pas à comprendre pourquoi les comportements de violence qui y étaient décrits pouvaient m'apporter ne serait-ce que la plus infime manifestation de plaisir.

Pendant des années, donc, je suis restée avec ce lourd secret et j'ai continué, particulièrement pendant mes rapports intimes, à imaginer des scènes plus sordides les unes que les autres. J'y faisais même jouer à mon compagnon un rôle principal. Lorsque je décidai enfin d'en parler à mon partenaire, j'avais déjà atteint la trentaine, sans avoir jamais réussi à élucider le mystère. Mon conjoint a pris cet aveu un peu à la blague et m'a même dit qu'il trouvait plutôt stimulant de connaître mes fantasmes de violence. Il ne voyait rien de négatif à cela et pensait que je me mettais martel en tête à vouloir me débarrasser de ce que je considérais comme un comportement déviant de ma part.

Mais j'étais déterminée à comprendre cette situation, et décidée à me débarrasser d'un problème de dépendance affective que j'avais identifié au cours de mon travail de croissance. J'ai finalement compris que les fantasmes étaient tout simplement reliés à des abus sexuels dont j'ai été victime durant mon enfance, mais dont je n'avais pas le souvenir conscient. Plus tard, au cours de ma démarche, j'ai pu notamment par certains rêves, mieux comprendre ce que j'avais vécu et ce que je traînais au plus profond de mon inconscient depuis des années.

Il m'a donc fallu des années pour me débarrasser de ce fantasme malsain. Mais je peux vous affirmer que le bien-être que je ressens maintenant valait l'investissement. J'ai réalisé qu'imaginer mon partenaire comme un bourreau ou comme un violeur ne pouvait aucunement me permettre d'entrer en relation intime avec lui ni de lui faire confiance du plus profond de mon être. Mon fantasme me conditionnait à ne percevoir les hommes que comme des agresseurs, me coupant ainsi de toute possibilité d'union véritable. Quel traquenard infernal !

Voici un autre cas intéressant. Il s'agit d'un homme qui a toujours vécu de façon très traditionnelle, qui s'est marié assez jeune et a élevé une famille de quatre enfants qui ont tous bien réussi sur les plans personnel et professionnel. Il est maintenant âgé de 65 ans et n'a pas de problèmes financiers. Depuis un certain temps, il est constamment habité par le fantasme d'être pris en otage par une très belle femme de couleur qui l'oblige à accomplir ses moindres désirs. Il se sent complètement dominé par elle. En s'attardant un peu sur son passé, il a réalisé qu'il est demeuré lié à sa conjointe beaucoup plus par devoir et principe qu'en raison d'affinités profondes. En approfondissant cette question avec un psychologue, il a constaté que le désir de quitter sa compagne l'habitait depuis plusieurs années, mais qu'il n'avait jamais eu le courage de passer à l'action par crainte de lui faire de la peine ou d'être mal jugé par son entourage. Ayant ainsi érigé sa propre prison, il a trouvé une porte de sortie dans son fantasme. Au bout d'un certain temps, cependant, la réalité profonde l'a rattrapé et il ne s'est plus senti capable d'avoir de relations intimes avec sa conjointe.

Selon l'interprétation de son psychologue, le fantasme révélerait un désir inconscient de vivre une intimité sexuelle avec une autre personne parce que sa conjointe et lui ne se retrouvent plus sur ce plan. Ne se décidant pas à rompre, il aurait élaboré ce fantasme dans lequel il se trouve pris en otage, donc non responsable de la situation, subissant les désirs de sa belle étrangère plutôt que de s'avouer ses propres désirs.

Cette interprétation ne me semble pas dénuée de sens. Elle confirme qu'il faut être attentif aux réalités sous-jacentes à nos fantasmes. On pourrait évidemment imaginer une tout autre interprétation. En fait, je suis convaincue qu'il appartient surtout à la personne aux prises avec un fantasme d'en trouver elle-même la signification profonde. L'aide d'un bon thérapeute peut s'avérer fort utile, mais il ne faut jamais perdre de vue que le thérapeute doit nous servir de miroir.

Certains fantasmes proviennent d'un désir de s'affirmer ou de se prouver à soi-même à quel point on a un pouvoir de séduction et d'attraction. Ces fantasmes dénotent souvent une piètre estime de soi qui conduit l'individu à élaborer des scénarios dont il est le héros. La personne s'évade dans ses pièces de théâtre imaginaires et croit, bien à tort, qu'elle vivrait un moment extraordinaire si elle réalisait ses fantasmes.

L'un de mes amis de longue date a entretenu ainsi, pendant plusieurs années, deux fantasmes que l'on retrouverait sûrement dans la tête de milliers d'hommes. Le premier était de faire l'amour à deux femmes en même temps. Il s'imaginait dans un grand lit avec deux belles jeunes femmes qui n'avaient de cesse de s'occuper de lui et de le faire jouir. Pour lui, ce devait être le summum de la satisfaction érotique. Dans son deuxième fantasme, une représentante de produits de beauté sonnait à la porte et, profitant de ce que sa conjointe soit absente, il invitait cette femme à prendre un café, lui faisait un brin de causette et réussissait finalement, grâce à son charme irrésistible, à la conduire dans son lit. Il vivait alors un moment inoubliable, empreint de passion fougueuse et d'érotisme digne des meilleurs films d'amour.

L'histoire de cet ami est spéciale parce qu'il a pu, en fait, réaliser ses deux fantasmes. Mais, à sa grande surprise, ce ne fut pas aussi agréable que dans ses rêves secrets. Il a réalisé qu'à travers ces fantasmes il ne recherchait pas vraiment l'événement lui-même, mais plutôt l'assurance qu'il possédait du *sex-appeal* et qu'il pouvait encore faire des conquêtes.

Vivant avec une femme qu'il avait épousée pour fonder une famille, il avait rapidement constaté que sa compagne avait de grandes qualités, mais ne lui vouait pas beaucoup d'admiration. De plus, elle se refusait souvent aux contacts physiques, sinon pour concevoir des enfants puisque son plus grand désir était de se consacrer à son rôle de mère. Et elle semblait toujours insatisfaite de leur budget, de la façon dont il s'habillait et même de leur maison qui, pourtant, n'était pas si mal pour un jeune couple. Par la suite, il y eut beaucoup de friction entre eux quant à la façon d'éduquer les enfants, et sa conjointe ne manquait pas une occasion de l'humilier devant eux. Pour ne pas perturber les enfants, mon ami évitait de riposter ; il avait tendance à s'évader dans le scotch, et, bien sûr, dans ses fameux fantasmes.

N'en pouvant plus de cette vie, il divorça et se prit un petit appartement, en partageant la garde des enfants. Peu de temps après son déménagement, il rencontra une femme charmante dans le métro et engagea la conversation avec elle. Quelques semaines plus tard, ils étaient déjà intimes et se découvraient beaucoup de champs d'intérêts communs. Mon ami se sentait bien et avait mis de côté ses fantasmes. Mais une surprise l'attendait, un soir que sa copine l'avait invité à un tête-à-tête amoureux chez elle.

Une autre femme y était aussi. Les deux amies voulaient expérimenter les plaisirs de l'amour à trois. Trop orgueilleux pour refuser les avances de ces deux chattes en chaleur, qui avaient commencé à consommer de l'alcool et de la marijuana avant son arrivée, mon ami accepta de vivre enfin l'un de ses fantasmes. Ce fut un échec monumental. Il ne savait plus où donner de la tête et du reste de son corps. Il se sentait ridicule et mal à l'aise. Il avait l'impression qu'il devait être à deux places en même temps sans même pouvoir se concentrer sur une seule de ses partenaires. En fait, il ressentait une grande solitude, et il a fini par sombrer dans le sommeil après avoir ingurgité une bonne quantité d'alcool. Le réveil fut brutal, et il retourna chez lui avec un sentiment de honte. Il n'était pas très fier de lui, mais il venait de comprendre, au moins, que son fantasme ne menait pas à l'épanouissement sexuel.

Son autre fantasme se réalisa aussi lorsque son ex-conjointe partit en voyage d'affaires pour quelques semaines et qu'il vint habiter la maison familiale pour s'occuper des enfants. Un jour, alors que les enfants étaient à l'école, une représentante de produits de beauté sonna à la porte. L'occasion était trop belle et la fille, plutôt attirante. Il plongea dans son fantasme. Après avoir offert le goûter à la belle vendeuse, et lui avoir acheté quelques produits, il finit par coucher avec elle.

L'expérience fut moins traumatisante que celle qu'il avait vécue avec les deux mantes religieuses, mais elle se termina plutôt mal. En effet, à peine les ébats amoureux terminés, la fille se mit à pleurer à chaudes larmes. Elle était au bord de l'hystérie, l'accusant d'être comme tous les hommes qui avaient profité d'elle auparavant, puis l'avaient mise de côté comme un objet ou un jouet qui ne nous intéresse plus. Sensible et plein de compassion, mon ami ne savait plus comment faire pour la consoler. Il voulait, aussi, qu'elle quitte la maison avant le retour des enfants. Il téléphona donc à une gardienne et convainquit sa belle vendeuse de l'accompagner dans un petit café pour parler.

Il passa plusieurs heures avec elle et comprit qu'elle était profondément malheureuse. En partant, elle le remercia de son écoute et s'excusa pour le débordement émotionnel qu'elle lui avait infligé. Mon ami ne la revit plus, mais il me confia avoir été tourmenté pendant plusieurs semaines, surtout que, peu de temps avant cette expérience, il avait vu le film *Liaison fatale*. Il en fut quitte pour cette inquiétude, mais, surtout, il fut guéri à tout jamais de son fantasme.

Il m'apparaît évident que les fantasmes ont quelque chose à nous dire. Il faut donc essayer de comprendre pourquoi et comment ils se sont installés dans un recoin de notre tête et n'en ressortent pas. En trouvant l'origine de nos fantasmes, nous pouvons aussi faire diminuer notre sentiment de culpabilité et de honte. Nous nous rendons compte que nous sommes des êtres tout à fait normaux et non des monstres indignes, nourrissant des idées invraisemblables. La peur de nos fantasmes se résume, en fait, à la non-compréhension de leur présence et à la confusion qu'ils occasionnent quant à l'image que l'on a de soi. Aller à la rencontre de cette peur, parler ouvertement de ses fantasmes avec son partenaire, un ami ou un thérapeute nous permet donc d'avoir l'heure juste quant à notre réalité profonde. On peut ensuite passer aux actes, non pour réaliser nos fantasmes mais pour transformer ce qui ne va pas dans notre vie, ce qui n'est pas en harmonie avec nos aspirations et notre idéal.

Relativiser l'importance de l'orgasme

Désirer avoir un ou des orgasmes à tout prix est la meilleure façon de se priver de ce que la rencontre de deux corps et de deux âmes peut avoir d'enrichissant et de sensuel. Tout comme la libido, l'orgasme est imprévisible, capricieux et instable. Les femmes ont différents types d'orgasmes, déclenchés soit par la stimulation du clitoris, soit par la stimulation des organes sexuels internes, qui donne parfois l'impression de provoquer une explosion plus diffuse ; on parle d'orgasme vaginal ou utérin lorsque la sensation est ainsi profonde. Beaucoup a été écrit sur l'orgasme. Pourtant, la plupart des femmes avec lesquelles j'en ai parlé, même des sexologues, ne semblent pas atteindre l'orgasme intérieur si souvent que cela et se demandent si elles ne sont pas passées à côté de quelque chose d'important.

On parle abondamment, depuis quelques années, du point G, qui serait situé à l'entrée du vagin et dont la stimulation entraînerait des orgasmes de qualité supérieure. Ce fameux point ne semble pas toujours facile à stimuler, mais serait beaucoup plus sensible certains jours du cycle, par exemple autour de la période d'ovulation. À ce moment-là, les muqueuses vaginales sont plus enflées et elles regorgent de sang. Elles sécrètent aussi plus de lubrifiant. C'est ainsi que le corps de la femme se prépare à accueillir le pénis dans le but de procréer ; il s'agit d'un phénomène naturel, que la femme désire ou non avoir un enfant.

Cependant, les femmes réagissent encore plus aux stimulis émotionnels et sensuels. Pour atteindre la détente totale avec leur partenaire, la plupart des femmes doivent se sentir en confiance, aimées et désirées comme un être unique et non comme un objet. C'est ce qui explique que, du point de vue purement physiologique, une même personne puisse être multiorgasmique lorsqu'elle se masturbe, mais ait un blocage total lors d'une relation avec un partenaire. On pourrait penser que la personne, homme ou femme, qui satisfait elle-même ses pulsions sexuelles ne pourra plus avoir de rapports sexuels satisfaisants avec un partenaire. C'est partiellement vrai, en ce sens que certaines habitudes de plaisir solitaire peuvent amener une personne à ne pas se sentir à l'aise avec une autre approche de la sexualité. Mais ces habitudes peuvent facilement être transformées dans un contexte d'amour véritable, de communication réelle et de grande confiance. Ce qui empêche les femmes de s'abandonner au plaisir physique, c'est, la plupart du temps, la peur inconsciente d'être abandonnées elles-mêmes ensuite.

Quant aux orgasmes masculins, ils se situent bien sûr en un seul endroit, mais peuvent varier énormément quant à leur intensité et à leur durée. De plus, quand les hommes qui veulent à tout prix satisfaire leur partenaire retiennent trop longtemps leur orgasme, ils sont parfois incapables de retrouver leur excitation. Ces hommes peuvent ressentir une grande frustration s'ils ne réussissent pas à se retenir assez longtemps ou si, ayant trop attendu, ils passent à côté de leur orgasme.

On a donc beaucoup d'idées préconçues sur l'orgasme. On pense qu'il est absolument essentiel de toujours avoir un orgasme, et que la sensation doit être forte. On veut aussi, de préférence, ressentir l'orgasme en même temps que son partenaire, sinon on se sent coupable.

Mais comment réussir à être détendu et heureux si l'on accorde tant d'importance à ce qui n'est qu'un des éléments du rapport sexuel ? C'est s'attaquer à une mission impossible que de vouloir absolument atteindre l'orgasme chaque fois. Et, ce qui est encore plus triste, c'est risquer de passer à côté de tout ce que le contact intime et sexuel peut nous apporter en dehors de l'orgasme. Voici ce que l'on dit, dans le *Message du Graal*, de la rencontre de deux corps :

> « De plus, l'union des corps n'a point seulement pour but la procréation, mais elle doit en outre permettre un processus non moins important et nécessaire. Par ce processus, dans l'intimité de la fusion des corps, se produit un échange réciproque de fluides dont le but est un épanouissement accru des forces. »
>
> *Message du Graal*, Abd-Ru-Shin, tome 2, conférence 14

Je ne suis bien sûr pas une spécialiste de la question, mais, ayant reçu tellement de confidences à ce sujet, j'en suis arrivée à la conviction suivante : si l'on explore la sexualité et la sensualité en acceptant que l'orgasme n'est pas essentiel au plaisir, on ressent moins de pression et on est beaucoup plus détendu. On pourrait comparer l'orgasme à un dessert succulent ; on n'est pas obligé de manger ce dessert pour que notre repas soit complet et équilibré. Vu sous cet angle, l'orgasme deviendrait plus l'exception que la règle, et aurait sans doute encore plus de valeur à nos yeux. Ainsi perçu, l'orgasme engendrerait de la satisfaction et non, comme c'est malheureusement trop souvent le cas, de la frustration.

En renonçant un peu à la quantité pour faire place à la qualité, on peut retrouver des plaisirs perdus, ou en découvrir de nouveaux. Ce sont ces plaisirs qui font qu'une relation intime est passionnante. Les possibilités d'expression du plaisir sont très variées. J'ai, par exemple, découvert les bienfaits de l'approche tantrique, que j'explore avec satisfaction depuis très longtemps.

Jouir des bienfaits de l'approche tantrique

J'écoutais récemment une émission de télévision où il était question du couple et de la difficulté qu'ont les hommes et les femmes à se rejoindre dans leurs aspirations profondes. On disait que c'était plus particulièrement le cas au Québec, où le taux de divorce a grimpé en flèche et où il y a de moins en moins de mariages, religieux ou civils. Un psychologue a proposé une interprétation intéressante à ce sujet : c'est qu'au Québec les hommes et les femmes ont décidé de jouer franc jeu et de mettre cartes sur table. Selon lui, nous vivons actuellement une période transitoire qui peut sembler une régression pour le couple, mais qui, à long terme, pourrait amener les gens à être plus authentiques, ce qui leur donnerait accès à l'amour véritable.

Ce psychologue a beaucoup voyagé et a observé le phénomène du couple dans plusieurs pays, en Occident et en Orient. Il a constaté qu'en certains endroits de la planète les hommes et les femmes vivent de façon plus traditionnelle qu'au Québec, mais qu'en réalité ils ne sont pas plus proches les uns des autres que les hommes et les femmes d'ici. Il a en effet observé que le non-dit et même le mensonge sont monnaie courante chez certains peuples aux valeurs plus traditionnelles, et qui refusent de repenser les structures de la société parce qu'elles leur donnent un sentiment, très illusoire, de stabilité et de sécurité.

On peut donc espérer que la vie de chez nous encourage les valeurs d'authenticité, de responsabilisation individuelle et de communication basée sur la franchise et l'honnêteté, même si, pour les intégrer, nous devons accepter de vivre certaines difficultés. Dans un tel contexte d'ouverture d'esprit, les hommes et les femmes apprendront à se connaître, à s'affirmer, à faire des choix éclairés et à ne pas utiliser leur partenaire comme une bouée de sauvetage ou comme pourvoyeur de sécurité matérielle ou émotionnelle. Tout un contrat !

Il est certain que tout ce remue-ménage peut entraîner une forme d'instabilité et provoquer diverses peurs. Ces peurs sont tout à fait normales. Il est important d'en être conscient pour ne pas se croire différent des autres et se voir comme un être faible alors que les gens autour de soi paraissent sûrs d'eux, équilibrés, invincibles. Une chanson d'Yves Duteil, auteur-compositeur et interprète français que j'aime beaucoup, illustre particulièrement bien les difficultés et les peurs vécues par un être humain en cheminement qui est appelé à faire des choix importants relativement à sa vie affective. Des centaines de personnes auraient en effet pu écrire *N'aie plus peur*, des personnes qui se sont un jour trouvées à la croisée des chemins et ne savaient pas trop quelle était la bonne route à suivre.

Les peurs peuvent donc et doivent être reconnues, identifiées, nommées et partagées, malgré les risques que peut représenter cette franchise. Les femmes ont peur de l'instabilité de leur conjoint, et les hommes ont peur d'être encadrés et de perdre leur liberté. Les femmes demandent l'engagement, mais les hommes y voient un genre d'arnaque. Les femmes ont une horloge biologique différente de celle des hommes. Elles sont en général plus sédentaires tandis que ceux-ci partiraient volontiers à la découverte du vaste monde pour ne revenir qu'occasionnellement au bercail. Comment concilier tant de différences et métamorphoser les peurs en forces constructives ?

Les choix sont difficiles à faire et ils ne conduisent pas toujours à la félicité recherchée. L'un de mes grands amis, psychiatre, m'a un jour fait réaliser que toutes les routes peuvent être intéressantes et qu'il n'y a pas de bons ou de mauvais choix. Par exemple, une personne peut décider de quitter son partenaire parce qu'elle ne se sent plus épanouie dans sa relation de couple. Mais si cette personne s'engage dans une autre relation en traînant toujours le même bagage de préjugés, d'habitudes et de refus de se remettre en question, elle ne sera pas plus heureuse qu'avant. Ainsi, la meilleure façon d'améliorer sa vie n'est pas nécessairement de changer de partenaire, sauf, évidemment, s'il n'y a pas assez d'affinités pour poursuivre la route ensemble. Il faudrait plutôt réinventer sa vision du couple, où chaque personne aurait suffisamment de place pour devenir adulte, ne sentirait pas qu'elle porte son partenaire et ne confierait pas à l'autre la responsabilité de son bonheur ou d'une partie de son bonheur.

Dans un tel couple, l'homme et la femme comprennent que la meilleure façon d'entretenir la passion entre eux est de cultiver leurs passions individuelles. Ils savent l'importance du « je » et ne s'obligent pas à tout vivre ensemble ; ils tiennent à leur identité propre.

Dans l'émission dont je parlais précédemment, une invitée a donné un exemple qui exprime bien la nécessité pour deux personnes d'avoir chacune leurs plages de vie et de s'épanouir autant comme individu qu'en fonction de la réussite du couple. Elle disait que son copain et elle aimaient beaucoup le tennis et pratiquaient ce sport au moins une fois par semaine : elle, le mardi, lui, le jeudi. Comme ils ne sont pas du même niveau, ils n'ont pas beaucoup de plaisir à jouer ensemble. En se donnant mutuellement une journée de congé, ils éprouvent beaucoup plus de satisfaction et peuvent exercer leur sport avec quelqu'un de leur niveau.

Cette longue observation sur les couples et leurs difficultés m'amène enfin à ce que j'ai appelé les « bienfaits de l'approche tantrique ». Je ne suis pas une spécialiste des religions et encore moins du tantrisme, mais je m'intéresse depuis plusieurs années à la culture orientale, et particulièrement à cette branche du tantrisme où les adeptes de cette religion appliquent certains de leurs principes à la sexualité.

L'approche tantrique me fascine par la place importante qu'elle accorde au désir sexuel, et à l'attente ou au renoncement de l'assouvissement de ce désir comme moyen d'augmenter son degré d'intimité et la qualité de sa relation avec son partenaire. Mon grand-père Levert avait l'habitude de dire que le plaisir est dans le désir ; je pense qu'il n'avait pas tout à fait tort, particulièrement en ce qui regarde la sexualité.

Autrefois, quand les couples ne disposaient pas de moyens contraceptifs, ils devaient faire attention durant les périodes « dangereuses » s'ils ne désiraient pas avoir un enfant. Ces périodes de privations sexuelles attisaient souvent le désir, et la retenue obligatoire augmentait les pulsions sexuelles. La nature offrait donc au couple un moyen tout à fait naturel d'augmenter le désir et le plaisir sexuels.

L'arrivée des contraceptifs n'a pas été totalement négative, mais elle a eu pour de nombreuses femmes des répercussions néfastes, tant sur le plan physique que sur le plan psychologique. On essaie aujourd'hui de repenser les méthodes de contraception et d'encourager le recours, si possible, à des moyens plus naturels que chimiques. Les couples sont donc invités à pratiquer une certaine discipline et à se priver occasionnellement de rapports sexuels s'il y a risque de grossesse. Des moyens définitifs comme la vasectomie chez l'homme ou la ligature des trompes chez la femme règlent certes ce problème, mais alors tout devient tellement facile que l'union des corps risque de perdre de sa valeur. N'est-ce pas plutôt ce qui est rare que l'on convoite le plus ?

Lorsque l'on comprend les mécanismes de base du désir humain, on peut mieux composer avec eux et favoriser un contexte où l'appétit sexuel sera aiguisé par l'attente, une attente délibérément cultivée et entretenue.

Dans un livre sur l'expérience tantrique, on donnait l'exemple de partenaires qui choisissent de ne pas avoir de rapports sexuels pendant un temps indéterminé, mais continuent d'entretenir leur sentiment amoureux. Un autre exemple concernait des personnes qui se sont courtisées pendant plusieurs mois, sans toutefois succomber au désir d'avoir un rapport sexuel complet. L'homme et la femme multipliaient les moyens de séduction. Dans une pièce éclairée à la chandelle, ils s'assoyaient l'un en face de l'autre et se regardaient intensément sans se toucher. Après quelque temps de ce régime où le désir fut poussé à son paroxysme, ils décidèrent d'avoir des rapports sexuels, mais sans se rendre jusqu'à l'orgasme. Cette nouvelle étape les a conduits à des moments d'extase incroyable.

Cette approche qui consiste à cultiver le désir semble aider les couples à ne pas tomber dans la routine sexuelle, ou encore dans le désabusement que l'on peut ressentir lorsque l'on a trop goûté à quelque chose. Vous souvenez-vous de la chanson *On a trop fait l'amour ensemble* ? Ce titre évoque des passions interrompues de façon abrupte ou dans la mésentente de partenaires arrivés à un niveau de saturation l'un envers l'autre.

Dans certains couples, chaque partenaire a sa chambre. Cette façon de vivre est tout à fait saine et crée une dynamique des plus intéressantes où aucun des partenaires ne tient l'autre pour acquis. C'est une autre façon de cultiver le désir. Il y a les petites visites nocturnes, les rendez-vous pour le souper, les regards complices au déjeuner… tout comme au bon vieux temps des fréquentations.

La rencontre amoureuse peut être cultivée de mille et une façons : par l'échange de lettres, les petites attentions, la séduction raffinée… Si, d'un commun accord, les partenaires retardent le plus longtemps possible l'union physique comme telle, ces attentions permettent de décupler le sentiment amoureux et d'entretenir la flamme du couple. On dit souvent que les couples se raccordent sur l'oreiller. Pourtant, les couples harmonieux n'ont pas besoin de l'oreiller pour se raccorder, car l'accord est omniprésent dans leur vie. Pour moi, l'approche tantrique, c'est la recherche d'un heureux compromis entre l'engagement, la liberté individuelle, le respect de l'autre et la pérennité du couple.

Orienter sa force sexuelle vers la créativité

Il ressort donc, de cette longue réflexion sur les pièges de la sexualité, que l'on ne peut mettre tous ses œufs dans le même panier. On a vu aussi que l'on a longtemps pensé, à tort, que la force sexuelle ne se résumait qu'à l'instinct sexuel et que l'on met souvent beaucoup d'énergie et de temps à atteindre la plénitude par la rencontre de l'amour romantique ou de l'amour passion.

La plénitude et le bonheur sont accessibles à tout être humain, et la force sexuelle est le meilleur carburant pour les atteindre. La force sexuelle bien comprise nous amène à découvrir nos préférences dans la vie, à expérimenter le beau et le bon de cette vie, à traverser dignement les épreuves sur notre route, à développer nos talents et à utiliser notre passage sur la terre comme une occasion extraordinaire de faire un autre pas pour évoluer. La force sexuelle engendre aussi de la créativité et nous permet de développer notre potentiel créatif. Expérimenter la créativité, quelle que soit la sphère dans laquelle elle s'exprime, c'est la cure de rajeunissement la plus efficace qui puisse exister.

Chaque personne peut trouver sa voie et découvrir sa propre créativité. Certaines créations sont plus visibles, plus spectaculaires que d'autres et touchent un grand public. Il en est ainsi des œuvres artistiques comme les chefs-d'œuvre cinématographiques, littéraires, musicaux ou des arts visuels. Heureusement, cependant, le degré de satisfaction ressenti par celui ou celle qui oriente sa force sexuelle dans la créativité ne dépend absolument pas du niveau de reconnaissance de son action créatrice. Autrement dit, le plaisir est instantané et la reconnaissance ultérieure est quelque chose de complètement différent qui ajoute à ce plaisir une dimension complémentaire des plus agréables, mais qui n'est jamais essentielle à l'atteinte du plaisir.

Les enfants, par exemple, sont en perpétuelle découverte de la vie. Ils réinventent le monde chaque jour sans avoir besoin, pour être heureux, que plein de gens soient témoins de leurs découvertes. Une maman qui observe du coin de l'œil son enfant en train de jouer constatera qu'il peut vivre tout seul de grandes joies par le simple geste créatif de fabriquer un petit bonhomme avec de la pâte à modeler ou en construisant un véhicule spatial avec des pièces de Lego. L'enfant qui commence à lire ou à écrire, celui qui commence à savoir compter, celui qui connaît par cœur le numéro de téléphone de sa grand-maman et réussit à l'appeler sans l'aide d'un adulte, tous ceux-là vivent des moments de créativité qui ne leur donnent pas le temps d'être malheureux et de s'ennuyer.

Observer le monde et tout ce qui nous entoure, des plus petites aux plus grandes choses, avec des yeux nouveaux en permettant à notre force sexuelle d'exprimer toute notre créativité, voilà une excellente façon de mettre de côté la peur et de mordre à pleines dents dans la vie. C'est aussi le meilleur moyen de ne plus considérer notre force sexuelle comme un obstacle à notre paix intérieure, mais, au contraire, comme un tremplin d'évolution.

6

La cigale et la fourmi

La Cigale ayant chanté
Tout l'été,
Se trouva fort dépourvue
Quand la bise fut venue :
Pas un seul petit morceau
De mouche ou de vermisseau.

LA FABLE « La cigale et la fourmi » de Jean de La Fontaine, est la seule que je peux réciter d'un trait sans en oublier un mot. Je dois pourtant avouer que j'ai un peu trop agi comme la cigale pendant quelques années, et que cette insouciance de ma part m'est retombée sur le nez un peu plus tard. On dit qu'il ne faut jamais rien regretter, et c'est ce que je m'applique à vivre. Mais il faut aussi apprendre de ses erreurs et ne pas les répéter délibérément.

Lorsque je demande aux gens de mon entourage de quoi ils ont peur, la plupart me répondent qu'ils ont peur de manquer d'argent, soit pour subvenir à leurs besoins actuels, soit pour leur retraite. Cette peur apparaît surtout lorsque l'individu commence à s'assumer, se cherche une place au soleil et désire réaliser ses rêves. On voudrait se procurer une maison, voyager, profiter de certains loisirs, s'acheter de beaux vêtements, et tout cela coûte cher. Cette inquiétude par rapport à l'argent en conduit plusieurs à se rebeller et à adopter une attitude négative au sujet de cet aspect de la vie. Vous avez sans doute, comme moi, entendu des gens dire : « Maudit argent ! » ou quelque chose du genre. C'est dommage d'être ainsi tourmenté par l'argent au lieu d'apprendre à composer efficacement avec cette réalité de la vie. Si l'on accepte sereinement qu'il faut un peu de temps et une certaine planification financière pour se sentir à l'aise, on peut réussir à ne pas se sentir écrasé par la peur de manquer d'argent.

Lorsque l'on est très jeune et que l'on pense à quitter sa famille pour vivre de façon autonome, on est loin d'être conscient de tout le chemin à parcourir et de tous les efforts à fournir pour atteindre et conserver des conditions de vie décentes. En général, les enfants du Québec ne se rendent pas compte des sacrifices que font leurs parents pour leur procurer bien-être et loisirs. Les enfants veulent beaucoup de choses : vêtements à la mode, activités coûteuses, ordinateurs... La liste des dépenses que doivent assumer les parents d'aujourd'hui est interminable.

Il faut reconnaître que nous vivons dans une société très matérialiste et que nos besoins de consommation sont exacerbés par une publicité omniprésente. Il ne se passe pas une journée sans que l'on soit sollicité par une publicité de voyage dans le sud alors que l'hiver bat son plein, par la réclame d'une belle voiture neuve alors que la nôtre a déjà cinq ans ou tout simplement par l'annonce d'une crème « miracle » qui promet d'effacer vos rides en quelques semaines. Comment alors résister et ne pas succomber à l'irrésistible appel ?

Il semble que peu de gens résistent puisque le taux d'endettement moyen est relativement élevé. Selon certaines statistiques, les gens les plus criblés de dettes ne sont pas nécessairement ceux qui ont des revenus très faibles ou moyens, mais bien ceux qui ont un revenu légèrement au-dessus de la moyenne ou élevé.

Être lourdement endetté sans toutefois réussir à se procurer vraiment tout ce que l'on désire engendre du stress et de l'insatisfaction chronique. L'individu endetté est entraîné dans une spirale sans fin : il travaille de plus en plus, se repose de moins en moins et, ce qui est encore plus grave, ne profite pas vraiment de la vie. Il se convainc qu'il sera heureux le jour où il obtiendra ceci ou cela, ou quand sa maison sera payée ou lorsqu'il se procurera la voiture de ses rêves, et il traverse ainsi toute la vie en passant à côté des véritables valeurs. Une telle personne termine parfois ses jours avec un coffre-fort bien rempli et des biens matériels importants, mais peu de bagage spirituel.

Un autre piège guette l'être humain en quête de bonheur et de sérénité. En effet, on pourrait penser que, pour progresser spirituellement, l'on doit mépriser toute aspiration à la richesse et à un certain confort matériel. Les dirigeants de certains groupes religieux ont d'ailleurs réussi à convaincre leurs adeptes que la pauvreté était un gage de salut, tout en les incitant à leur faire des dons importants pour pouvoir accéder aux plus hautes sphères célestes après leur décès. Ces pratiques sont très courantes de nos jours, car de nombreuses personnes naïves cherchent la vérité et espèrent donner un sens à leur vie en suivant aveuglément les conseils de tels gourous.

Or la pauvreté, pas plus que la convoitise de biens matériels, ne saurait favoriser l'épanouissement de l'être humain et le faire progresser spirituellement. Dans le *Message du Graal*, on dit que l'être humain doit tout simplement être vigilant, et ne pas consacrer sa vie à accumuler des biens matériels aux dépens de toutes les autres aspirations. Je cite :

> « Il est une fausse conception qui affirme que la possession de biens matériels est incompatible avec l'aspiration à des valeurs supérieures. Cette conception a entraîné chez la majorité des hommes l'idée absurde selon laquelle tout élan spirituel qui veut être pris au sérieux ne peut avoir rien de commun avec la possession de biens matériels.

> S'il est admis que l'homme qui aspire au royaume des cieux ne doit point s'attacher aux biens matériels, cela ne signifie pas qu'il doive distribuer ou rejeter ces biens afin de vivre dans la pauvreté. L'être humain peut et doit jouir joyeusement de ce que Dieu a mis à sa disposition dans sa création.
>
> Ne pas rester attaché aux biens de ce monde veut dire que l'homme ne doit pas se laisser entraîner à amasser des richesses matérielles pour en faire le but essentiel de sa vie terrestre. Cela signifie qu'il ne doit pas " s'attacher " de façon prédominante à cette seule pensée. »
>
> *Message du Graal*, Abd-Ru-Shin,
> tome 2, conférence 14

La suggestion de « jouir joyeusement » de ce qui existe dans la création m'apparaît tout à fait conforme à l'idée que la vie ne nous est pas donnée que pour souffrir et que nous avons beaucoup à notre disposition pour être heureux. On constate, par ailleurs, en lisant de nombreux textes spirituels ou religieux que l'être humain devrait peut-être, au cours de ses différentes incarnations, connaître et la pauvreté et la richesse afin de mieux comprendre l'échelle des valeurs et aussi pour apprendre le partage.

Mes lectures et mes conversations avec diverses personnes m'ont amenée à conclure que, pour la majorité des gens, la théorie selon laquelle la vie nous apporte ce dont on a besoin s'avère juste. Je me souviens du psaume que le père Paul-Émile Legault nous faisait écouter à chacune de ses émissions télévisées : « Le Seigneur est mon berger, rien ne saurait me manquer. » J'ai toujours apprécié ce psaume et je continue à le fredonner encore aujourd'hui. J'ai même une belle affiche, dans mon bureau, d'un champ magnifique avec des moutons et sur laquelle on peut lire ces paroles apaisantes.

Il y a des gens qui ont beaucoup plus d'argent ou de biens matériels qu'il ne leur en faudrait réellement, mais observez à quel prix ils les obtiennent. Certains ne consacrent aucun temps à leur famille, d'autres y laissent leur santé et plusieurs meurent avant même d'en avoir profité.

Je suis persuadée qu'obtenir ce dont nous avons réellement besoin ne devrait pas avoir d'effets négatifs sur notre santé, physique, mentale ou spirituelle. Au contraire, je suis certaine que la véritable prospérité matérielle devrait toujours être associée à la réalisation et à l'accomplissement d'un individu. Si une personne développe ses talents et les utilise à bon escient, elle sera heureuse et productive. Étant ainsi bien dans sa peau et dans son élément, elle ne pourra faire autrement que réussir à gagner des revenus suffisants pour lui assurer une vie décente, et même à avoir un petit surplus à l'occasion, comme si la vie lui faisait un clin d'œil. C'est sûrement la raison pour laquelle tous les livres sur la pensée positive, notamment ceux du célèbre Joseph Murphy, nous conseillent de nous programmer pour la prospérité, la réussite et l'abondance en n'oubliant pas d'ajouter, à la fin de notre prière ou demande, les mots *avec un surplus divin*. Il n'est cependant pas nécessaire d'être millionnaire pour combler nos besoins ; il suffit d'avoir la sagesse de bien déterminer quels sont les besoins réels de notre existence.

Si vous ressentez le besoin de vivre près de la nature et dans un endroit calme, il n'est pas du tout essentiel de vous procurer une maison ultramoderne avec plein de gadgets, un garage double et une piscine. Si c'est la ville qui vous attire, avec ses cinémas, ses théâtres et ses restaurants, vous n'êtes pas obligé d'habiter un chic *penthouse* qui vous ne laissera plus un sou à la fin du mois pour aller voir un spectacle.

Une étude a démontré que, dans certains groupes, les gens s'identifient les uns aux autres et sont en compétition entre eux. Les membres d'une même profession, par exemple, peuvent se sentir obligés de conduire tel type de voiture pour être à la hauteur de l'image traditionnelle que l'on attend d'eux, ou de faire partie du club de golf le plus huppé même s'ils n'éprouvent pas nécessairement un grand plaisir à exercer ce sport.

Déterminer clairement ses besoins réels est donc essentiel à la préparation d'un budget qui ne donnera pas des ulcères d'estomac. Dans mon précédent livre, j'ai abordé les besoins fondamentaux d'une personne arrivée à l'âge adulte. Ce sont les besoins de croire en des valeurs supérieures, de s'aimer, de partager, de s'accomplir, et de vivre sa sexualité sans toutefois en être esclave.

Quant aux autres besoins, non essentiels, ils peuvent justement prendre la forme de biens matériels ou de fantaisies très variées, mais, comme je le mentionnais aussi dans cet autre livre, le problème surgit lorsque ces besoins accessoires prennent le dessus sur les besoins réels et entretiennent l'illusion que nous serions plus heureux en les comblant, même au détriment de nos besoins profonds.

En observant les gens relativement à l'aise financièrement, sans être très riches, j'ai compris qu'ils mettaient en pratique l'adage bien connu : « Aide-toi et le Ciel t'aidera. » En général, ces personnes n'hésitent pas à se retrousser les manches, à repartir à zéro au besoin et à investir temps et énergie dans des activités susceptibles de contribuer à leur bien-être matériel. Les gens à l'aise ne sont pas du genre à rêver de gagner à la loterie pour lancer une petite entreprise, ou à attendre un héritage pour retourner aux études.

Pour décrire une personne équilibrée dans son rapport à l'argent et aux biens matériels, on pourrait la situer à mi-chemin entre la cigale et la fourmi. Une telle personne n'hésite pas à chanter pendant l'été tout en se préparant une bonne corde de bois pour les feux de foyer de l'automne et de l'hiver. Elle peut occasionnellement se servir de sa carte de crédit, mais de préférence pour des achats nécessaires et à la condition de pouvoir régler son compte à la fin du mois sans accumuler des intérêts. Elle peut aussi se payer une petite folie de temps à autre sans devenir une acheteuse compulsive qui fait des « petites folies » son mode de vie.

Pour faire diminuer, ou même supprimer, la peur de manquer d'argent ou de perdre l'argent et les biens que l'on possède, il faut faire l'apprentissage d'un mode de vie plus réfléchi et accepter de fournir quelques efforts, accessibles à chacun d'entre nous. Il faut très peu de temps d'un tel régime pour arriver à des résultats concrets et passer d'une situation précaire à un confort relatif. Dans ce domaine comme dans d'autres, il est sûr et certain que le résultat est proportionnel à ce que l'on a investi. On a parfois l'impression que les autres doivent ce qu'ils ont à la chance, mais ce n'est pas la réalité. La réussite que l'on nomme chance n'est pas le fruit d'un simple hasard. C'est quelque chose que l'on attire, que l'on fabrique et que l'on cultive.

Trouver des intérêts lucratifs

Il ne se passe pas une semaine sans que je rencontre quelqu'un qui a réussi à se trouver un passe-temps payant pour arrondir ses fins de mois. Ces petits débrouillards ou débrouillardes, qui ont toujours le sourire aux lèvres, semblent avoir trouvé le moyen de joindre l'utile à l'agréable.

Bien des gens envient ceux et celles qui ont ainsi trouvé le créneau dans lequel ils se réalisent, se sentent utiles et, ce qui n'est pas négligeable, par lequel ils peuvent gagner un peu d'argent. Ces envieux croient, bien à tort, que ces personnes sont chanceuses, et ils s'imaginent que leur chance est providentielle. Or il n'en est rien. Les gens qui réussissent provoquent les occasions, réfléchissent beaucoup et agissent encore plus. Une fois leur affaire bien en marche, il est facile de penser que ça leur est tombé tout cuit dans le bec et de se demander pourquoi les occasions merveilleuses n'arrivent qu'aux autres.

Je pourrais donner d'innombrables exemples pour illustrer mon propos, mais je me contenterai de quelques-uns. Ils concernent des gens tout près de moi et démontrent très bien comment l'art de se débrouiller est accessible à tous.

Je pense en premier à deux jeunes femmes qui ont lancé, il y a quelques années, une entreprise qu'elles ont nommée Toutou-mobile. Les deux sont mères de famille et l'une d'elles occupait un emploi dans la fonction publique. Toutes deux passionnées des animaux, elles ont eu l'idée merveilleuse d'acheter une vieille ambulance et de la transformer en salon de toilettage à domicile. Tous les propriétaires de chats et de chiens vous diront qu'il n'est jamais agréable de se déplacer pour aller faire toiletter leurs animaux. Toutou-mobile offre donc une solution intéressante : le salon de toilettage se rend chez vous, le prix est abordable et les deux jeunes femmes traitent vos petits animaux avec autant de douceur que s'ils leur appartenaient. L'idée de l'ambulance est très astucieuse parce que les deux femmes ont tout sous la main pour effectuer leur travail, mais également parce que les animaux, notamment les chats, sont plus dociles et plus faciles à nettoyer lorsqu'ils ne sont pas dans leur environnement familier. Chez eux, ils offrent plus de résistance alors que dans la toutou-mobile ils se laissent faire. Ainsi, mon chat Filou, un vrai tigre lorsque l'on essaie de le toiletter à la maison, devient doux comme un agneau au salon. La toutou-mobile fonctionne si bien que les deux jeunes femmes ont décidé de s'y consacrer à plein temps, au plus grand plaisir des propriétaires d'animaux !

Un autre exemple, c'est celui d'un collègue de travail maintenant à la retraite. Pendant des années, il s'est intéressé à l'astrologie et a développé une très grande habileté à faire des cartes du ciel. Il avait aussi une passion pour la généalogie ; en faisant des arbres généalogiques, il a découvert des informations très intéressantes. Avant de prendre sa retraite, Robert se faisait un peu d'argent avec ses cartes du ciel. Je l'ai revu dernièrement et il me dit qu'il vit une retraite très heureuse et que son travail d'astrologue amateur l'occupe pratiquement à temps plein. Ayant développé un réseau d'amis dans le monde artistique, il reçoit comme clients des personnalités connues et il en retire beaucoup de plaisir.

Le meilleur exemple de débrouillardise et de détermination menant à un passe-temps lucratif est sans doute celui de la maman de mon ex-conjoint. Devenue veuve très jeune, avec trois jeunes enfants à élever, elle n'hésita pas à se retrousser les manches et trouva le moyen de faire vivre plus que décemment sa petite famille. Une fois les enfants majeurs, elle se remaria, mais ne voulut pas dépendre totalement des revenus de son conjoint pour assurer sa subsistance et, surtout, pour continuer à gâter ses enfants et ses petits-enfants. Nany, c'est ainsi qu'on la surnomme tendrement, a donc décidé de suivre des cours qui l'ont conduite à devenir herboriste et à vendre des produits dont elle vante les mérites curatifs. Elle aurait pu se contenter d'être simple vendeuse, mais, acharnée et courageuse comme elle l'a toujours été, elle a tellement investi d'énergie dans ce travail d'appoint qu'elle est devenue représentante pour toute la région de Québec. Elle a aussi été formatrice dans ce domaine. En plus de lui procurer un revenu complémentaire, dit-elle, ce travail a toujours été motivant parce qu'il lui a permis de se faire beaucoup d'amis et, plus encore, de contribuer à l'amélioration de la santé de milliers de personnes qui lui sont reconnaissantes.

La famille de mon ex-conjoint est vraiment exemplaire à ce propos. Je pense notamment à sa sœur qui a réussi, passé l'âge de 50 ans, à étudier le traitement de texte et à devenir professeure en ce domaine dans un délai relativement court. Elle donne des cours privés à son domicile, une formule qu'apprécient plusieurs de ses élèves qui ne se sentaient vraiment pas à l'aise dans des groupes. Son conjoint, pour sa part, a développé depuis de nombreuses années un passe-temps intéressant qui lui rapporte, aussi, quelques revenus. Il a appris à faire du vin, chez lui, et il produit chaque année ses cuvées de blanc et de rouge, qu'il embouteille lui-même et fait déguster aux intéressés.

Suzanne, une résidente de mon patelin, mariée et mère d'une petite fille, a décidé de retourner aux études, mais elle voulait contribuer aux charges familiales. Connaissant bien les animaux, puisqu'elle possède deux chiens, quatre chats et deux oiseaux, elle offre un service de gardiennage d'animaux à domicile. Pour un prix très abordable, elle se rend chez vous, deux fois par jour, pour voir si tout est en ordre, sortir le chien et lui faire faire ses besoins et un peu d'exercice, et nourrir les chiens, chats ou oiseaux. Ayant retenu ses services pour les six premiers mois de vie de ma chienne Soleil parce que je quittais la maison très tôt le matin et revenais passablement tard le soir, je peux vous dire qu'ils ont été hautement appréciés et qu'ils ont permis à ma belle Soleil d'avoir un excellent départ dans la vie. En effet, grâce à Suzanne, ma chienne a pu avoir trois repas par jour au cours des premiers mois, ce qui est meilleur pour la santé du chiot. De plus, la présence aimante et joviale de Suzanne a fait de Soleil un chien plus sociable que si elle avait été seule pendant de longues journées, attachée ou enfermée dans une cage.

L'une de mes collègues de travail, que nous surnommons à la blague « madame Avon », est représentante de ces produits et s'est constitué une clientèle fidèle, très satisfaite de ses conseils. Elle ne fait pas une fortune avec ce passe-temps, mais, au moins, comme elle le dit elle-même, elle réussit ainsi à payer ses propres produits et fait des gens heureux autour d'elle.

Dans un même ordre d'idées, je pense à une dame d'un certain âge chez qui je me procure la moulée pour ma chienne. Étant devenue distributrice exclusive de cette sorte de moulée pour toute la région de Québec, elle gère sa petite entreprise chez elle et tisse des liens d'amitié avec ses clients. Elle possède aussi plusieurs chiens de race avec lesquels elle participe à des concours. Elle se sent donc comme un poisson dans l'eau... dans le monde canin. J'aime toujours l'entendre parler de ses expériences avec les animaux et j'apprécie énormément ses précieux conseils.

Une résidante de la région où j'habite travaille aussi dans la fonction publique ; parallèlement à ce travail, elle a acquis beaucoup de connaissances en numérologie. Elle fait donc des consultations en numérologie à son domicile, et a déjà publié quatre livres sur ce sujet. Elle dit que la numérologie l'a toujours passionnée et que ce passe-temps, en plus de lui procurer quelques revenus additionnels, contribue à augmenter son énergie et sa joie de vivre.

Tous ces exemples vous convaincront, je l'espère, qu'il existe, pour la plupart d'entre nous, des activités susceptibles de contribuer à notre confort matériel tout en nous permettant d'exercer notre créativité. Lorsque l'on demande à la vie, soit par la programmation ou par une simple méditation à ce sujet, de mettre en marche nos petites cellules grises pour provoquer des occasions de ce genre, il se passe toujours quelque chose. Il suffit de se mettre en mouvement, d'être bien attentif aux réponses et d'être décidé à passer à l'action, et le succès est garanti !

Compléter des études à tout âge

Ce n'est pas obligatoire de retourner aux études, mais ça peut nous amener à faire un pas intéressant dans la vie. La peur de ne plus être capable de s'assumer ou même de régler ses factures peut devenir un handicap « sclérosant » ; l'individu se met alors à douter de ses propres ressources intellectuelles ou de sa capacité d'apprentissage. Il existe de plus en plus de possibilités, pour un adulte, de retourner aux études, soit pour compléter ses études secondaires ou collégiales, soit pour apprendre une technique de pointe conduisant directement à un emploi. On peut même trouver de l'aide financière gouvernementale pour mener à terme un tel projet.

Le retour aux études ne permet pas seulement d'acquérir de nouvelles connaissances, c'est aussi un moyen de rencontrer des gens, de discuter avec des personnes aux prises avec des problèmes semblables aux nôtres, et de réaliser que nous ne sommes pas si bloqués que nous pouvions le croire. Des années de chômage ou de travail à la maison pour prendre soin des enfants peuvent déstabiliser une personne et ébranler sa confiance en elle. Pour ces personnes, retourner aux études peut constituer une étape de transition à la suite de laquelle elles pourront envisager de trouver un emploi, ne serait-ce qu'à temps partiel. C'est en quelque sorte une mise en forme psychologique pour reprendre du poil de la bête et passer à l'action.

Plusieurs commencent à chercher un emploi pendant l'étape des études. Ils peuvent ainsi discuter de cette expérience de recherche d'emploi avec leurs collègues de cours, ou offrir leurs services comme stagiaires afin d'enrichir leur curriculum vitæ. Certaines entreprises embauchent ainsi des étudiants pour des périodes limitées, mais leur offrent parfois un emploi permanent lorsqu'elles réalisent, à la fin du stage, qu'ils sont efficaces et compétents.

Chercher un emploi

Dans un contexte économique où le taux de chômage est élevé, c'est un défi de taille, tant pour les jeunes que pour les gens plus âgés, de trouver un emploi répondant à leurs aspirations et leur offrant une rémunération satisfaisante. Ce contexte difficile peut toutefois constituer un stimulant puissant pour sortir des sentiers battus ou se distinguer de la masse dans des domaines plus traditionnels. Une personne en recherche d'emploi ne peut plus s'appuyer que sur son curriculum vitæ, elle doit aussi, plus que jamais, « vendre » sa personnalité en convainquant son futur employeur qu'il a tout à gagner en retenant ses services.

Il existe des services gouvernementaux pour aider les personnes en recherche d'emploi à mieux préparer leur curriculum vitæ et leur fournir des règles de base à respecter dans leur démarche.

Se trouver un emploi et atteindre l'autonomie financière est très certainement un objectif stimulant pour une personne qui aspire à l'indépendance et à la dignité. Il ne faudrait pas conclure, cependant, qu'être sans emploi conduit nécessairement un individu à la dépression et au non-respect de lui-même, mais il est évident que, dans un tel contexte, la personne a plus de difficulté à prendre sa place et à développer une bonne estime d'elle-même. Tout être humain ressent le besoin de s'accomplir, de se réaliser et d'être reconnu ; le travail, au sens large du terme, constitue pour l'ensemble des adultes le moyen privilégié d'y parvenir. Et, comme l'a chanté Félix Leclerc, le meilleur moyen de détruire un être humain, c'est de le priver de cette possibilité.

L'invitation à la retraite anticipée est un moyen de laisser la place aux plus jeunes. Pour ma part, je crois beaucoup à la formule de la retraite progressive et du parrainage par laquelle les plus vieux transmettent à ceux qui les suivent le fruit de leur expérience de travail et d'une certaine sagesse acquise au cours de leur vie professionnelle. Autrefois, les connaissances se transmettaient souvent ainsi et les traditions étaient alors conservées. Le rythme de la vie moderne et la mise en place d'une technologie de plus en plus sophistiquée nous font négliger cet aspect important de la tradition et des rites initiatiques sur le plan professionnel. Le parrainage est une façon de conserver les acquis et d'éviter aux nouveaux venus de faire certaines erreurs. Il permet aussi de tisser des liens entre les générations.

Lorsque l'on est très jeune, on a tendance à vouloir réinventer le monde. Cette attitude a quelque chose de positif en ce sens qu'elle est source de progrès. Sans cette audace et cette « prétention », plusieurs inventions n'auraient sans doute pas vu le jour. Il faut cependant bien connaître les fondations avant d'ériger de nouvelles structures. En travaillant en étroite collaboration avec des employés d'expérience, les nouveaux employés peuvent ainsi comprendre l'histoire de l'entreprise et le pourquoi de sa façon de procéder. Ils sont donc mieux armés pour apporter des améliorations. Le fait de côtoyer des personnes plus âgées aide aussi les jeunes à se rendre compte de l'importance de l'économie et de la préparation à la retraite. J'ai eu cette occasion au cours des dernières années et j'en ai bien profité.

Comprendre l'importance de l'économie

De nos jours, les mots *régimes enregistrés d'épargne-retraite*, *placements*, *abris fiscaux* ou *fonds de pension* sont sur toutes les lèvres. Les gouvernements sont endettés et ne peuvent plus assurer aux contribuables une sécurité financière à toute épreuve. Même les programmes de santé publique et de soins gratuits sont de plus en plus réduits. À cet égard aussi, chacun doit prendre ses responsabilités individuelles.

Nos grands-parents avaient leur bas de laine, mais, peu à peu, une mentalité différente s'est développée et l'État providence devint la source intarissable sur laquelle on pouvait compter jusqu'à la fin de ses jours. Cette période de désinvolture et de nonchalance individuelles fut de courte durée, car très rapidement les fonds gouvernementaux diminuèrent et les budgets furent réajustés afin de redresser la situation.

On constate deux visions opposées quant au rapport à l'argent et à l'économie. Les plus prévoyants ont toujours préféré se fier à leurs propres ressources plutôt que de compter sur les autres. Les plus téméraires ne vivent qu'à très court terme ; pour justifier leur mode de vie, ils disent qu'ils pourraient mourir aujourd'hui et qu'il ne sert à rien de se priver puisque demain ne viendra peut-être pas. Il y a donc ceux qui préconisent l'économie en vue du futur, et ceux qui vivent au jour le jour, en dépensant tout ce qu'ils gagnent, et même plus, prétendant ainsi profiter au maximum de ce que la vie peut leur offrir.

Les jeunes couples ayant une maison et des enfants se découragent parfois, trouvant que leurs revenus suffisent à peine à leur offrir une qualité de vie acceptable. Comment alors, dans un tel contexte, réussir à faire des économies et penser à long terme ?

Au Québec, tous les travailleurs, salariés ou autonomes, sont obligés de contribuer au régime de retraite public. C'est déjà un point de départ. Il existe également des régimes de retraite complémentaires, mais aussi obligatoires, dans la majorité des entreprises du Québec ; c'est une autre source d'économies dont le cotisant pourra profiter à l'âge de la retraite. Viennent enfin les régimes enregistrés d'épargne-retraite, les REER ; un avantage non négligeable de ces placements, c'est que les contributions sont déductibles de l'impôt. Le placement immobilier est aussi une façon d'économiser pour l'avenir. Mais lorsque l'on achète une maison, il faut tenir compte des intérêts et des dépenses d'entretien qu'elle exigera. On n'en retire donc pas toujours le bénéfice escompté, surtout en période de fluctuation économique imprévisible. Ce type de placement procure néanmoins une qualité de vie indéniable pour qui recherche l'intimité et un bout de terrain pour les enfants.

De plus en plus de gens ont décidé, sans adopter un mode de vie ascétique, de se priver un peu de ce que l'on pourrait appeler des « loisirs luxueux », comme certains voyages ou de fréquentes sorties au restaurant. Ils préfèrent économiser pour le futur. Il ne faut pas penser que ces personnes sont malheureuses pour autant et qu'elles mènent une vie misérable. Au contraire, elles découvrent souvent, en optant pour un mode de vie plus modeste, des trésors qui se trouvent à leur portée.

Les exemples de ces trésors sont nombreux : vie de famille plus intense, randonnées à vélo avec le clan, soirées du bon vieux temps avec chansons à répondre ou concerts improvisés, sites historiques à visiter près de chez soi plutôt qu'en terre étrangère, épluchettes de blé d'Inde, parties de sucre, échanges culturels, visionnements de vidéos en groupe suivi d'une discussion comme dans les ciné-clubs d'une certaine époque, activités sportives comme les quilles ou la pétanque, jeux plus intellectuels comme le bridge ou le scrabble… Toutes ces activités, peu coûteuses, permettent de se détendre et d'entretenir des contacts enrichissants avec son entourage. La cigale peut ainsi continuer de chanter, alors que la fourmi peut, à l'occasion, faire une pause-détente sans avoir peur que sa voisine vienne lui quémander quelques grains pour subsister jusqu'à l'année suivante. Toutes deux seront plus épanouies et entretiendront des liens plus harmonieux entre elles.

Préparer sa retraite

M. Joseph Savard, un ancien collègue de travail bien connu des personnes ayant eu des liens avec l'Office des personnes handicapées, a consacré une partie de sa vie à l'étude de la retraite et des implications de ce tournant important dans la vie d'un individu. Il a été en quelque sorte un pionnier dans ce domaine et a notamment permis la création de plusieurs programmes de préparation à la retraite. S'intéressant d'abord au sort des personnes handicapées, il a élaboré une série de tests d'évaluation dans le but de favoriser leur intégration au milieu de travail et a été un de leurs plus fidèles porte-parole auprès des employeurs et du grand public. Grâce à lui, les perceptions à l'égard des personnes handicapées ont fait des pas de géant et plusieurs préjugés, souvent dus à l'ignorance ou à notre propre insécurité, sont tombés.

Les recherches de M. Savard sur la retraite l'ont amené à conclure que la retraite se prépare le plus tôt possible. Il disait toujours que c'est à vingt ans qu'il faut commencer. Notre potentiel de développement est immense, alors, il n'y a qu'un petit coup de pouce à donner pour mettre en place tous les outils dont nous aurons besoin pour être des personnes dynamiques et actives dans la soixantaine.

On dit que plusieurs personnes ayant voulu profiter de programmes de retraite anticipée font maintenant face à des difficultés importantes et souffrent malheureusement d'ennui chronique. Certaines doivent même avoir recours à de l'aide psychologique professionnelle parce que, justement, elles n'avaient pas investi dans la préparation de leur retraite.

L'aspect financier joue un rôle très relatif dans la difficulté à vivre la transition de la vie professionnelle active à la retraite. Une personne très riche peut évidemment se distraire plus facilement, par exemple en voyageant ou en s'achetant des gadgets de toutes sortes susceptibles de l'occuper temporairement. Mais ces palliatifs ne sauraient arriver à la cheville d'activités et d'intérêts dans lesquels une personne a investi depuis longtemps et qui procurent une satisfaction moins artificielle. Ce n'est pas du jour au lendemain que l'on devient mélomane, amateur de lecture, collectionneur, passionné de jardinage, de sport, des arts martiaux, de la danse ou de toute autre activité physique. Les gens intéressés par la géographie et l'histoire, les spécialistes des langues, les curieux de connaissances ésotériques, les friands de philosophie et de psychologie ne se sont pas découvert ces passions à un certain âge. Ils cultivent en général leurs centres d'intérêts depuis longtemps, et trouvaient même, avant leur retraite, qu'ils n'avaient jamais assez de temps pour s'amuser à leur goût. Une fois la retraite arrivée, ces personnes rattrapent le temps perdu (même s'il semble encore leur manquer d'heures pour tout faire !). Elles ont enfin mérité le droit de consacrer tout le temps qu'elles veulent à ce qui les passionnent le plus dans la vie.

Si vous êtes déjà rendu à l'âge de la retraite, mais ne vous y êtes pas vraiment préparé, ne baissez pas les bras trop vite. Ne vous enlisez pas dans une torpeur qui vous fera prendre un coup de vieux. Vous pouvez encore découvrir le monde avec des yeux d'enfant, explorer la vie comme si vous veniez de la commencer et apprendre à vivre à votre rythme sans contraintes ni compromis. Le chemin sera peut-être un peu plus laborieux que pour d'autres, mais, après avoir mis le doigt sur un intérêt réel, aussi simple soit-il, vous vous surprendrez à trouver le temps de plus en plus court et la joie de plus en plus présente dans votre vie.

7

La clandestinité

LA PEUR de révéler qui il est réellement, ce qu'il fait ou ce qu'il a pu faire dans le passé, ce dont il est atteint physiquement et moralement ou ce dont ses proches souffrent, peut amener un individu à la clandestinité, c'est-à-dire à cacher toute une partie de sa vie à certaines personnes ou au monde entier.

La clandestinité a bonne figure dans les romans d'amour et au cinéma. On y associe souvent la passion en imaginant amants et maîtresses s'échangeant de longs baisers à l'abri des regards indiscrets et se quittant le cœur déchiré à chaque au revoir. Cette vision idyllique de la clandestinité n'a pourtant pas grand-chose à voir avec la réalité.

Au contraire, la personne qui a choisi de vivre dans la clandestinité, ou qui la subit, se sent de moins en moins authentique et de plus en plus étouffée par son secret. Elle finit par avoir l'impression de traîner un énorme boulet à son pied et ne sait comment se libérer.

Certaines personnes se sentent obligées de vivre dans la clandestinité parce qu'elles craignent que la vérité blesse quelqu'un ou parce qu'elles ont peur d'être elles-mêmes rejetées. Toutes les raisons invoquées pour expliquer et justifier une vie clandestine n'ont toutefois jamais réussi à apporter un peu de paix ou un sentiment de liberté à ceux qui sont confinés dans cette prison où, la plupart du temps, ils se sont eux-mêmes condamnés à vivre.

Les préjugés sociaux représentent évidemment un obstacle de taille pour qui veut vivre sa vie de façon authentique, sans être obligé de porter un masque, mais qui est considéré comme un marginal par l'ensemble de la société. Les cas de clandestinité sont tellement nombreux, et les souffrances vécues par les personnes aux prises avec un problème semblable, tellement intenses, que l'on pourrait facilement y consacrer un livre entier.

Des milliers de personnes sont emmurées dans un silence de plus en plus lourd et noir, qui les conduit parfois même au suicide tant leur souffrance est intolérable. J'entendais récemment à la télévision le témoignage d'un jeune garçon né en milieu rural et qui a découvert très jeune qu'il était homosexuel. Se sentant incapable de se confier à sa famille, il fit une première tentative de suicide, qui, en fait, était un appel à l'aide. Ses parents ont bien accepté sa réalité, mais il devait aussi affronter le reste du monde. Il fit une deuxième tentative de suicide lorsque son secret fut dévoilé par un confrère de classe et qu'on le montra du doigt dans son école. Ce jeune homme n'est heureusement pas mort. Il a pu bénéficier d'une thérapie de soutien pour arriver à assumer son homosexualité le plus sereinement possible et pour apprendre à ne pas se laisser blesser par le jugement de personnes intolérantes ou qui ne comprennent pas cette réalité.

Toutes les personnes qui se sentent marginales en raison d'un problème de santé physique ou mentale peuvent aussi développer une tendance à la clandestinité. Pensons aux personnes souffrant du sida, qui fait pourtant l'objet de nombreuses campagnes de sensibilisation. Elles peuvent vivre des mois et même des années dans la hantise de voir leur secret découvert et de perdre emploi et amis. Même si cette réaction est beaucoup moins fréquente chez ceux qui souffrent de maladies comme le cancer ou le diabète, on serait sans doute étonné du nombre de personnes qui cachent encore jalousement leurs problèmes de santé de peur que l'on s'apitoie sur leur sort ou que l'on se mette à imaginer le pire à leur sujet. Je connais quelqu'un qui a un problème cardiaque mineur, bien contrôlé par une médication de prévention. Cette personne m'a confié avoir mis dix ans avant d'admettre cette situation et d'en parler, même avec des amis intimes. Elle avait peur de passer pour quelqu'un de faible.

Plusieurs personnes souffrent de malformations congénitales, apparentes ou internes. Souvent, elles se sentent obligées de cacher cette particularité parce qu'elles croient être les seules au monde à l'avoir. Pourtant, est-ce que ça existe, quelqu'un au corps et au mental absolument parfaits ? En fait, nos petits travers sont probablement reproduits à des milliers d'exemplaires partout dans le monde. Que vous ayez les orteils en marteau, les mamelons très foncés, les jambes croches ou le pancréas déplacé ne change rien à votre valeur. Certains défauts peuvent même constituer un charme, selon l'œil qui les regarde. Des problèmes d'origine psychologique pourtant très répandus sont aussi très souvent vécus dans la clandestinité, par exemple le fait d'avoir des manies, des obsessions ou des compulsions importantes, le fait d'avoir déjà été traité pour une dépression nerveuse ou le fait de souffrir d'impuissance sexuelle.

Plusieurs personnes ont même une peur maladive d'avouer qu'elles ont subi une chirurgie réparatrice ou qu'elles ont des implants dentaires, comme si admettre une telle chose allait avoir pour effet immédiat d'être moins appréciées par leur entourage. On parle plus facilement, maintenant, de *liftings* et de traitements au laser pour corriger la vision ou les rides, mais on ne peut pas dire que l'ensemble de la population tient toujours un langage de tolérance à ce sujet. Combien de fois n'ai-je pas entendu quelqu'un dire, avec un petit sourire énigmatique, que telle personne s'est sûrement fait « remonter le visage » pour avoir l'air si jeune. Chaque fois, je me retiens de dire : Et puis ? Il faut respecter le choix des individus dans ce qu'ils ont de plus intime, et accepter toutes les différences. Je me souviens du regard inquiet que les gens portaient autrefois sur les personnes en fauteuil roulant. Fort heureusement, il y a eu une évolution incroyable par rapport à ces personnes. Il me semble qu'on les traite maintenant avec plus de respect et de politesse. On ne les dévisage plus comme si elles venaient de dire quelque chose d'incorrect.

Autrefois, les familles ayant un enfant trisomique, c'est-à-dire atteint de « mongolisme », gardaient jalousement le secret. Mon cousin Bobby, qui a à peu près mon âge, était l'un d'eux. Mon oncle et ma tante se sont occupés de lui d'une façon exceptionnelle, mais je sais que ma cousine avait de la difficulté, lorsqu'elle a commencé à fréquenter les garçons, à avouer que son petit frère était « mongolien ». Elle avait probablement peur des préjugés et même de voir son prétendant se sauver si elle révélait cette vérité. Pendant longtemps, en effet, on a pensé que cette malformation congénitale était héréditaire, d'où la peur de ma cousine à en parler. Aujourd'hui, elle est mariée et a trois beaux enfants en pleine santé.

Une catégorie de personnes qui se sentent obligées de cacher une partie de leur vie, c'est celle des gens ayant déjà fait de la prison. Je voyais, l'autre jour, un reportage intéressant sur un centre de réhabilitation et de désintoxication pour ex-détenus. On sentait la souffrance de ces gens, mais aussi leur peur de réintégrer la société, avec tous ses préjugés sur les récidives. Comment peut-on exiger qu'un individu se réhabilite, puis le forcer à vivre dans le secret de son passé.

Souvent, les adeptes de certaines croyances religieuses préfèrent aussi la clandestinité. Vivant dans une société matérialiste où les valeurs spirituelles ne sont pas toujours bien comprises, ils cachent qu'ils adhèrent à telle approche religieuse ou ésotérique pour ne pas attirer sur eux des commentaires désobligeants ou pour ne pas être accusés de faire du recrutement. Leur situation est de plus en plus délicate surtout après les événements tragiques survenus au sein de certaines sectes.

En fait, des milliers de personnes cachent quelque chose et portent leur secret avec difficulté. Des amants et des maîtresses, il n'y en a pas que dans les romans et au cinéma, des enfants dont les parents sont des abuseurs et des alcooliques, il en existe beaucoup trop, et des personnes obligées de vivre dans une pauvreté dégradante, il y en a de plus en plus, même au Québec. Ces personnes, de même que celles auxquelles j'ai déjà fait référence, choisissent souvent la clandestinité comme porte de sortie. Malheureusement, cette porte ne mène jamais à la sortie ; elle mène tout droit à un cul-de-sac.

Lorsque l'on est conscient de cette situation, on devient plus tolérant. Et on devrait apprendre à être à l'écoute de ce qui pourrait être un appel au secours. Bien des gens optent pour la clandestinité parce qu'ils ne savent pas à qui parler ni comment expliquer leur situation. Une bonne façon d'aider ces personnes c'est, en premier lieu, d'apprendre soi-même l'authenticité, puis de s'appliquer à ne porter aucun jugement sur les autres, quelles que soient leurs différences.

Si tout le monde avait le courage d'admettre ce qu'il est et ce qu'il fait, sans détours et sans peur d'être jugé, on sentirait immédiatement un vent de fraîcheur et de pureté souffler sur la terre. Qui n'a pas ses histoires ou ses tares personnelles ? Qui peut se vanter d'agir sans jamais faire d'erreurs ? La clandestinité n'a vraiment pas de raison d'être, quels que soient les prétextes que l'on utilise pour la justifier.

Une personne qui persisterait à vivre dans la clandestinité, parce qu'elle a vraiment honte de ses actes, qu'elle-même juge répréhensibles, et parce qu'elle n'a pas le courage de changer ses comportements, ne peut aboutir qu'à un puits de tristesse et d'isolement. Fort heureusement, ces cas sont plutôt rares. La plupart des gens n'attendent qu'un peu de compréhension et de compassion pour s'ouvrir le cœur et briser leurs chaînes.

Dévoiler le secret

La meilleure façon de sortir de la clandestinité, c'est de décider de jouer franc jeu et de devenir un livre ouvert. C'est vraiment la seule option positive pour qui veut se sortir de cet enfer. La personne qui décide de sortir de sa prison en escaladant le mur de la clandestinité prend un risque, car elle ne sait pas ce qui l'attend de l'autre côté. Une telle démarche exige donc une bonne dose de volonté, de courage et de confiance dans un nouvel avenir à ciel ouvert.

Il n'y a pas trente-six façons de dévoiler le secret qui nous empoisonne l'existence, il n'y en a qu'une seule : c'est d'en parler. Vous direz sans doute que je fais une lapalissade en affirmant une chose qui semble si évidente. En fait, si j'insiste sur la nécessité de parler, c'est que bon nombre de personnes, comme notre jeune homme homosexuel, cherchent à dévoiler leur secret en empruntant d'autres chemins, plus difficiles et pas toujours efficaces. Comme on l'a vu, ce peut être la tentative de suicide. D'autres personnes essaient de se faire entendre par la maladie, l'agressivité ou la mélancolie permanente. Toutes ces personnes ne comprennent pas qu'elles pourraient simplement s'asseoir avec un interlocuteur digne de confiance et s'ouvrir à lui.

De la pensée à l'action, il y a parfois quelques étapes à franchir pour qui se tient enfermé depuis très longtemps et a peur de se sentir encore plus malheureux après avoir confié son secret.

La première étape consiste, pour la personne vivant dans la clandestinité, à bien se rendre compte que le fait de porter son secret ne lui apporte que tristesse, culpabilité et malaises physiques. Les gens heureux et dégagés sont généralement plus en santé que les gens coincés par la peur. Plus que d'autres, les personnes vivant dans la clandestinité souffrent, fréquemment et sans raisons apparentes, de problèmes de digestion, de constipation, de maux de dos, de migraines, de sinusites ou d'ulcères d'estomac, pour ne nommer que ceux-ci. Je n'affirme pas que ces problèmes n'apparaissent que chez les personnes portant un lourd secret, mais je constate, après en avoir parlé avec des gens ayant vécu de telles situations, que ces problèmes de santé sont monnaie courante dans la prison de la clandestinité.

La deuxième étape consiste à décider si l'on accepte de continuer ainsi ou si, au contraire, on est prêt à prendre tous les moyens nécessaires pour se libérer de la clandestinité. Cette décision ressemble un peu, comme processus mental, à celle que l'on prend quand on veut arrêter de fumer. Personne ne peut la prendre à notre place et nous devons avoir la conviction qu'elle est libre de toute influence ou préjugé. Cette étape peut s'étendre sur une période plus longue que la première parce qu'elle nous amène à restructurer notre façon d'envisager notre rapport à la vérité et parce qu'elle nous invite à plonger dans un univers inconnu. C'est une étape passionnante, mais aussi très éprouvante sur le plan émotionnel. Elle permet notamment de réaliser qu'en agissant dans la clandestinité on a peut-être eu tendance à faire du déni en trouvant mille et une justifications à notre attitude. La perception que l'on a de sa propre intégrité peut même en prendre un coup puisque l'on se rend compte que l'on a, en quelque sorte, marché un petit peu à côté de nos souliers pendant un long moment. Il m'apparaît donc important, à cette étape, de ne pas s'éterniser trop longtemps sur des jugements négatifs de soi-même ; ils seraient stériles et pourraient même amener certaines personnes à faire marche arrière. Si l'on a agi ainsi pendant des mois ou même des années, il faut croire que l'on ne pouvait pas faire mieux et que la peur l'emportait sur la volonté. L'ignorance des avenues pour sortir de la clandestinité pourrait aussi expliquer pourquoi, malgré sa grande souffrance, une personne n'a jamais osé prendre le risque de dévoiler son secret.

La troisième étape consiste à passer à l'action, à dévoiler enfin son secret. Comme c'est la plus difficile, on peut s'accorder une période transitoire, qui consiste à parler d'abord par l'écriture. L'interlocuteur, une simple feuille blanche, est digne de confiance et pas du tout menaçant. On peut considérer cette étape transitoire comme une répétition générale. En écrivant son secret, on apprend à le nommer et à en déterminer toutes les composantes. On réalise aussi qu'il n'est peut-être pas si monstrueux qu'on l'a toujours cru. En écrivant et en relisant leur confession, la plupart des gens ressentent déjà une forme de libération et de détente. Il arrive même qu'ils voient poindre des éléments d'humour autour de tout leur drame.

Arrive enfin le moment crucial du dévoilement du secret. Assez paradoxalement, la révélation comme telle n'est en général pas si difficile que l'on pourrait le penser. Rendue à ce stade, la personne sent qu'elle a tout à gagner dans cette démarche et un sentiment d'euphorie l'habite enfin. Elle vient aussi de réaliser, après avoir franchi toutes ces étapes, que le plus grand mensonge n'est jamais celui que l'on fait aux autres, mais bien plus celui que l'on se fait à soi-même. Or vivre dans la clandestinité est la négation de tout un volet de soi, ce qui empêche de vivre de façon authentique, même par rapport à soi-même. À force de porter un masque, on finit par oublier de quoi on a l'air. Il est cependant important de bien choisir son interlocuteur, à cette étape où la chenille sort de son cocon pour devenir papillon. Les ailes fragiles du papillon pourraient vite se briser si celui ou celle qui est témoin de sa transformation ne se contente pas d'admirer sa beauté, mais veut le capturer dans ses filets.

L'écoute thérapeutique, comme toutes les autres formes de relation d'aide, doit avoir pour but d'aider la personne à prendre contact avec ses propres forces et ne doit pas devenir une béquille sur laquelle elle s'appuiera. Un danger guette donc la personne qui vient de sortir de sa prison de clandestinité. Ce danger, c'est de se retrouver dans une nouvelle prison où le besoin de parler enfin de son secret devient le seul centre d'intérêt de toute son existence. C'est pourquoi, par exemple, des personnes se joignent à des groupes de soutien et participent à des *meetings* d'échanges d'expériences toutes les semaines et n'en sont toujours pas sorties au bout de dix ans. Cette prison est toutefois moins pénible, à mon avis, que celle de l'isolement, mais elle ne devrait être qu'un lieu de transition pour accéder enfin à la liberté.

Après être sortie de la clandestinité en dévoilant son secret, une personne devrait se sentir complètement libérée et être authentique non seulement à l'intérieur d'un groupe très restreint mais aux yeux du monde entier. Elle n'a plus peur ni honte de ce qu'elle est ou a été ; elle n'a plus peur de dire ce qu'elle fait ou a pu faire dans le passé. Elle peut enfin dire, comme mon grand-papa Levert, qui prononçait très souvent cette devise : « Honni soit qui mal y pense ! »

Se placer dans la lumière

Parler ouvertement du secret étouffant qui a mené à la clandestinité libère donc la tension. Une fois cette étape franchie, il est important de reprendre goût à la vie en se donnant la possibilité d'accéder complètement et au grand jour à des activités qui font du bien et qui sont maintenant accessibles puisque l'on n'a plus besoin de se cacher.

Je pense, par exemple, aux couples clandestins qui ne peuvent vivre leur passion que dans une chambre d'hôtel ou dans une auto, dans un lieu désert. En plus de ne pas vivre leur liaison au grand jour, ils ne peuvent faire des projets ni envisager le moindre petit voyage. Cette situation n'est évidemment pas génératrice d'énergie constructive et d'épanouissement pour ces personnes. Un couple clandestin n'a en général pas une longue vie, car la viabilité de tels couples n'est vraiment pas assurée dans un contexte d'activités si restreintes. Au contraire, si les deux personnes réglaient leur problème et passaient ensuite, en toute liberté, à des activités aussi simples qu'aller au restaurant ou au cinéma, faire du sport ensemble et se préparer de bons petits repas, leur vie en serait totalement transformée.

Les personnes souffrant de complexes par rapport à leur apparence physique, à cause, par exemple, de leur poids, de leurs jambes croches ou de leurs cheveux qui frisent trop à l'humidité, se privent aussi d'activités qui les rendraient heureuses. Si vous avez choisi de briser le secret, plongez dans la lumière et offrez-vous du bon temps. N'oubliez jamais la phrase de mon grand-père : « Honni soit qui mal y pense ! »

Certains prisonniers ont la chance de faire du bénévolat dans des foyers pour personnes âgées ou dans des hôpitaux pour malades chroniques. Ce type d'activité les sort tout à fait de leur prison, au sens propre et au sens figuré, parce qu'ils ne cachent pas du tout leur situation. En accomplissant ces gestes bénévoles, ils se placent dans la lumière et s'imprègnent de valeurs importantes comme l'amour et la compassion.

Quelqu'un qui se place dans la lumière a donc le double avantage de ne plus être dans la noirceur de son secret et de bénéficier du renforcement positif que seules des activités agréables peuvent procurer. C'est en quelque sorte renaître à tout ce que la vie offre de beau et de bon, après des années de privation où le poison de la clandestinité faisait mourir à petit feu.

Refuser le chantage émotionnel

La vie dans la clandestinité résulte parfois de l'influence d'amis ou de parents qui, à cause de leurs propres peurs, encouragent cette clandestinité. Voici quelques exemples d'attitudes d'une tierce personne qui mènent à la clandestinité : un parent qui a honte parce que son enfant est homosexuel, une personne mariée qui ne veut pas avouer à son conjoint sa liaison extraconjugale, une femme qui redoute que son conjoint perde son emploi s'il avoue souffrir d'une maladie incurable, un parent qui a peur de la réaction de ses amis s'ils apprenaient que l'un de ses enfants fréquente une personne de couleur, une jeune femme qui ne veut pas que l'on sache que son père est alcoolique…

De telles personnes, qui très souvent souffrent d'insécurité et d'orgueil mal placé, exercent malheureusement une pression très forte sur ceux qui ont un secret. Elles vont même jusqu'à faire du chantage émotionnel s'ils ont l'intention de s'affranchir de la clandestinité et de vivre enfin au grand jour. Le parent qui a honte de son enfant, par exemple, peut menacer de le déshériter ou de le rejeter complètement s'il dévoile son homosexualité. Le conjoint qui ne veut pas avouer sa liaison menace de rompre si la relation ne demeure pas secrète. On peut donc hésiter à faire le grand saut dans la lumière parce que l'on risque d'y laisser quelques plumes et, surtout, de perdre quelques amis ou parents.

Il faut cependant tenir bon et ne plus accepter de subir un tel chantage. Si votre décision a pour conséquence de vous faire perdre un peu d'argent, vous y gagnerez cependant en liberté. Si la femme de votre vie vous quitte parce qu'elle ne peut pas supporter de vivre de façon authentique, dites-vous bien qu'elle ne tenait pas à vous tant que ça et que, de toute façon, votre couple était voué à l'échec à plus ou moins long terme, à vivre ainsi dans le mensonge.

Refuser le chantage émotionnel ne veut pas dire couper définitivement les ponts avec la ou les personnes qui l'exercent et encore moins de cesser de les aimer. Les personnes concernées pourraient vous imposer de rompre, mais, lorsque les liens sont assez solides, la rupture n'est en général pas définitive.

Si vous acceptez de vivre dans la clandestinité en raison d'un chantage émotionnel, c'est une double insulte à votre valeur personnelle. Cela vous place dans une relation de dominant-dominé qui n'a rien de positif, et vous empêche de travailler sur l'estime de vous-même. Si vous vous trouvez dans cette situation et voulez y mettre fin, votre meilleur atout est encore de verbaliser cette réalité de façon très explicite, et ce, à la personne qui exerce le chantage. Regardez-la droit dans les yeux et dites-lui, très lentement mais fermement :

« Écoute-moi. Je sais que tu vis probablement certaines peurs et que tu es mal à l'aise avec l'idée que je puisse enfin être moi-même au grand jour, mais en essayant de m'empêcher d'avancer, tu exerces sur moi un véritable chantage qui m'étouffe. Je te demande donc de cesser ce chantage et de respecter mon choix de vivre dans la lumière. » Si la personne ne comprend pas immédiatement, vous aurez au moins eu la franchise de lui donner l'heure juste et cette petite semence d'honnêteté finira sûrement par germer et produire quelques fleurs. En faisant cette analogie, je pense au magnifique film *La Mélodie du bonheur*, qui raconte l'histoire du baron von Trapp et de sa famille. Ce jeune veuf sombre et austère, qui est complètement fermé, finit par se laisser influencer par la charmante gouvernante qu'il a embauchée pour s'occuper de ses enfants. Vous connaissez peut-être la belle chanson *Edelweiss* que l'on entend dans ce film et qui évoque cette petite fleur délicate qui réussit à pousser sur les plus hauts sommets des Alpes autrichiennes. Si jamais vous avez à traverser cette expérience de remettre quelqu'un à sa place en refusant son chantage émotionnel, vous pourriez, pour vous aider, chanter mentalement la chanson *Edelweiss*, ou toute autre qui évoque une fleur, en vous souriant intérieurement.

Lorsque l'on fait face à un dilemme difficile, on doit comprendre qu'il y a là une question de survie, car, à plus ou moins long terme, le fait de céder au chantage d'une personne peut nous détruire complètement. Devant une telle situation, c'est le temps de se dire : « C'est elle ou c'est moi » et de ne pas hésiter à prendre sa place.

On assiste au même phénomène de chantage émotionnel lorsque l'on nous confie un « secret » et que l'on nous demande avec insistance de ne pas le révéler à personne. Dans un tel cas, je prends la peine d'expliquer à la personne qui agit ainsi qu'elle se trouve à mettre un fardeau sur mes épaules et que je n'ai vraiment pas besoin d'un tel fardeau. Si une personne a réellement besoin de se confier ou de se confesser en exigeant la confidentialité, elle peut toujours s'adresser à un thérapeute ou à un prêtre, des professionnels qui ont choisi d'écouter les autres sans jamais révéler à qui que ce soit ce qui leur est confié. La plupart des gens qui racontent de tels secrets exigent la confidentialité soit par honte de ce qu'ils ont fait, soit par peur d'être mal jugés pour ce qu'ils sont ou pour ce qu'ils ont fait. Ces personnes ont un problème à régler, mais ce n'est pas à nous d'assumer le problème à leur place. Ces gens devraient ne rien dire du tout plutôt que d'aller embêter les autres avec des secrets en les obligeant à devenir complices de leur malaise.

Apprendre la valorisation de soi

Lorsque l'on vit dans la clandestinité pendant des mois ou des années parce que l'on voulait cacher quelque chose dont on n'était pas très fier, on en vient à ne se définir qu'en fonction de cet élément de notre vécu. Pourtant, une personne homosexuelle, par exemple, n'est pas que ça. Cet aspect de sa personnalité ne concerne que son orientation sexuelle et ne constitue pas l'essence même de cette personne. Pourquoi les gens insistent-ils pour préciser que tel individu est homosexuel ? Sa vie privée, notamment sa vie sexuelle, ne devrait intéresser personne qui n'est pas concerné par cet aspect.

De même, on ne devrait jamais identifier quelqu'un en fonction de sa maladie ou du fait qu'il a déjà été incarcéré. C'est curieux, cette tendance à identifier quelqu'un par une simple caractéristique lorsque celle-ci est peu courante ; on n'a pourtant pas ce réflexe pour quelqu'un dont l'ensemble des caractéristiques se fond dans la masse. Je n'ai jamais entendu dire d'une personne qu'elle est hétérosexuelle ou qu'elle a une relation stable. Les jugements sévères que l'on porte sur soi et sur les autres sont toujours liés à ce qui est différent et qui donne un sentiment d'insécurité au commun des mortels que nous sommes.

Celui qui cache une caractéristique dont il a honte ne fait que l'accentuer. Cela peut même devenir une obsession et, malheureusement, la personne en oublie ce qu'elle est réellement, ne tenant aucun compte des autres aspects de sa personnalité et de sa vie qui la caractérisent. Par exemple, cette personne pourrait avoir un sens de l'humour exceptionnel ou des dons artistiques merveilleux, ou cuisiner comme un grand chef, mais, en vivant dans la clandestinité pour cacher un aspect de sa personnalité, elle étouffe les autres. Quel gâchis et quelle perte de potentiel !

Lorsque l'on a décidé de se libérer de la clandestinité, c'est une occasion unique pour renouer avec ce qu'il y a de meilleur en soi et pour oublier ses côtés les plus faibles. Une façon de le faire consiste à prendre le temps de noter par écrit les qualités que l'on apprécie le plus en soi ainsi que les réalisations dont on est le plus fier. L'idéal, c'est de partir du plus loin que l'on puisse se souvenir, de la petite enfance, par exemple, et de dérouler le film dont on est le personnage principal. On peut aussi, parallèlement à cette démarche personnelle, demander à quelques bons amis ou parents en qui l'on a confiance de faire le même exercice. La validation par des tiers nous aide à mieux nous rendre compte de nos forces et de notre valeur en tant que personne unique.

Apprendre à se valoriser oblige parfois à faire du ménage parmi les gens que l'on fréquente. À un tel tournant dans la vie, il ne faut surtout pas s'entourer de personnes qui vous méprisent ou qui vous rabaissent continuellement par des commentaires désobligeants. Sortir de la clandestinité et se brancher sur ses valeurs profondes exige que l'on soit plus sélectif et vigilant quant à ses fréquentations.

Si certaines personnes ne savent pas vous apprécier ou vous critiquent sans cesse, n'acceptez pas de rester en leur compagnie. Il existe quantité d'autres gens avec lesquels vous pourrez être vous-même, d'autres lieux où il fera bon vivre. Il s'agit seulement de demander à la vie de vous y conduire.

Une programmation efficace à ce sujet, c'est de dire : « Je suis ouvert à la vie, à l'amitié et à l'amour. Que la vie et mes guides me conduisent au bon endroit, au bon moment, et me permettent de rencontrer des êtres avec lesquels je pourrai ressentir de la joie et de la paix tout en cheminant sur ma route d'évolution. »

Décider de s'aimer

Lorsqu'une personne a finalement compris qu'elle a le droit d'être ce qu'elle est, qu'elle a le droit de « respirer par le nez » comme tout le monde, et qu'elle possède un bagage unique de valeurs physiques, mentales et spirituelles, elle ne peut faire autrement que prendre la décision de s'aimer. Lorsque cette décision est prise en toute lucidité, après des années de lutte et de souffrance, on fait rarement marche arrière.

L'amour et le respect de soi ne sont pas compatibles avec une vie dans la prison de la clandestinité. Décider de s'aimer conduit directement à la transparence, à la progression, au mouvement, au dépassement et à la réalisation de soi dans toutes les sphères de sa vie. J'entendais l'autre jour quelqu'un dire que les personnes qui gardent jalousement leur jardin secret y restent souvent coincées, ne récoltant toujours que les mêmes fruits. Par contre, celles qui acceptent le défi de la transparence doivent sans cesse se réinventer, se renouveler pour ne pas devenir ennuyeuses. J'ai trouvé cette observation judicieuse ; en effet, elle peut s'appliquer à la plupart des gens que je connais.

Il faut, bien sûr, faire la part des choses. Ce n'est pas utile de raconter dans les moindres détails ce que l'on vit au quotidien. On aime bien partager une intimité privilégiée avec des êtres chers et c'est normal de vouloir la protéger de toute intrusion. Le bon jugement et le respect des autres peuvent nous guider quant à la limite à ne pas dépasser, mais il me semble qu'il est toujours préférable d'avoir une attitude d'ouverture et de générosité par rapport à la communication plutôt qu'une attitude d'huître impénétrable. J'ai connu de nombreuses personnes qui demeuraient absolument secrètes et cultivaient le mystère. Il s'agissait souvent de personnes qui avaient peu d'estime de soi, qui ne se trouvaient pas suffisamment intéressantes pour s'exprimer ou qui considéraient la communication avec les autres comme une perte de temps. Ces personnes sont en réalité bien seules et, malgré leur air arrogant et hautain, elles se sentent probablement indignes d'amour. Elles ne s'aiment pas elles-mêmes, comment donc pourraient-elles imaginer que quelqu'un d'autre les apprécierait ?

La décision de s'aimer est l'une des plus importantes décisions qu'une personne ait à prendre, tôt ou tard, dans sa vie. Sans cette décision, la vie de cette personne ne lui apportera qu'une infime partie de tout ce pourquoi elle fait un séjour sur la terre. Le Christ nous a pourtant livré ce message important : « Tu aimeras ton prochain comme toi-même », nous indiquant clairement que sans amour de soi, l'amour des autres ne saurait nous être accessible. L'amour de soi n'est pas de l'égoïsme, c'est la démonstration de notre capacité à bien assumer notre vie et à en tirer le maximum pour éventuellement quitter la terre l'âme satisfaite.

8

La maladie et les peurs irrationnelles

À MOINS d'avoir lui-même été malade ou d'avoir connu des gens atteints de maladies graves, un être humain, surtout lorsqu'il est jeune, ne pense pas à la maladie. En fait, la maladie est souvent perçue comme une loterie. On pense que ça n'arrive qu'aux autres. C'est probablement un signe que nous avons été créés pour la santé et non pour la maladie, pour la confiance et non la peur. Jésus, lors de son court passage sur terre, n'a-t-il pas donné l'exemple d'une possibilité de guérison par la confiance et par la foi ?

Malgré cette vision optimiste, la maladie existe bel et bien et occasionne parfois de grandes souffrances physiques et émotionnelles. Cependant, la maladie du corps et du mental n'atteint jamais l'âme sereine. Cela étant dit, la maladie n'est pas plus agréable pour autant, et la peur de souffrir physiquement n'est pas quelque chose de facile à contrôler, surtout si l'on présente déjà des symptômes d'une maladie, grave ou bénigne.

Les personnes ayant un problème de santé peuvent développer une grande appréhension quant à la possibilité de recouvrer la santé et se trouvent ainsi dans un cercle vicieux duquel il est particulièrement difficile de sortir. Plus elles sont malades, moins elles ont confiance. Moins elles ont confiance, plus elles favorisent l'apparition de nouveaux symptômes.

Des maladies comme la fibromyalgie et le syndrome de la fatigue chronique, la dépression nerveuse et le *burn-out* atteignent des milliers de personnes. Celles-ci doivent constamment lutter, jour après jour, pour arriver à éprouver une certaine joie de vivre malgré leur état de santé précaire et le manque d'énergie qu'elles n'arrivent pas à comprendre. Des maladies comme le sida, le lupus, le cancer et la sclérose en plaques sont également très éprouvantes. Ceux et celles qui en sont atteints s'engagent dans une lutte difficile de laquelle ils ne ressortent pas toujours guéris physiquement, mais assurément grandis psychologiquement et spirituellement. Les maladies coronariennes, causées en grande partie par le stress et l'angoisse, diminuent la qualité et souvent la durée de la vie des hommes et des femmes qui en sont atteints.

L'anorexie, qui touche surtout les jeunes filles, cause tellement de ravages qu'elle conduit parfois au suicide. J'ai moi-même été anorexique-boulimique de 17 à 27 ans ; je peux donc témoigner de l'enfer dans lequel sont plongées les personnes qui souffrent de ce problème. L'anorexique vit notamment la peur du rejet associée à la peur de rester dépendante ; la peur de devenir une femme associée à celle de rester un enfant ; la peur de prendre du poids associée à celle d'avoir l'air d'un garçon manqué ; la peur de se retrouver en public associée à celle de la solitude ; la peur d'attirer l'attention associée à celle de passer inaperçue ; la peur d'avoir faim associée à celle de se sentir l'estomac trop rempli, sans oublier la peur qui résume toutes les autres : la peur de vivre associée à la peur de mourir.

L'anorexie est toujours liée à un problème de dépendance affective ; il est donc préférable de soigner cette maladie par le traitement de sa cause profonde. Les manifestations les plus apparentes, comme le désir de rester mince, ne sont que la pointe de l'iceberg. Travailler sur les comportements occasionnés par cette maladie est un premier pas menant à la guérison, mais ce n'est pas suffisant pour en enrayer toutes les ramifications. Le jour où j'ai réussi à contrôler parfaitement bien mon poids, par la programmation du subconscient, je n'ai plus jamais eu besoin de mettre mon doigt dans la gorge pour me faire vomir et j'ai pensé que j'étais guérie. J'étais en effet guérie des symptômes de mon anorexie, mais non de sa cause, et j'ai quand même été obligée, pendant les vingt années qui ont suivi, de poursuivre ma démarche pour me guérir totalement.

Des milliers d'autres personnes souffrent de peurs tout à fait irrationnelles, en apparence moins graves que certaines maladies, mais qui leur rendent la vie insupportable. Certaines ont une peur panique des chiens ou des chats. D'autres ont tellement peur de prendre l'avion qu'elles préfèrent se priver de voyager plutôt que d'affronter cette peur. Je connais des dizaines de personnes ayant une telle peur de l'eau qu'elles ne profitent jamais du plaisir unique que procure la nage. Il y a aussi les claustrophobes et les agoraphobes, que les phobies empêchent de mener une vie normale puisqu'ils osent à peine sortir de leur maison, de peur de déclencher une crise de panique incontrôlable. Heureusement, il existe des associations dont le but est d'aider ces personnes à parler de leur problème et à tenter de s'en débarrasser.

D'où viennent les maladies, les peurs irrationnelles et les phobies ? Peut-on même envisager de parler en même temps de toutes ces manifestations physiques et psychologiques ? Ont-elles quelque chose en commun ?

Plusieurs théories ont été émises au sujet des maladies et des dysfonctionnements dont souffrent les êtres humains. Les scientifiques parlent de virus, d'épidémies, d'hérédité, de malformations congénitales, de hasards malheureux, de troubles de croissance, etc., et refusent de reconnaître toute forme de responsabilité à ceux et celles qui sont atteints de ces maladies. En général, ils privilégient une médecine curative, chimique ou chirurgicale, où il n'y a pas de place, ou alors peu, pour la prise en charge de sa santé par le malade.

Selon d'autres approches, tout à l'opposé des précédentes, nos maladies et nos peurs irrationnelles seraient directement reliées à nos pensées et à notre entraînement mental. Ces approches suggèrent que nous pourrions être les auteurs de nos propres maux et souffrances. Les thérapeutes qui les utilisent favorisent donc une médecine préventive, holistique, invitant la personne à prendre conscience du pouvoir qu'elle a de provoquer la maladie ou de contribuer à sa santé. Quant aux gens déjà malades, ils les invitent à rechercher les causes possibles de leur maladie non pas à l'extérieur d'eux-mêmes, mais bien à l'intérieur, dans leur propre comportement.

Selon cette théorie, les événements perturbateurs de notre vie peuvent constituer de puissants déclencheurs de maladie si, incapables de les gérer sereinement, nous nous laissons envahir par des émotions négatives comme la honte, la peur et la culpabilité. Ces événements perturbateurs seraient notamment des épreuves, des contretemps ou toutes formes de contrariétés, c'est-à-dire ceux desquels nous devrions tirer de grandes leçons de vie menant à un meilleur contrôle sur notre existence et à un renforcement de notre santé, physique et mentale. Il est facile d'imaginer des événements perturbateurs susceptibles de nous rendre vulnérables à la maladie : un divorce, le décès d'un être cher, la perte de biens matériels par le feu ou le vol, la perte d'un emploi, la perte de son animal de compagnie, la déception de l'échec scolaire de son enfant... Même des situations plus anodines comme la découverte de nouvelles rides, un rendez-vous manqué, une dispute avec un collègue de travail, une dépense importante imprévue, un objet prêté non rendu, peuvent influer sur notre santé physique et mentale.

Ayant observé la grande puissance de la pensée par rapport à la maladie, certains thérapeutes affirment même qu'une personne peut inconsciemment développer une maladie ou un problème grave dans le seul but d'attirer l'attention des gens de son entourage. C'est le cas, par exemple, des personnes ayant peu d'estime de soi et qui cherchent des moyens de combler le vide en elles. Ce peut être aussi des personnes qui veulent inconsciemment culpabiliser ceux ou celles qu'elles tiennent responsables de leur souffrance. Une telle situation peut se produire lorsqu'une personne n'accepte pas la décision de son conjoint de mettre fin à leur relation, et ce, même si elle est parfaitement consciente que la relation n'est plus source de bonheur et d'épanouissement. S'accrochant désespérément à son conjoint dans l'espoir de le retenir, au lieu d'accepter la séparation et d'essayer de conserver un lien amical et de poursuivre la relation sous une autre forme, elle se réfugie donc dans la maladie pour que le conjoint la prenne en pitié et se sente affreusement coupable de l'abandonner. Une attitude semblable est très malsaine pour les deux personnes et risque même à long terme d'engendrer des sentiments d'agressivité ou de profonde nostalgie.

La maladie peut aussi représenter, pour certaines personnes, l'excuse parfaite pour décrocher. Ayant travaillé de nombreuses années pour un organisme dont la clientèle se compose de victimes d'accidents d'automobile, j'ai été en mesure de constater que la maladie peut constituer la planche de salut, l'événement imprévisible mais espéré inconsciemment, la bouée de sauvetage, pour un homme ou une femme qui a toujours travaillé au-delà de ses forces et qui a, depuis longtemps, envie de jeter la serviette. Pour ces personnes, la maladie est donc le bouclier rêvé d'autant plus que, dans ce cas, elle ne peut leur être imputable puisqu'elle résulte d'un événement fortuit. Souvent, la récupération sera très longue, ou la guérison, impossible, parce que ces personnes ne veulent pas vraiment recouvrer la santé, ce qui les condamnerait à remettre le collier de l'esclavage et de la servitude.

Entre l'approche scientifique pure et dure qui ne croit absolument pas aux causes psychosomatiques des maladies et la théorie selon laquelle nous sommes entièrement responsables de nos maladies, il existe une position mitoyenne qui m'apparaît empreinte de sagesse et de gros bon sens. Il s'agit tout simplement de se dire que l'être humain incarné peut et doit aspirer à la santé, mais que, parce qu'il se sert de véhicules comme le corps et l'intellect, il est exposé à des problèmes de santé physiques ou psychologiques. Cette approche invite donc l'être humain à mettre toutes les chances de son côté en misant sur le fait qu'il jouit d'un certain contrôle sur sa santé, bien que ce contrôle ne soit jamais absolu. Elle constitue également un encouragement pour ceux et celles qui sont déjà aux prises avec des problèmes de santé puisque, avec la participation conjointe de la médecine traditionnelle et de la pensée positive, ils pourraient arriver à contrôler leurs problèmes ou même à les régler complètement. Cette approche que je qualifierais de pondérée et réaliste invite donc l'être humain à se dire : « J'ai tout à gagner et rien à perdre en acceptant le fait que j'ai une part de responsabilité quant à mon état de santé. J'ai donc tout intérêt à investir de l'énergie pour conserver ma santé, si j'ai le privilège de l'avoir, ou pour la retrouver si, par malchance ou négligence de ma part, je l'ai perdue. »

Même si toute comparaison est boiteuse, on pourrait penser à ce qui se passe lorsque nous achetons un véhicule automobile. Nous espérons qu'il est en parfait état, qu'il n'a pas de vices cachés et qu'il nous permettra de rouler sans problèmes majeurs. Nous savons tous, cependant, que pour que notre véhicule nous serve longtemps, nous devons lire le manuel d'instructions et prendre les précautions d'usage pour éviter les problèmes. Il faut changer l'huile régulièrement et faire vérifier périodiquement les systèmes électriques et mécaniques. Sans cette attention avisée, n'importe quelle automobile ne serait pas en usage très longtemps.

Encourager l'approche qui met à contribution l'individu et ses ressources dans le processus de guérison n'a pas pour objectif de créer, chez les personnes malades, de faux espoirs, parce que cette approche en est une de possibilités et non de probabilités. Dans cette optique, la personne atteinte peut décider de faire un cheminement qui pourrait l'aider à recouvrer la santé, ce qui est possible dans plusieurs situations, ou, si la maladie est trop avancée, à vivre son épreuve le plus sereinement possible dans les circonstances.

Pour essayer quelque chose, il n'est pas essentiel d'en comprendre tous les rouages. Le fait de ne pas croire à l'influence des pensées sur l'état de santé n'empêchera pas une réaction de se produire si nous avons décidé de faire une action qui suscite une telle réaction. Il est étonnant de constater combien de gens sont sceptiques à cet égard alors qu'ils font preuve d'une confiance aveugle dans quantité d'autres cas. Je me demande si, parfois, nous n'avons pas en nous des diablotins, ayant sûrement élu domicile dans notre intellect, qui entretiennent des conversations interminables avec comme résultat que nous perdons le contact avec notre intuition et notre instinct.

Il peut paraître utopique d'encourager quelqu'un à entreprendre une démarche sans savoir avec précision quels en seront les résultats. Mais n'est-ce pas aussi le cas avec les approches traditionnelles ? Lorsque vous vous soumettez à une opération, le chirurgien et l'anesthésiste ne peuvent vous garantir les résultats. Quant aux médicaments, ils peuvent avoir un effet très positif sur certains patients alors que sur d'autres leur effet sera catastrophique.

Faire le pari de croire, même un tout petit peu seulement, que nous pouvons avoir un effet positif sur tous nos comportements, y compris ceux de notre corps et de notre mental, et accepter de consacrer un peu de temps pour y travailler ne constitue pas un risque énorme, mais cela peut rapporter beaucoup.

Malgré toute la bonne volonté du monde, la connaissance des lois de la santé et un maximum de prévention, personne n'échappe, un jour ou l'autre, à la réalité de la maladie. On peut être soi-même atteint ou alors c'est un membre de sa famille ou un bon ami qui souffre d'une maladie. On peut rêver à un monde idyllique où la maladie n'aura plus sa raison d'être, et il faut tout faire pour qu'il existe un jour. Mais entre-temps la vie continue et la maladie est tout autour de nous.

Que l'on ait peur de la maladie dont on souffre ou dont on pourrait souffrir, il est donc possible d'améliorer son sort et de favoriser le maintien de sa santé. Les comportements décrits dans les pages qui suivent ne constituent pas une promesse de guérison ni une garantie que toutes les personnes qui les adoptent seront à tout jamais protégées de la maladie. Les thérapeutes en santé physique et mentale ont néanmoins observé la chose suivante : un certain pourcentage de personnes positives, ouvertes et confiantes se retrouvent quand même aux prises avec la maladie, alors que la presque totalité des personnes négatives souffrent constamment de petits ou gros problèmes de santé dont elles se plaignent sans arrêt, qui leur empoisonnent la vie, au sens propre et au sens figuré, et qui en font d'éternelles victimes. Même la médecine traditionnelle admet que la guérison survient beaucoup plus rapidement chez une personne qui croit qu'elle a des chances de guérir, et qui prend les moyens à sa disposition pour accélérer le processus de guérison, que chez celle qui ne réussit pas à combattre la tristesse et qui cultive sans cesse le sentiment que la vie est injuste envers elle.

Admettre son problème

Comme en toute chose, le premier pas pour guérir ou, au moins, pour ressentir un certain soulagement est de constater qu'il y a un problème. La prise de conscience de l'existence d'une maladie n'est pas nécessairement facile puisque la plupart des gens s'imaginent, comme je le mentionnais précédemment, que ça n'arrive qu'aux autres.

Lorsque nous sommes attentifs aux signes que nous envoie notre corps, nous pouvons détecter une anomalie assez rapidement. Mais nous préférons souvent fermer les yeux parce que nous savons, consciemment ou non, que le problème dont nous souffrons peut très bien être la conséquence d'un manque d'équilibre et d'harmonie dans notre vie.

Si une personne consomme trop d'alcool et qu'elle ressent des malaises de digestion, elle préférera souvent prendre des antiacides ou même augmenter son ingestion de nourriture plutôt que de réduire sa consommation d'alcool. Elle risque alors de développer une cirrhose, maladie très grave qui peut même être mortelle. Un gros fumeur qui tousse, crache et fait des bronchites à répétition niera souvent, jusque sur son lit de mort, que la cigarette l'a conduit directement à sa tombe. Les personnes souffrant d'ulcères d'estomac sont très souvent des bourreaux de travail, des *workaholics*, mais elles préfèrent ne pas affronter leur problème parce qu'elles seraient peut-être obligées de changer de rythme, ce qui entraînerait une diminution de leurs revenus.

Les cas dont je viens de vous parler sont assez clairs, mais les choses ne sont pas toujours aussi simples. Les fils tissés entre nos pensées, nos actes et notre santé sont parfois si subtils et tortueux que même le psychologue le plus avisé aura du mal à en suivre la trame. Une chose demeure certaine : chaque personne possède, en elle, un sage intérieur ou un guide qui sait tout d'elle et qui est toujours capable, si elle-même le veut bien, de l'aider à défaire les mailles les plus serrées. Ou de dérouler la cassette de sa vie, passée ou présente, afin de l'aider à mieux comprendre le pourquoi de ses maux et les moyens disponibles pour en guérir.

Une autre chose est également certaine, c'est que fuir la maladie ou une phobie, parce qu'admettre que l'on en souffre risque de faire mal, n'a toujours comme résultat que de nous éloigner des solutions qui pourraient nous aider à nous libérer du problème. Une maladie niée et refoulée a, de plus, tendance à refaire surface avec plus d'ampleur. Penser que ne pas faire face à un problème le fera disparaître n'est donc qu'une illusion. La pensée positive n'est pas la négation de la vérité, ni le refus de la réalité. Pratiquer la pensée positive c'est, au contraire, être capable d'accepter toutes les vérités et toutes les réalités en apprenant à s'armer de courage et de patience pour arriver à trouver la lumière au bout du tunnel.

Le présent livre a notamment pour objectif de vous faire réaliser que plusieurs personnes souffrent de la même maladie ou de la même phobie que vous et que le fait d'admettre que vous avez ce problème ne fera pas de vous un être différent et marginal. Au contraire, le fait de reconnaître que vous n'êtes pas parfait, que vous souffrez d'une maladie, peu importe sa gravité et peu importe qu'elle ait été causée par un virus ou qu'elle résulte d'un comportement inadéquat de votre part, vous rendra tout à fait semblable aux autres. Qui, en effet, peut se vanter d'être parfait en tous points. Comme a dit Jésus à ceux qui voulaient lapider une femme adultère : « Que celui qui n'a jamais péché jette la première pierre. » Évidemment, tout le monde est parti la tête basse. Quant à la femme, après avoir entendu ces paroles réconfortantes, elle a sans doute pris le chemin de la guérison.

C'est souvent la peur qui nous empêche de reconnaître que nous souffrons d'un problème, qu'il soit de nature physique ou psychologique. Cette peur peut avoir pris racine dans notre passé à la suite de conversations entendues par hasard, mais elle provient surtout du fait que la maladie ou la phobie dont nous souffrons est quelque chose d'inconnu et que nous ne savons pas comment agir ou réagir. Tous les êtres humains ont tendance à avoir peur de l'inconnu et à fuir ce qui ne leur est pas familier. Il faut toujours se faire un peu violence, même dans les aspects positifs de la vie, pour accepter d'entreprendre quelque chose de nouveau, de changer de vieilles habitudes, d'élargir son cercle d'amis ou même de se débarrasser d'un vieux fauteuil que le conjoint ne peut plus endurer mais qui était si confortable. Il est vrai que le connu a quelque chose de rassurant et d'apaisant. Ce n'est donc pas étonnant que l'on ait tendance à faire l'autruche lorsque l'on se sent envahi par quelque chose de totalement inconnu et que l'on soupçonne d'être dangereux.

Je parlais récemment avec une femme qui a souffert d'un *burnout* important il y a deux ans. Elle disait avoir eu énormément de difficulté à admettre qu'elle était malade. Elle avait toujours été le prototype parfait de la *superwoman*. Puis, tout d'un coup, elle s'est rendu compte qu'elle n'avait plus la force de faire quoi que ce soit. La moindre petite tâche lui apparaissait comme une montagne et chaque jour lui semblait encore plus sombre que le précédent. Maintenant qu'elle est guérie, elle n'hésite pas à parler de ce qu'elle a vécu pour aider d'autres personnes à réaliser qu'elles sont peut-être dans la même situation.

Admettre que l'on souffre d'une maladie, physique ou psychologique, ne veut pas dire que l'on doit se sentir inférieur ou coupable ; l'important, c'est d'en prendre conscience et se mettre à l'écoute de ce que cette expérience de vie peut nous enseigner. Toutes les personnes qui ont été malades vous diront que cette difficulté dans leur vie a été un raccourci dans leur croissance psychologique et spirituelle, un tremplin d'évolution, un mal pour un bien. Il n'y a qu'à écouter parler de très jeunes enfants atteints de leucémie ou d'une autre maladie grave pour constater la maturité et la sagesse dont ils font preuve malgré leur jeune âge.

Il n'est pas question, bien sûr, de souhaiter être malade. Mais lorsqu'on l'est, autant faire contre mauvaise fortune bon cœur et chercher ce que la maladie peut nous apprendre sur nous-mêmes, sur notre force de caractère, notre endurance, notre détermination et notre amour de la vie.

Raconter ses difficultés

Parler à cœur ouvert de ce que l'on vit a très certainement un effet thérapeutique, et ça soulage, même si le problème ne disparaît pas pour autant. J'ai déjà lu quelque part qu'un bonheur partagé est doublé alors qu'une difficulté partagée serait diminuée de moitié.

Les premières personnes à qui on pourrait évidemment penser comme confidentes privilégiées seraient le conjoint, les parents proches ou des amis très fidèles. On peut quand même être envahi par un sentiment de panique à l'idée de partager une telle réalité avec ces personnes. La personne malade se trouve devant un dilemme profond : d'une part, elle ressent un grand besoin de se confier, de s'appuyer sur quelqu'un de proche, d'être consolée et aidée, mais, d'autre part, elle veut épargner ceux qu'elle aime, ne pas les inquiéter, les mettre à l'abri de toute appréhension. Les proches peuvent parfois détecter quelque chose, mais il arrive souvent que la personne en difficulté camoufle si bien son problème, consciemment ou inconsciemment, que parents et amis sont extrêmement surpris lorsqu'ils apprennent qu'elle ne va pas bien depuis un certain temps.

Il est important, lorsque l'on veut se confier, de trouver la personne appropriée afin de ne pas dilapider son énergie et avoir à entendre mille et un conseils, sans doute donnés de bonne foi mais pas toujours utiles dans les circonstances. Trouver la ou les bonnes personnes en qui on peut avoir confiance, s'assurer de leur compétence pour nous aider à comprendre le problème en question, faire les premiers pas auprès d'elles : tout cela peut représenter une montagne lorsque l'on est à la recherche d'une écoute attentive. Selon le problème, certains opteront pour l'anonymat d'un groupe de soutien comme celui des alcooliques anonymes, alors que d'autres préféreront s'adresser à un médecin ou à un thérapeute en santé mentale.

Cette démarche personnelle est cependant des plus importantes si l'on veut avoir une communication authentique. Les personnes qui s'en sortent n'ont pas été amenées de force chez un thérapeute. Obliger quelqu'un à consulter n'est en général pas très efficace, car la personne qui entreprend une démarche contre son gré ne sera pas à l'aise et ne sera probablement pas en mesure de bien collaborer, quelle que soit la compétence du thérapeute. Elle ne sera réceptive à aucune forme d'aide. Inversement, la personne qui prend l'initiative de la démarche construit automatiquement un pont entre elle et tout ce qui est susceptible de la guérir. Elle tend la main à la santé.

Bien sûr, si nous croyons que cela peut encourager quelqu'un, nous pouvons lui parler de nos propres expériences et même lui suggérer un thérapeute. Il faut cependant être conscient que ce qui fait du bien à l'un n'a pas nécessairement le même effet sur un autre. Il en est des approches thérapeutiques comme des livres. Combien de fois m'est-il arrivé de parler avec enthousiasme d'un livre ou d'un film, puis de me rendre compte que d'autres personnes n'avaient tout simplement pas accroché à ce qui m'avait tant marquée.

Être capable de parler de sa maladie ne signifie pas en faire son seul sujet de conversation, ce qui aurait pour effet de faire fuir tout le monde autour de soi. Vous connaissez sans doute, comme moi, des personnes qui semblent avoir un abonnement sans cesse renouvelé à toutes les maladies qui existent. On dirait même qu'elles tirent satisfaction du fait d'avoir eu tant de maladies ou de problèmes. Chaque fois qu'elles entendent quelqu'un parler d'un problème de santé, elles ont toujours eu pire. En fait, ces personnes cherchent à attirer l'attention par leur maladie et par la narration de leurs épreuves. Elles se jouent un très mauvais tour en agissant ainsi, car elles projettent une image négative et plus personne ne peut les imaginer en santé, et les voilà dans un cercle vicieux. Elles auraient intérêt à faire la part des choses en s'appliquant à voir aussi les bons aspects de leur vie.

La personne qui est incapable d'en parler peut se sentir étouffée par son problème de santé, qu'il soit physique, mental ou moral. De son côté, la personne qui réussit enfin à briser sa carapace peut devenir tellement volubile au sujet de son problème qu'elle risque d'étouffer les autres. Pour vaincre cette difficulté, il n'y a qu'une seule recette infaillible : l'utilisation de la volonté. Dans mon livre *Dialogue avec l'âme sœur*, je parle des différentes sortes de volonté et de l'importance de chacune. Dans le cas présent, c'est la volonté habile qui doit intervenir pour aider la personne qui souffre à réserver ses confidences pour des personnes précises et à ne les faire qu'à des moments privilégiés.

Si vous souffrez d'un problème d'embonpoint et que vous avez décidé de joindre un groupe comme Minçavi ou Weight Watchers, il faut vous intéresser aussi à autre chose lorsque vous êtes avec des gens qui n'ont pas ce problème. Les rencontres de groupe, pour des problèmes émotionnels ou de dépendance à diverses substances, permettent de s'exprimer abondamment. Ce qui n'empêche pas que vous pouvez parler de ce dont vous souffrez à n'importe qui, mais sans exagérer. La volonté habile vous amènera aussi à vous intéresser à ce que votre interlocuteur vit. Si vous rencontrez quelqu'un qui arrive de vacances, par exemple, et que cette personne vous demande comment vous allez, vous pouvez lui dire la vérité si vous n'allez pas particulièrement bien, mais ça ne vous coûtera pas beaucoup de ne pas trop vous éterniser sur vos problèmes et de vous informer de ses vacances. Ça vous changera les idées et vous aurez fait plaisir à quelqu'un, parce qu'il est toujours agréable de raconter son dernier voyage.

La règle d'or de toute communication doit évidemment être l'authenticité. Par contre, une communication entre deux adultes doit être empreinte d'une certaine maturité et d'une certaine sagesse. C'est en ce sens que l'on dit parfois que « toute vérité n'est pas bonne à dire ». L'un de mes amis a, pour sa part, l'habitude de préciser qu'il faut toujours dire la vérité, donc ne jamais mentir, mais qu'avant de parler il faut se demander si cela va nous être utile et si cela ne risque pas de faire du mal à quelqu'un. Cet ami fait une nuance entre « faire du mal » et « faire mal », car on sait très bien que certaines vérités doivent être révélées même si elles risquent de causer de la douleur.

Travailler sur l'image de soi

L'image qu'une personne a d'elle-même est d'une importance capitale. Le docteur Maxwell Maltz, chirurgien esthétique pendant plus de 30 ans aux États-Unis, a déclaré que ses plus grands succès n'étaient pas dus à son habileté comme chirurgien, mais bien plus à l'habileté du patient à se voir beau. C'est en observant ses patients satisfaits et ses patients insatisfaits que le docteur Maltz a pris conscience de l'importance de l'image de soi dans tout processus de guérison, et non seulement sur le plan esthétique.

L'image qu'une personne a d'elle-même se bâtit très tôt au cours de l'enfance. Elle est en bonne partie la résultante des commentaires positifs ou négatifs que l'on a faits à son sujet. Ma mère, par exemple, avait toujours la mauvaise habitude de nous répéter que nous avions une digestion nerveuse. Mes frères et mes sœurs souriront très certainement en lisant ces quelques lignes et seront sans doute d'accord avec mes commentaires. Ma mère disait aussi, lorsque nous voulions essayer quelque chose de nouveau, un sport ou autre chose, que nous n'avions peut-être pas la santé pour nous adonner à cette activité. En fait, je pense qu'elle exprimait ainsi sa crainte que nous soyons trop audacieux et voulait sans doute nous protéger, mais elle nous empêchait aussi de bâtir notre confiance en nous-mêmes. Mon père n'était guère mieux avec les lavements qu'il nous imposait sous prétexte de nous éviter la constipation. Lui-même grand consommateur de médicaments contre la constipation, j'imagine qu'il voulait protéger ses enfants contre ce problème, mais il a fini par nous rendre malades. À l'âge de seize ans, je prenais tellement de pilules contre la constipation que je me suis retrouvée à l'hôpital pour des examens complets de l'estomac et des intestins. Tout est heureusement rentré dans l'ordre par la suite.

Pour accéder au bonheur, il est donc très important d'avoir une image positive de soi. Cela ne veut pas dire que l'on ne souffrira jamais ou que l'on ne sera jamais malade.

Cela ne veut pas dire non plus qu'une personne souffrant d'un handicap ou d'une déficience doit nier sa situation et agir de façon téméraire. Pour cultiver l'image positive de soi, il faut tenir compte de toute sa réalité, de ses forces et de ses faiblesses, mais en se libérant de la honte et de la culpabilité.

L'image positive de soi amène aussi une personne à ne plus s'apitoyer sur son sort parce qu'elle apprend à regarder les bons aspects d'elle-même au lieu de ne s'attarder que sur ses déficiences. Il est étonnant de constater à quel point une personne qui entreprend de refaire l'image qu'elle a d'elle-même peut changer rapidement. Même son apparence s'en trouve modifiée, parce que son regard dégage plus de lumière.

Dans mon premier livre, *Pourquoi pas le bonheur ?*, je parlais justement de l'importance de l'image qu'une personne a d'elle-même. J'insistais sur le fait que cette image ne devrait pas être rebâtie sur des matériaux chambranlants. Comme l'image de soi résulte de tout notre passé, j'ai donc imaginé une façon de faire le ménage de ce passé, que j'ai appelée le « décodage ». Celui-ci vise à nous débarrasser de tout le négatif inscrit au plus profond de nous, depuis le moment de notre conception, et qui nous empêche d'être heureux. Cette technique n'a évidemment pas tout réglé mes problèmes, mais elle m'a été d'un grand secours lorsque j'ai entrepris d'améliorer l'image que j'avais de moi.

Du point de vue de la santé, travailler sur l'image que j'avais de moi-même m'a complètement transformée. Dès que ce travail a été complété, à l'aube de la trentaine, je suis devenue plus énergique, plus sportive et moins sujette à attraper la grippe ou le rhume. J'ai aussi compris que j'avais beaucoup de résistance au stress et aux épreuves de la vie parce que je me suis persuadée que mes convictions spirituelles m'aideraient à passer à travers toutes les déceptions qui m'attendaient. C'est sans doute ce que les chrétiens qui chantaient dans la fosse aux lions, sachant pourtant qu'ils seraient dévorés, éprouvaient devant leur mort imminente.

Je constate cependant que nous sommes tous des paradoxes vivants. Pendant que j'écris ce chapitre sur la maladie, je souffre moi-même depuis deux jours d'une bronchopneumonie, qui est apparue comme un cheveu sur la soupe. La seule explication plausible que je puisse voir à mon dérèglement physiologique, c'est qu'il est lié à ma très grande peur de m'éloigner, même temporairement, d'une relation affective à laquelle je tiens beaucoup, mais qui ne semble pas pouvoir être vécue sereinement en raison d'obstacles incontournables. Voilà pourquoi je trouve essentiel de ne pas exiger de soi la santé parfaite et le contrôle absolu de son corps : nos émotions prennent parfois le dessus et nous livrent, par la maladie, des messages importants sur ce que nous sommes, et il faut y être attentif.

Le diagnostic du médecin m'a réellement étonnée, car je croyais vraiment n'avoir qu'un rhume. Curieuse de connaître les causes psychologiques possibles de mon problème, j'ai donc consulté un livre sur les causes psychosomatiques de nos maux physiques. J'ai trouvé que la bronchite pouvait découler du fait qu'une personne sent qu'elle n'a pas la place qu'elle souhaiterait avoir, soit au travail soit dans sa vie personnelle. Quant à la pneumonie, elle pourrait signifier qu'une personne préférerait mourir plutôt que de vivre une vie incomplète ou insatisfaisante.

J'ai donc bien réfléchi à tout ce que me fait vivre mon histoire de cœur, que les lecteurs et lectrices de *Dialogue avec l'âme sœur* ont vue naître. J'ai aussi essayé d'analyser le sens des propos que je tenais récemment, quand je disais, sans trop réfléchir, que je serais peut-être mieux morte que vivante puisque ainsi je ne serais plus encombrante. J'ai alors réalisé que je suis loin de la perfection et de l'absolu. Par contre, je ne me blâme pas, car mes paroles ne reflétaient probablement qu'une partie de moi, celle de l'enfant blessée qui n'est pas totalement guérie des carences profondes de son passé, bien que le travail soit très avancé. Pendant de grandes périodes, je crois sincèrement avoir complété le travail, mais soudain, oups ! je rechute. Cette fois, la rechute est sérieuse ; c'est un signal d'alarme très important.

J'en suis donc aux antibiotiques puisque j'ai manqué de vigilance, mais j'espère qu'une telle expérience ne se répétera pas souvent. Moi qui allais m'entraîner physiquement trois fois par semaine, qui faisais de longues marches avec ma chienne Soleil, qui nageais presque chaque jour et qui aimais bien me préparer un bon repas, j'ai tout saboté. Je suis maintenant confinée au lit avec de la fièvre, j'ai peu d'énergie pour écrire et presque pas d'appétit. Et, bien sûr, le fait d'être malade ne réglera pas mon histoire de cœur et ne m'apportera pas la sérénité.

Mon image de moi n'a pas pu prévenir la maladie parce que mes émotions ont pris le dessus. C'est en retravaillant sur l'image de la Michèle en santé, active, de bonne humeur et heureuse de mordre à pleines dents dans la vie que je vais m'en sortir. Pour rien au monde, je ne voudrais que ce livre soit un testament dans lequel je vous encourage à aller au-delà de vos peurs alors que, de mon côté, j'aurais tout simplement abdiqué. Je vais donc réfléchir calmement à tout ce que la vie m'offre de beau et de bon au lieu de me concentrer sur ce qu'elle me refuse. Peut-être que l'idéal que je cherche à atteindre présentement n'est pas ce qui est favorable à mon évolution et que je m'acharne inutilement, comme un taureau entêté. Nous n'avons souvent qu'une vision à court terme de notre vie et nous acceptons mal que les choses ne se passent pas comme nous le désirons. Mais, avec un certain recul, on constate souvent que l'on en tire des gains substantiels.

Utiliser la programmation et la visualisation

La programmation du subconscient et la visualisation créatrice ont été mes tout premiers outils pour me débarrasser, avec succès, de nombreux irritants qui m'empoisonnaient l'existence.

À la suite de la publication de mon premier livre, dans lequel je décrivais mes premiers pas dans l'utilisation de la programmation, j'ai eu le très grand bonheur de recevoir de nombreuses lettres de personnes me remerciant d'avoir partagé avec elles ma connaissance de cette technique et des mécanismes du subconscient.

Ce courrier m'a permis de découvrir que la programmation pouvait être utilisée dans plusieurs aspects de la vie auxquels je n'avais pas pensé. J'ai réussi, avec cette technique, à modifier mes comportements d'anorexique et à maintenir un poids idéal sans difficulté. J'ai aussi cessé de fumer et changé d'emploi, et j'ai même réussi à transformer la fille très timide qui ne pouvait pas parler devant un petit groupe en une jeune femme assez fonceuse pour donner des conférences devant cinq cents personnes. Quels changements positifs dans ma vie ! J'ai également utilisé cette technique pour améliorer mon environnement et pour me procurer certains biens matériels que les dettes m'avaient toujours empêchée d'obtenir. La programmation m'a aussi permis de travailler sur certains aspects de mon caractère et, bien sûr, de mieux comprendre mes émotions.

N'ayant jamais souffert de maladie grave, puisque je ne considérais pas l'anorexie comme une maladie lorsque j'étais plongée dedans, je n'avais donc jamais utilisé la programmation comme moyen de favoriser la guérison. Des lecteurs et des lectrices m'ont cependant écrit pour me dire qu'ils avaient utilisé cette technique pour se préparer à une intervention chirurgicale, pour contrôler leurs tics nerveux ou même pour maximiser les chances de réussite de traitements comme la chimiothérapie. La programmation a aidé ces personnes à être plus calmes, à dédramatiser leur situation et à être plus réceptives à tous les traitements. Certaines m'ont dit que la programmation les avait conduites directement au traitement approprié et qu'elles avaient pu ainsi compléter le processus de guérison.

Dans la plupart des livres traitant de la pensée positive et de l'utilisation du subconscient, on conseille d'écrire ses programmations et de toujours imaginer un dôme de protection au-dessus de soi pour éviter d'être atteint par des vibrations négatives. Il existe plusieurs variantes de ce dôme de protection. Certains auteurs recommandent d'imaginer un dôme fait de nuages roses alors que d'autres parlent d'un dôme intégralement fait de miroirs pour que ce qui est négatif s'y reflète et retourne directement à celui ou celle qui a émis les mauvaises ondes. Je pense que la forme de notre dôme personnel a peu d'importance et qu'il faut surtout s'attarder à la symbolique de l'idée de protection.

Mon ami Jean, avec qui j'ai appris la détente et la relaxation il y a de cela plus de vingt ans, enseignait une programmation que j'ai toujours continué de faire, après l'avoir un peu adaptée à mes besoins. Cette programmation, répétée assidûment, ne peut qu'être bénéfique. Vous pouvez la faire lorsque vous êtes très détendu, avant de dormir ou en faisant une marche au grand air, dans un environnement paisible. Pas une semaine ne passe sans que je récite cette programmation, que je sais évidemment par cœur mais que je chantais sur l'air de *Jeux interdits* au début de ma démarche. La voici :

> *Chaque partie de mes membres fonctionne bien en ce moment. Tout mon corps est rendu à la santé et à l'harmonie. J'atteins la sérénité de jour en jour. La richesse et le bien-être sont entrés chez moi. Je suis une personne dégagée et tout être, visible ou invisible, sera, pour moi, l'expression vivante de la paix et de l'harmonie.*

La visualisation ajoute de la force à nos programmations par l'imagerie mentale. Il a été démontré que le subconscient ne fait pas la différence entre le réel et l'imaginaire, contrairement au conscient qui ne peut être leurré à cet égard. Vous imaginer en pleine forme, débordant d'énergie et de santé, le sourire aux lèvres, dans un décor de rêve, ne peut donc pas avoir d'effet négatif sur la réalisation de vos désirs. Certains prétendent même que la visualisation créatrice accélère énormément le travail de la programmation et en améliore les résultats. Je ne saurais dire si cette affirmation est vraie, mais, par expérience, je sais que la visualisation a quelque chose de très gratifiant dès le moment où on la pratique. De nombreux athlètes de niveau olympique la pratiquent régulièrement pour viser les plus hauts sommets de la réussite.

Accepter la santé et la libération

Certaines personnes ont peur de la maladie, mais ne prennent jamais les moyens nécessaires pour conserver leur santé. Accepter la santé est un geste d'amour envers soi-même et envers toute la société. Il exige cependant un minimum d'investissement si l'on veut en retirer des dividendes.

Les gens qui jouissent d'une bonne santé disent parfois qu'ils ont de la chance, qu'ils ont hérité de leur bonne santé. Mais, en y regardant de plus près, on constate que la plupart de ces personnes ont des règles de vie équilibrées et saines.

La première règle de vie pour être en santé, c'est de savoir bien respirer. La respiration est à la base même de la vie et nous nous éviterions de nombreux maux si nous apprenions à bien aérer nos poumons et, surtout, à ne pas les encrasser avec des matières toxiques. Bien respirer favorise le contrôle du système nerveux et même du système digestif. Si vous êtes sur le point d'exploser ou avez un mal de tête parce que vous êtes trop tendu, respirez profondément deux ou trois fois, en expirant très lentement, et vous retrouverez votre calme.

La détente et la relaxation favorisent aussi la santé physique et mentale. De nos jours, plus que jamais, certaines maladies sont occasionnées par le stress et la pression de la vie moderne. Souvent, crises cardiaques, ulcères d'estomac, maux de dos chroniques et épuisement professionnel surviennent parce que les personnes n'ont jamais appris à se reposer.

Un bon moyen pour éviter de se laisser envahir par les obligations de la vie quotidienne, c'est de s'accorder un minimum de quinze minutes par jour pour méditer ou se détendre en écoutant de la belle musique. Il est parfois nécessaire d'avoir recours à une aide extérieure lorsque notre petite routine individuelle ne suffit pas à nous procurer suffisamment de détente. L'une des meilleures façons de vérifier son aptitude à la détente, c'est de s'étendre confortablement et de vérifier l'état de tout son corps, de la tête aux pieds. Les mâchoires contractées démontrent que l'on est tendu et même inquiet. Les gens qui n'arrivent pas à se détendre ont souvent des crampes dans les jambes ou des gaz dans l'estomac ou les intestins. Tous ces petits indices nous invitent à prendre conscience de notre état et à y remédier. De plus en plus de gens ont recours à un bon massage ou à une cure de quelques jours en thalassothérapie afin de se donner une chance d'améliorer leur situation. L'utilisation de cassettes de relaxation est aussi une façon efficace, et peu coûteuse, pour arriver à mieux contrôler son système nerveux.

La détente psychologique aussi est fondamentale pour accepter la santé dans sa vie. Il faut parfois faire un effort pour chasser les idées noires qui résultent d'un problème bien réel et que l'on aurait le goût de ressasser pendant des heures. La détente psychologique demande autant de discipline que l'exercice physique. Les gens qui sont abonnés au théâtre, à des concerts ou à des conférences de grands explorateurs, ou qui se réservent une soirée par semaine pour des rencontres sociales, vous diront qu'ils n'ont pas toujours le goût de sortir quand arrive le jour de leur activité, mais ils se font un petit peu violence et, une fois sur place, ils ne regrettent rien.

Pour jouir d'une bonne santé, il faut bien sûr surveiller de près son alimentation. Sur ce point, tout le monde est d'accord. Le *Guide alimentaire canadien* constitue une excellente source d'information pour la personne qui commence à s'intéresser à la question et ne sait pas trop comment s'alimenter sainement.

Bien manger est un acte d'amour envers soi-même qui a des effets sur tout le métabolisme. Les gens qui mangent très mal et qui consomment beaucoup d'alcool disent qu'ils préfèrent vivre moins longtemps, mais avoir le plaisir de manger à leur goût le temps qu'ils peuvent en profiter. Cette façon d'envisager un élément aussi important que l'alimentation risque, à très court terme, d'avoir des répercussions pas très agréables : mal s'alimenter ne raccourcit pas toujours la vie, mais cela peut très rapidement en altérer la qualité.

Un sommeil réparateur constitue une clé d'or pour conserver une bonne santé, et sa bonne humeur. Il y a quelques années, alors que j'animais une émission radiophonique sur le bonheur, j'ai eu l'occasion de m'intéresser de plus près à cette question du sommeil. J'ai notamment découvert la clinique du sommeil dirigée par le docteur Jacques Montplaisir, qui travaille depuis des années auprès de personnes souffrant d'insomnie. Les recherches du docteur Montplaisir l'ont conduit à constater que le manque de sommeil était source de nombreux problèmes physiques et psychologiques. Dans certains cas, il peut même entraîner des dérèglements mentaux importants. Dormir n'est donc pas une perte de temps et il faut prendre les moyens nécessaires pour s'assurer un sommeil de qualité. Vous avez l'impression de gaspiller un temps précieux pendant que vous dormez ? Dites-vous que pendant que votre corps et votre intellect se reposent, votre subconscient, lui, travaille. Vous aurez ainsi moins de remords. Ne dit-on pas, d'ailleurs, que la nuit porte conseil ?

Accepter la santé, c'est aussi prendre la décision ferme de ne plus tolérer aucune forme d'abus dans sa vie, personnelle ou professionnelle. Apprendre à se respecter est fondamental si l'on veut jouir d'une bonne santé, mais apprendre à se faire respecter est non moins important. Comment voulez-vous être bien dans votre tête et dans votre corps si vous vous sentez constamment ballotté par les gens de votre entourage, si vous acceptez que l'on vous traite comme si vous n'aviez aucune valeur ? Accepter le manque de respect est tellement destructeur pour un être humain que ça peut rendre complètement inutiles tous ses efforts pour accéder à la santé.

Je me souviens d'une thérapeute avec laquelle j'ai cheminé un certain temps et qui ne cessait de me dire qu'elle ne pouvait pas faire des miracles avec ses bons soins, et qu'il n'y aurait pas d'amélioration substantielle de mon état tant que j'accepterais la situation que nous savions toutes deux malsaine pour mon équilibre émotionnel. À cette époque, je comprenais bien la situation, mais je me sentais incapable d'y changer quoi que ce soit en raison de ma dépendance affective, et de certaines contraintes matérielles. Je réalise aujourd'hui que tous les prétextes que j'invoquais pour ne pas bouger m'ont empêchée de faire plus rapidement les bons choix et qu'il m'a fallu, par la suite, en assumer les conséquences. Ce n'est pas étonnant que j'en ressente encore des séquelles et que je doive reconstruire avec patience mon équilibre émotionnel, après avoir accepté de le mettre à rude épreuve pendant quelques années.

On pense parfois que l'on peut être toujours téméraire et brûler la chandelle par les deux bouts sans risque pour sa santé. Ce peut être vrai pour un certain temps mais, tôt ou tard, la vie nous rattrape. Et alors la côte n'est pas facile à remonter.

La santé, ce n'est pas une affaire de quelques semaines ou de quelques mois d'attention par année. Non, c'est un bail à vie, et on décide de s'engager pleinement ou pas du tout. Mais une fois l'engagement pris, on découvre avec ravissement que notre être peut vibrer harmonieusement avec le reste de la nature au lieu d'aller à contre-courant.

9

La dépendance affective

Comme je le mentionnais dans le chapitre 2, certaines personnes ont une telle peur d'être rejetées qu'elles orientent toute leur vie en fonction de cette peur. Soit elles vivent dans la soumission la plus totale, soit elles cherchent à être rejetées. Tant et aussi longtemps qu'elles n'auront pas fait la paix avec leur peur et n'en auront pas compris l'origine, elles ne pourront pas s'en débarrasser. Ces personnes souffrent de dépendance affective.

Qu'est-ce que la dépendance affective et pourquoi est-ce nécessaire d'en guérir pour avoir complètement accès à la joie de vivre et au bonheur ? La dépendance affective est un état inconfortable, une maladie émotionnelle liée aux carences ou aux manques dont souffre une personne parce que ses besoins fondamentaux d'enfant n'ont pas été comblés de façon satisfaisante. Il n'est pas nécessaire que l'on se souvienne que ses besoins n'ont pas été comblés pour souffrir d'une telle carence émotionnelle. En général, c'est plutôt le contraire qui se passe. La personne dira qu'elle n'a pas de souvenirs précis des peines ou des impressions de rejet qu'elle aurait pu ressentir au cours de sa tendre enfance. Lorsqu'ils entreprennent une thérapie, quantité de gens affirment ne se souvenir ni des joies ni des peines de leur enfance. C'est comme s'ils avaient tourné la dernière page de ce chapitre de leur vie sans l'avoir jamais lu.

Pour souffrir de carences émotionnelles, pas besoin d'avoir subi des mauvais traitements comme ceux que l'on voit dans le film *La petite Aurore l'enfant martyre*. Dans cette histoire inspirée d'un fait vécu, une mère déséquilibrée brûle sa fille avec des cigarettes et lui fait manger du savon, pour ne mentionner que ces sévices. Puisque les carences sont liées au fait qu'un ou des besoins d'un enfant n'ont pas été comblés de façon satisfaisante, on peut facilement comprendre que les circonstances entraînant cette non-satisfaction sont multiples.

Tous les spécialistes de la santé mentale s'entendent pour dire que les six premières années de la vie d'un enfant laissent en lui des marques importantes qui influenceront l'image qu'il aura de lui-même en tant qu'adulte et qui seront déterminantes dans ses comportements avec les autres. La majorité des spécialistes affirment aussi que nous ne sommes pas influencés émotionnellement seulement à partir de notre naissance, mais dès notre conception et pendant les neuf mois de gestation au cours desquels nous sommes liés à notre mère dans une symbiose totale. Cette symbiose signifie que nous n'avons pas de vie autonome et que, si nous vivons, nous le devons entièrement à la personne qui nous porte en elle. C'est la raison pour laquelle on conseille aux femmes enceintes de surveiller leur alimentation, de réduire leur consommation d'alcool et de ne pas s'exposer à trop de stress. Ça devrait aussi faire réfléchir ceux et celles qui veulent un enfant. On ne devrait donner la vie à un enfant qu'à la condition de le désirer vraiment avec la ferme intention de lui procurer tout ce dont il aura besoin, tant sur le plan affectif que sur le plan matériel.

L'un des meilleurs exemples que je puisse donner sur l'importance de la vie utérine est celui de ma propre conception. L'histoire est triste, mais vaut la peine d'être relatée pour illustrer à quel point cette première étape de la vie peut marquer, de façon positive ou négative, l'être en devenir et installer en lui des peurs que, plus tard, il ne comprendra pas. Cette histoire m'a été racontée par ma mère alors que j'approchais déjà de la trentaine et tentais désespérément de comprendre pourquoi une profonde nostalgie m'avait toujours habitée. Sur les photographies prises lorsque j'étais très jeune, on décèle facilement le mal de vivre qui m'imprégnait totalement. Il peut encore aujourd'hui m'arriver d'en souffrir si je manque de vigilance.

Il est important de préciser que les peines ou les peurs qui s'installent chez l'enfant au moment de la conception et de la gestation sont différentes de celles qui se développent après sa venue au monde. À ce stade, l'enfant est en symbiose avec sa mère et c'est donc elle qui lui transmet ses peurs sans qu'il puisse intervenir. Le combat pour se défaire de telles peurs est donc plus difficile que tous les autres.

Revenons à l'histoire de ma venue sur terre. En vacances pour quelques jours à Rapide-Blanc, mes parents avaient loué, avec quelques autres personnes de la famille, une grande maison en demi-lune. Selon ma mère, âgée alors de 42 ans, ils avaient beaucoup de plaisir. Un soir, mon père, toujours « en forme », propose à ma mère d'avoir des rapports sexuels, mais elle lui répond qu'elle préfère s'abstenir pour ne pas risquer une grossesse. À l'époque, la famille était composée de huit enfants (deux autres étaient morts prématurément), et devenir enceinte était la dernière chose au monde qu'elle souhaitait. Lorsqu'elle avait épousé mon père, il était veuf et avait déjà des enfants. Elle-même avait mis au monde cinq enfants. De plus, mon père était âgé de 52 ans et souffrait d'un diabète sévère. Ma mère ne trouvait donc pas très opportun d'envisager une autre naissance. Ces objections n'eurent pas raison de la détermination de mon père. Irlandais et catholique pratiquant, il était contre toute forme de contraception, mais n'était pas très enclin à l'abstinence.

Devrais-je aujourd'hui le remercier ou lui en vouloir d'avoir tant insisté et de m'avoir conçue ? Malgré toutes les difficultés de ma vie, je suis maintenant réconciliée avec lui et je peux, sans arrière-pensée, lui dire merci d'avoir permis que je sois incarnée. Mais j'ai dû parcourir un long chemin de souffrances avant de parvenir à la libération. Et encore, celle-ci n'est jamais totale.

Dès le moment de ma conception, ma mère avait donc peur de devenir enceinte. Puis, après que la « mauvaise » nouvelle a été confirmée, elle a pleuré pendant les neuf mois de la gestation. Elle n'arrivait pas à accepter cette dernière grossesse. De plus, elle demandait à Dieu, dans ses prières, que l'enfant soit un garçon parce que, selon elle, la vie était beaucoup plus facile pour les hommes que pour les femmes. Vous pouvez facilement imaginer quel fardeau de peine et de peur je porte depuis l'instant de ma conception et qu'il m'a fallu assumer par la suite.

La personne aux prises avec la dépendance affective peut donc souffrir de carences importantes présentes depuis sa plus tendre enfance et qu'elle n'a pas réussi à combler par ses propres moyens, soit parce qu'elle n'est pas consciente qu'elle a ce problème, soit parce qu'elle ne sait pas comment guérir de ces carences profondes.

La plupart des gens qui souffrent de dépendance affective ne font pas la différence entre la dépendance elle-même et la carence émotionnelle qui lui a donné naissance. Ces personnes passent donc beaucoup de temps à travailler sur le problème de dépendance et négligent le travail de fond sur la carence. À première vue, ces personnes semblent avoir tout ce qu'il faut pour réussir dans la vie et pour réussir leur vie. Elles ont belle apparence, jouissent souvent d'une intelligence supérieure, réussissent leurs études, décrochent facilement un emploi, sont talentueuses et ont développé l'art de plaire. Lorsque l'on gratte la surface, cependant, on découvre que ces mêmes personnes souffrent d'angoisse chronique, sont compulsives, cherchent l'amour avec frénésie et sont habitées par une grande nostalgie. Elles-mêmes ne comprennent pas pourquoi elles ont tant de difficulté à accéder au bonheur.

J'insiste encore sur le fait que les carences existent parce que les besoins fondamentaux de l'enfant n'ont pas été comblés de façon *satisfaisante*, et non pas parce qu'ils n'ont pas été comblés de façon parfaite, ce qui est impossible à faire pour qui que ce soit. De plus, le niveau de satisfaction est déterminé par l'enfant lui-même et non par le parent qui a la responsabilité de combler quatre besoins fondamentaux : les besoins de sécurité, d'identité, d'estime de soi et celui d'aimer et d'être aimé. Pour plusieurs d'entre nous, ceux-ci n'ont pas été comblés tout simplement parce que nos parents ne possédaient pas les ressources pour le faire adéquatement. Souffrant eux-mêmes de carences émotionnelles, ils n'ont fait que reproduire ce qu'ils avaient appris de leur propre enfance et n'étaient pas en mesure de donner plus qu'ils n'avaient reçu.

Dans un livre précédent, j'explique comment je suis arrivée, après avoir tant écrit et tant parlé au sujet du bonheur, à constater que je souffrais de dépendance affective et comment j'ai enfin pu m'en libérer. Ma prise de conscience a débuté par des symptômes d'angoisse. Cette angoisse se manifestait surtout la nuit ou aux petites heures du matin, mais parfois le jour également, par une pression à la hauteur du sternum. Cette manifestation physique était accompagnée d'un sentiment de peur panique aux raisons inexpliquées. Cet état de mal-être était incontrôlable et se manifestait au moment où je m'y attendais le moins. Pour survivre, j'essayais de le combattre par l'action. Inconsciemment, je cherchais des anesthésiants à ma souffrance comme le font tous ceux et celles qui souffrent de dépendance affective.

Des milliers d'individus en proie à une telle angoisse vont consulter le médecin et se retrouvent malheureusement avec une prescription d'anxiolytique ou de Valium au lieu de chercher la véritable cause de leur angoisse. Ils peuvent passer des années à étouffer leur problème par l'absorption de ces drogues. Cette façon de nier la réalité, c'est comme de mettre un plâtre sur une jambe de bois. D'autres drogues encore plus puissantes contrôlent les humeurs de personnes en difficulté de croissance psychologique. Au lieu de les aider à grandir, on les maintient dans un état neutre pour les empêcher de faire une dépression en ne réalisant pas qu'on les tue à petit feu. Aux États-Unis, le fameux Prozac, par exemple, se vend comme des petits pains chauds.

J'ai également compris que je souffrais d'un problème de dépendance affective en constatant ma difficulté à établir une relation de couple saine et durable. Au début, je croyais seulement que je n'étais pas chanceuse parce que la vie ne mettait pas sur ma route le compagnon « idéal ». Je dépensais donc beaucoup de temps et d'énergie à chercher ce compagnon idéal, mais en oubliant que je devais moi aussi être une compagne idéale, ce qui était loin d'être le cas.

La personne qui souffre de dépendance affective n'est pas de tout repos pour son conjoint. Pour se faire aimer, elle déploiera des trésors de séduction et sera même prête à donner sa chemise. Elle sera aussi prête à tout tolérer pour ne pas perdre l'objet de sa dépendance. D'un autre côté, elle fera preuve d'intransigeance et d'instabilité émotionnelle, comme un enfant. Les relations avec des dépendants affectifs promettent de fréquentes descentes aux enfers, car elles sont marquées par l'insécurité, la colère, les repentirs, la peine, les pleurs, les crises existentielles, et par des élans d'amour passionné suivis de sentiments de haine.

L'une des caractéristiques les plus évidentes d'une relation basée sur la dépendance affective plutôt que sur l'amour véritable, c'est qu'à tour de rôle chaque membre du couple se retrouve dans la peau de la victime, puis dans celle du bourreau, étant parfois le sauveur, parfois le sauvé, parfois le dominant et parfois le dominé. Au début de la relation, on peut penser qu'il ne s'agit que d'une période d'adaptation, mais il n'en est rien. Plus le temps passe et plus ces rôles sont présents dans cette relation difficile. On ne distingue pas toujours qui joue quel rôle parce que, dans ce type de relation, les personnes deviennent manipulatrices, employant des moyens comme la maladie, la faiblesse, la pitié ou toute autre forme de chantage émotionnel. Celui que l'on perçoit comme le bourreau est parfois, au contraire, la victime. La « pauvre » victime, elle, exerce peut-être depuis des années un contrôle sur son partenaire, sans même que celui-ci en soit conscient. Il faut souvent des années de ce régime avant que les yeux s'ouvrent enfin, et lorsque cela se produit, les échanges de paroles peuvent être assez violents.

La personne souffrant de dépendance affective se sent totalement impuissante à se faire aimer parce que, à la suite des nombreux rejets et abandons qu'elle a subis au cours de son enfance, elle en est venue à la conviction qu'elle ne valait pas la peine d'être aimée. Elle voudrait bien se convaincre qu'elle peut réussir à se faire aimer, qu'elle réussira, adulte, ce qu'elle n'a pas réussi lorsqu'elle était enfant. Un âpre combat commence alors entre la partie qui se dit qu'elle « ne vaut pas la peine d'être aimée » et celle qui veut « absolument mériter cet amour ».

La personne souffrant de dépendance affective ne tient pas vraiment à gagner le combat. Alors elle va, inconsciemment, choisir des partenaires inaccessibles, des gens mariés ou vivant dans un autre pays, par exemple. Le défi doit toujours être de taille pour le dépendant affectif, sinon ça ne vaut pas la peine de s'y attaquer. Je me souviens de la théorie émise par l'une de mes copines au sujet des bons gars et des gars plus inaccessibles. Elle avait remarqué que pour plusieurs d'entre nous, toujours célibataires, les bons gars présentaient peu d'intérêt alors que les hommes compliqués faisaient « monter les enchères », pour employer son expression. On observe le même phénomène chez les hommes ; en effet, certains ne s'intéressent qu'à des femmes fatales, mystérieuses, impossibles à conquérir, mais qu'ils espèrent faire flancher.

Certaines histoires difficiles peuvent, à l'occasion, concerner des relations saines auxquelles la vie a présenté des obstacles de parcours inhabituels. En général, cependant, il s'agit de relations entre dépendants affectifs. Des spécialistes, comme le père Martin, dominicain maintenant décédé mais qui a animé de nombreux ateliers et supervisé des centaines de personnes en thérapie, ont en effet constaté que les dépendants affectifs avaient tendance à se reconnaître et à se choisir comme partenaires. Une personne saine qui désire vivre une relation épanouissante n'acceptera pas de fréquenter très longtemps un dépendant affectif. Il faut que les névroses se rencontrent pour que s'opère le choc amoureux entre un dépendant affectif et une autre personne.

Il est cependant possible qu'une relation entre dépendants affectifs devienne plus saine. Mais pour que cela se produise, il faut absolument que les deux personnes en cause reconnaissent leur problème et acceptent d'y travailler, et qu'une fois guéries elles décident de se choisir à nouveau, mais cette fois pour des raisons plus positives. Le travail à effectuer oblige presque toujours ces personnes à se séparer pour un certain temps, car pour se libérer de la dépendance affective, il faut d'abord apprendre à vivre seul, heureux et en paix avec soi-même.

Si vous avez une peur maladive d'être rejeté, que vous avez de la difficulté à établir une relation de couple sereine ou que vous désespérez de rencontrer l'âme sœur, vous souffrez peut-être de dépendance affective.

Reconnaître sa dépendance

Il est toujours plus facile de reconnaître la dépendance affective d'un autre que la sienne. Plusieurs personnes m'ont avoué que la section sur la dépendance affective dans mon livre *Petits Gestes et Grandes Joies* les avait marquées. Elles se demandaient si elles ne souffraient pas de ce problème. Une bonne façon de déterminer si l'on souffre de dépendance affective, c'est de se demander si quelque chose nous fait peur dans nos relations interpersonnelles ou même de travail.

La personne souffrant de dépendance affective a peur de ne pas se trouver de partenaire ou de perdre celui qu'elle a. Elle n'est donc jamais vraiment heureuse ; lorsqu'elle est seule elle ressent un vide, alors qu'en couple elle sent une menace peser sur elle. La peur de « rester sur le carreau » ou celle de perdre l'être cher n'est pas une simple inquiétude que peut à l'occasion ressentir tout être humain, c'est une peur très envahissante qui peut se transformer en véritable panique et entraîner des gestes désespérés.

La peur de perdre son partenaire résulte presque toujours de la crainte que l'on avait de perdre son père ou sa mère lorsque l'on était enfant. En transférant cette peur sur le partenaire, on donne à cette personne un pouvoir extraordinaire sur nous. On finit par se convaincre qu'elle seule ou lui seul peut nous rendre heureux, combler nos désirs les plus secrets, nous comprendre. Pour un dépendant affectif, l'être aimé constitue de la véritable morphine humaine, dont les doses doivent toujours être augmentées pour maintenir l'effet.

Au début d'une relation, il n'est pas toujours facile de détecter si le désir de se rapprocher de l'autre est le désir sain et légitime que tous les amoureux ressentent. Chez une personne souffrant de dépendance affective, ce désir provient surtout d'une grande soif d'attachement et d'une recherche de la symbiose. Une bonne façon d'évaluer la qualité de notre relation, c'est d'observer notre réaction lorsque notre partenaire ne peut accéder à notre désir de le voir ou qu'il ne fait pas un geste que nous aurions apprécié. La personne dépendante affective réagit très mal à tous les contretemps, qu'elle interprète comme un rejet sans essayer de comprendre son partenaire. Toutes les occasions sont bonnes pour revivre les abandons et les rejets du passé et rebrasser ses émotions. Résultat : on fait de la peine à son partenaire, ou des colères injustifiées. Quant à la personne qui ne souffre pas de dépendance affective, elle n'en fera pas une montagne si l'être aimé ne peut la voir ou même s'il n'en a tout simplement pas envie à ce moment précis.

Un autre indice de dépendance affective, c'est notre perception du temps lorsque nous ne sommes pas en présence de la personne aimée. Une heure peut nous paraître une journée et le fait de ne pas avoir de nouvelles pendant quelques jours peut conduire à un état de panique. Nous n'avons plus aucun jugement et nous sommes incapables de relativiser les événements.

Je me souviens d'un jour où j'attendais mon ex-conjoint sur le coin d'une rue, où nous avions convenu de nous rencontrer avant d'aller au cinéma. Il est arrivé une vingtaine de minutes en retard, mais je l'ai reçu comme s'il m'avait manqué de respect devant toute une foule. Chaque minute d'attente m'avait paru une heure. Au lieu de me dire qu'il avait eu un contretemps ou s'était trompé de chemin parce qu'il ne venait pas souvent à Montréal, j'étais outrée par son retard et en faisais tout un drame. J'espère qu'il m'a pardonné cette immaturité qui, à l'époque, lui a malheureusement fait passer de mauvais moments.

Le dépendant affectif peut aussi choisir des partenaires qu'il veut à tout prix sauver : des personnes souffrant d'alcoolisme ou de toxicomanie, des maniaques du travail, des personnes de milieu modeste... Il part en croisade en se disant qu'il deviendra indispensable à la personne qu'il va sauver et qu'elle ne voudra plus jamais le quitter. Lorsque cela se produit malgré tout, c'est la crise, qui mène parfois au suicide ou même, dans certains cas, au meurtre passionnel.

Mon frère Louis, qui a travaillé de très près avec des dépendants affectifs, me parlait dernièrement de ce phénomène du meurtre passionnel, que l'on a de la difficulté à comprendre. Selon lui, l'explication est fort simple. La personne souffrant de dépendance affective n'est plus capable de supporter la vie avec son partenaire, mais elle ne peut pas non plus envisager de vivre sans lui. Si elle s'enlevait la vie, elle ne pourrait supporter d'être séparée à tout jamais de son conjoint, et de ses enfants lorsqu'il y en a. En décidant de les tuer tous, puis de se suicider, elle pense tout simplement qu'elle va les emmener avec elle dans un lieu sans souffrance où ils seront enfin réunis, dans la paix, pour l'éternité.

Fort heureusement, les relations avec des dépendants affectifs ne se terminent pas toujours de façon aussi tragique. Par contre, bon nombre d'entre elles baignent dans une atmosphère assez trouble. La jalousie maladive d'un ou des deux partenaires est un problème majeur dans ces relations. En général, la jalousie est plus forte chez la victime et le bourreau profite de cette grande insécurité émotionnelle pour faire de la manipulation ou du chantage.

Un ami me racontait que sa conjointe est tellement anxieuse et possessive qu'elle peut lui téléphoner toutes les heures pour vérifier s'il est bien à la maison et pour savoir ce qu'il fait. De plus, elle lit son courrier et filtre ses appels téléphoniques. Ces comportements de jalousie et de non-confiance se retrouvent toujours chez les personnes souffrant de dépendance affective. Elles sont tellement certaines que leur conjoint va les trahir qu'elles imaginent toujours le pire. Elles ne sont jamais vraiment heureuses, même lorsqu'elles sont tout près de leur partenaire. Même dans ces moments elles trouvent le moyen de se tracasser. Cet ami me disait que sa conjointe s'inquiète lorsqu'il est un peu perdu dans ses pensées et lui demande s'il ne pense pas à une autre femme. Cette attitude se poursuit même jusque dans le lit, lorsque des rapports intimes ne fonctionnent pas parfaitement bien. Le pauvre homme se fait encore poser des questions pour expliquer ses « ratés ». Comme on peut le constater par cet exemple pathétique, il n'y a pas de limites aux manifestations d'insécurité d'un dépendant affectif.

Dans une relation de couple, la dépendance affective peut être comparée à une prison dont les portes ne sont pas verrouillées, mais que l'on n'arrive pas à franchir parce qu'à la simple idée de se retrouver loin de l'être aimé on a le souffle coupé. On est vraiment certain que la mort nous attend au pays de la liberté. Bien sûr, il y a aussi, dans ces relations, de l'amour et de l'attirance fondés sur des raisons objectives. Le problème vient du fait que cet amour n'est pas offert et reçu en toute liberté, mais plutôt dans une contrainte issue de l'attrait « irrésistible » qu'exerce la personne dont le dépendant est follement épris.

Le dépendant affectif fait face à un dilemme important : il en arrive à ne plus être capable de vivre avec son partenaire, mais entrevoit la mort lorsqu'il imagine la vie sans lui. Il en résulte que toute tentative de rupture est extrêmement pénible, car il faut une période de sevrage, comme pour un alcoolique qui veut arrêter de boire. Les effets de ce sevrage sont encore plus dévastateurs que la panique ressentie en pensant à la rupture. Lorsque arrive le moment de la séparation comme telle, la personne peut ressentir de fortes douleurs à la poitrine et à l'estomac, éprouver des troubles du sommeil importants, dormant trop ou pas assez, faire des crises de larmes, se sentir agressive ou déprimée, et avoir l'impression d'un vide total en elle. Elle ne s'intéresse plus à rien et ne pense qu'à mourir. C'est ce qui empêche la plupart des dépendants affectifs de faire le pas vers la libération. Perdant le centre de leur univers que représente leur partenaire, ils perdent tout sens d'orientation de leur vie.

La soif d'attachement du dépendant affectif est aussi un repère pour identifier le problème. Cette soif peut cependant être canalisée pour qu'elle n'ait pas d'effets nocifs sur le comportement et le bien-être de cette personne. Mon frère Louis a l'habitude de conseiller à une personne souffrant d'une telle soif de la disperser en ayant plusieurs points d'ancrage, au lieu de mettre tous ses œufs dans le même panier. Vouloir tisser des liens dans le contexte d'une relation saine n'est pas mauvais en soi et il existe des attachements qui ne sont pas nocifs. Ils le deviennent lorsqu'ils empêchent les personnes « attachées » de se sentir libres et qu'ils maintiennent de force une union où ne règne aucune harmonie.

La personne qui n'a pas commencé à travailler sur sa dépendance affective veut à tout prix faire diminuer sa souffrance, qui est, comme nous l'avons vu, intolérable. Elle cherche donc des moyens pour soulager cette souffrance et même, si possible, pour la faire disparaître en quelques heures. Ces moyens, que l'on appelle « anesthésiants », ne permettent cependant pas de traiter la dépendance et de se libérer de la souffrance. Les anesthésiants gèlent temporairement la souffrance, mais pour qu'ils continuent de faire effet, on doit toujours en augmenter la dose. La personne qui pensait avoir trouvé une solution définitive à sa souffrance doit donc augmenter sans cesse la dose de son anesthésiant ou en trouver un autre si l'effet apaisant ne se fait plus sentir.

Les moyens ou substances anesthésiants ne sont pas toujours mauvais ; cela dépend du motif de leur utilisation. Bien sûr, la prise de cocaïne ou d'une autre drogue est toujours nocive, quel que soit le contexte. Par contre, pour ce qui est de l'exercice d'un sport ou de la consommation d'aliments, par exemple, cela dépend. Bien manger et faire de l'exercice sont deux activités importantes et utiles. Manger pour oublier sa souffrance et camoufler ses émotions, ou faire du sport pour refuser d'entrer en contact avec soi-même, voilà qui est mauvais, parce que l'on s'en sert comme anesthésiants.

Après avoir pris connaissance de toutes ces caractéristiques d'une personne souffrant de dépendance affective, vous serez sans doute en mesure de déterminer si, oui ou non, vous êtes un dépendant affectif. Si vous avez encore des doutes parce que tout en étant très malheureux vous avez l'impression de persister dans un mode de vie par choix, demandez-vous si vous avez essayé de modifier ce mode de vie par des gestes concrets. Essayez de voir si votre choix de demeurer à l'endroit où vous êtes profondément malheureux vous est dicté par des prétextes masquant votre peur et même votre terreur d'opérer un changement dans votre vie ou si, au contraire, vous vous sentez tout à fait libre.

Le principal baromètre pour déterminer si vous êtes dans un mode de vie qui vous convient, avec ou sans partenaire, c'est l'état de votre santé physique et émotionnelle. Si vous êtes à la bonne place, vous avez toutes les chances d'être en santé. Par contre, si vous maintenez un lien ou un mode de vie par faiblesse, jalousie, insécurité, culpabilité ou même par soif de pouvoir, parce que vous souffrez de dépendance affective, vous pouvez être certain que, tôt ou tard, votre enfant intérieur va se rebeller et faire des siennes. Et si vous persistez malgré ses avertissements sous forme de panique, de stress ou d'angoisse, soyez assuré qu'il vous promet des problèmes de santé plus graves encore.

La dépendance affective est l'un des problèmes les plus graves dont peut souffrir une personne parce que, plus que tout autre, il engendre toutes les peurs humaines que l'on puisse imaginer : peur d'aimer, peur d'être aimé, peur d'être abandonné, peur de ne pas être à la hauteur, peur d'être rejeté, peur de ne pas en faire assez pour les autres, peur d'être exploité parce que l'on en fait trop, peur d'être seul et peur d'être avec les autres. De plus, à partir de la quarantaine, tous les anesthésiants que le dépendant affectif utilise pour survivre commencent à moins faire effet et ne réussissent plus à atténuer la souffrance. La personne se retrouve alors dans un cul-de-sac et se dirige, petit à petit, vers des maladies de plus en plus graves dont elle n'arrive pas à se débarrasser et dont elle ne comprend pas l'origine. Le père Martin, dont j'ai parlé précédemment, avait émis l'hypothèse que plusieurs personnes souffrant de la maladie d'Alzheimer seraient justement des personnes qui n'ont pas eu la chance de se débarrasser de leur dépendance et qui, pour en finir avec la souffrance, optent pour ce genre d'évasion jusqu'à la fin de leur triste vie. Il ne faut pas généraliser, bien sûr, mais une telle observation devrait nous mettre sur nos gardes et nous inciter à prendre le plus vite possible les moyens nécessaires pour régler une situation qui nous fait risquer gros.

Démasquer ses anesthésiants

Toutes les activités d'une personne souffrant de dépendance affective peuvent constituer un anesthésiant à sa souffrance. En général, le dépendant affectif se prépare un cocktail de moyens d'évasion pour ne pas risquer de se retrouver, ne serait-ce qu'une petite heure, dans un état de souffrance intolérable.

On peut énumérer les principaux anesthésiants utilisés par les dépendants affectifs, mais la liste serait en fait illimitée. On a cependant remarqué que certains d'entre eux sont plus courants que d'autres : le travail, la consommation d'alcool, la consommation de nourriture, la masturbation, le jeûne, l'activité sportive, les activités ménagères, la consommation de tabac ou de drogue, l'écoute de la musique, le sommeil, la lecture, le cinéma.

Comment peut-on savoir si une activité ou une substance constitue une façon d'éviter de faire face à la souffrance ou si, au contraire, cette activité aide à rebâtir l'estime de soi tout en procurant du bon temps, sans toutefois que l'on considère son effet comme magique ou thérapeutique ?

Comme je l'ai déjà mentionné, l'anesthésiant procure instantanément un effet apaisant et gèle la souffrance. Mais, pour être efficace, il doit être consommé en doses de plus en plus grandes. Les personnes souffrant de boulimie ne peuvent se contenter d'une consommation de nourriture équilibrée et modérée. Elles mangent de grandes quantités de nourriture, et très rapidement. Elles ne goûtent pas vraiment aux aliments ; elles se gavent pour éviter de souffrir. Une fois l'orgie terminée, elles ne sont pas plus heureuses. De plus, elles se créent un problème d'embonpoint. Les grands buveurs se comportent un peu de la même façon. Ils ne peuvent cesser de boire que lorsqu'ils arrivent au fond de la bouteille. Mais la soif demeure, car ce n'est pas d'alcool dont ils ont véritablement soif, mais bien de liberté intérieure.

L'un des anesthésiants les plus utilisés, autant par l'homme que par la femme, c'est le sexe. Il s'agit ici d'une compulsion sexuelle, qui s'exprime soit dans des rapports sexuels très fréquents ou dans la masturbation. Les personnes interrogées à ce sujet admettent toutes que cette boulimie de sexe ne les rassasie jamais et que, malgré une grande quantité d'orgasmes au cours d'une même journée, elles demeurent dans un état d'inassouvissement perpétuel.

Mon frère Louis a aidé l'un de ses amis compulsif sexuellement à se sortir de cet enfer. Au moment où il a connu cet homme, celui-ci avait quotidiennement des rapports sexuels avec trois femmes différentes et se masturbait deux ou trois fois par jour. Lorsqu'il accepta de supprimer de sa vie cet anesthésiant, après avoir éliminé tous les autres quelques mois auparavant, il ressentit une telle souffrance qu'il se mit à pleurer pour la première fois de sa vie. Ce torrent de larmes dura trois semaines complètes, jour et nuit, et il lui semblait qu'il n'en verrait jamais la fin. Et pourtant, il est plus heureux que jamais aujourd'hui, car il a réussi à traverser la barrière de l'anesthésiant pour se rendre au cœur de sa souffrance. Il peut maintenant jouir d'une vie sexuelle normale, avec une seule partenaire, et ne ressent pas le besoin de se masturber comme auparavant.

Comme je le mentionnais dans un livre précédent, une personne adulte peut choisir, dans certaines circonstances, de satisfaire elle-même ses besoins sexuels plutôt que de subir un esclavage émotionnel. Dans ce cas, il ne s'agit pas d'une compulsion comme celle du dépendant affectif.

Les maniaques d'entretien ménager sont aussi des compulsifs. Pour faire taire leur souffrance profonde, ils se défoncent dans le ménage, nettoyant le plus parfaitement possible leur environnement. Ces personnes ont souvent été victimes d'abus sexuels à un très jeune âge et leur empressement à faire tant de ménage peut dénoter un besoin profond de nettoyer le sentiment de honte et de culpabilité qu'elles portent en elles depuis ce temps.

Certains anesthésiants sont certainement moins nocifs que d'autres, mais, lorsque l'on en augmente la dose, tous peuvent causer des problèmes importants à ceux qui les utilisent à cette fin. Qu'il s'agisse d'un surcroît de travail, d'une attitude de zèle dans les sports ou dans la pratique d'un art, ou encore d'une propension à s'évader dans la lecture de romans à l'eau de rose, le résultat est le même : la personne se coupe des émotions de peine, de colère et même de joie qu'elle ne veut pas ressentir de peur de souffrir autant qu'elle a déjà souffert. Et pourtant, ce n'est qu'en faisant face à cette souffrance que l'on peut passer par-dessus et réussir à éprouver une certaine paix intérieure.

Démasquer ses anesthésiants n'a pas pour objectif de supprimer toutes les activités que l'on aime pour ne se consacrer qu'à la souffrance. Il s'agit plutôt de déterminer si la décision de s'adonner à une activité est motivée par le besoin de s'étourdir et de se distraire de la souffrance, ou si elle est libre de toutes contraintes. Il peut s'avérer nécessaire, pour un certain temps, de supprimer la plupart des activités utilisées comme moyens d'apaisement de la souffrance afin d'effectuer le travail de nettoyage en profondeur. Mais cette interruption ne sera que temporaire. Lorsque l'on a surmonté le problème de la dépendance affective, on peut revenir, le cœur léger, à la pratique de tout ce que l'on aime. Le plaisir que l'on en retire alors est encore plus grand puisqu'il ne masque plus notre désarroi.

Mon frère Louis, qui aide maintenant beaucoup de personnes à cheminer en ce sens, a réussi à surmonter complètement son problème de dépendance en supprimant toute forme d'anesthésiant durant une période de neuf mois. Il est convaincu cependant que l'on peut arriver au même résultat en six mois. Mais, comme il le dit, il faut vraiment que toutes les énergies soient orientées vers ce but ultime de se libérer de la dépendance affective et que l'on soit prêt à ressentir, en cours de route, les souffrances les plus atroces que l'on avait l'habitude de fuir grâce aux anesthésiants. C'est le prix à payer pour être heureux et ne plus avoir d'attentes infantiles par rapport aux autres. Vous trouverez peut-être que six mois c'est long dans la vie d'une personne. Pourtant, les thérapies les moins longues, avec l'aide d'un thérapeute, durent toujours un minimum de deux ans, et certaines durent beaucoup plus longtemps. Bien sûr, les thérapies de soutien peuvent réussir à modifier un peu des comportements et à atténuer la souffrance, particulièrement lorsque l'on est dans le bureau du thérapeute. Le problème, cependant, c'est qu'elles peuvent aussi devenir une forme d'anesthésiant et qu'elles ne s'attaquent pas toujours aux carences profondes qui sont la source du problème.

Les thérapeutes ont comme rôle de nous mettre en contact avec nos propres solutions et avec notre énergie individuelle, la seule qui puisse nous tirer une fois pour toutes de la souffrance et du malheur. Leur intervention peut donc être bénéfique, et même nécessaire dans certains cas. Par contre, si une personne comprend bien l'origine de son problème et qu'elle est prête à investir temps et énergie pour s'en sortir par elle-même, elle peut le faire très efficacement et plus rapidement qu'en ayant recours à un intermédiaire.

Dans mon cas, trois thérapies (dans la vingtaine, dans la trentaine et au début de la quarantaine) ont été nécessaires pour déblayer le terrain et me permettre d'arriver enfin à la phase finale, qui a consisté à retrouver l'enfant en moi. Parallèlement à ces thérapies, il y a aussi eu des démarches plus spirituelles, des traitements d'acupuncture, des recherches ésotériques, des cours de reiki et, évidemment, j'ai utilisé de nombreux anesthésiants pour arriver à tenir le coup. Mon frère Louis est passé lui aussi par de nombreuses étapes pour accéder à la libération émotionnelle, qui s'est effectuée lorsqu'il a rencontré son « petit Louis » et qu'il a décidé de faire la symbiose avec lui.

Les propos de ce livre vous ouvriront peut-être une avenue que vous serez prêt à suivre dès maintenant, ou ils constitueront une semence qui ne sera prête à éclore que dans quelques mois ou même quelques années. L'important, c'est que la connaissance puisse germer à son rythme dans votre for intérieur. Comme pour le reste, je ne saurais que vous encourager à être attentif à votre intuition et à vous faire confiance pour les étapes ultérieures.

Retrouver l'enfant en soi

Partir à la découverte et à la rencontre de notre enfant intérieur implique en tout premier lieu que l'on accepte le principe qu'un tel enfant existe maintenant et pas seulement qu'il a existé dans notre passé. Cette prise de conscience est fondamentale pour effectuer le travail de libération de la dépendance affective.

Personnellement, j'ai fait cette prise de conscience tout simplement en écoutant les propos de mon frère Louis qui a, en quelque sorte, déblayé le terrain et m'a devancée par ses propres expériences en ce domaine. Au début, lorsqu'il me parlait de l'enfant en lui, je pensais qu'il avait une imagination très fertile. Je voyais cet enfant comme le symbole d'une partie de notre mémoire et n'arrivais pas à me mettre dans la tête qu'il s'agissait de beaucoup plus qu'un symbole, mais bien de quelque chose d'aussi réel que l'adulte que j'étais devenue.

Je devais pourtant admettre que ce que décrivait mon frère, tous ses symptômes de souffrance et son incapacité à éprouver la sérénité de façon durable, ressemblait étrangement à ce que je vivais péniblement depuis des années. Malgré mes succès avec la programmation du subconscient et les grands pas que j'avais effectués dans ma vie professionnelle, je souffrais toujours et me sentais vulnérable. Je me demandais même si toutes les années consacrées à la recherche du bonheur n'avaient été qu'un long détour qui me ramenait au cul-de-sac du début de mon adolescence.

J'observais le visage serein et épanoui de mon frère, et l'écoutais rire de bon cœur en racontant tous ses malheurs passés dont il était enfin libéré. De plus, je m'émerveillais de sa santé, lui qui avait subi trois opérations à cœur ouvert et avait passé des années à consommer de l'alcool pour s'évader de sa souffrance. Je me disais donc qu'il devait sûrement y avoir quelque chose de véridique dans ses propos pour qu'il ait obtenu un tel résultat durable.

Un peu sceptique, mais prête à lui accorder le bénéfice du doute, j'ai donc entrepris d'essayer de comprendre le phénomène de l'enfant en soi, mentionné par certains auteurs, comme John Bradshaw dans *Retrouver l'enfant en soi*. Quelques lectures m'ont appris que notre personnalité est faite de plusieurs composantes, qui jouent des rôles différents selon nos propres besoins de survie. Ces personnages sont notamment l'adulte, le parent nourricier, le parent autoritaire, l'enfant sain ou naturel, et l'enfant adapté ou rebelle.

Les auteurs peuvent apporter quelques variantes aux différentes composantes de notre personnalité, mais dans l'ensemble ils ont une perception assez semblable. Afin de bien vous faire comprendre les aspects de la personnalité qui ressortent lorsque nous utilisons ces composantes, j'ai retenu les explications de Dorothy Corkille Briggs, tirées du livre *Être soi-même* publié aux Éditions de l'Homme.

> « Le Parent-Nourricier fait preuve de sympathie ; il démontre, explique, modèle, réagit, partage son pouvoir, apprécie, voit ce qui est *bien*. Il agit sur l'environnement, non sur l'enfant. Il enseigne : « Tu es différent de ta façon de te comporter. » Il fournit un cadre, des limites solides sans être excessives.
>
> Le Parent-Autoritaire juge, punit, exige trop, recherche la bête noire, garde son pouvoir pour lui seul, cherche à contrôler, remarque ce qui est *mal*. Il enseigne : « Tu es ce que tu fais. » Il punit. Ou se montre distant, désintéressé. Il dresse des bornes excessivement limitatives (ou ne fournit aucun point de référence).

L'Adulte possède une pensée rationnelle ; il est en contact avec la réalité ; il préfère un bénéfice à long terme à un plaisir momentané ; il juge des diverses éventualités ; il se sent responsable envers soi et les autres. Il est celui qui choisit. Il n'écarte aucune possibilité.

L'Enfant-Rebelle se sent démuni, blessé, dépossédé, révolté, inadapté, « mauvais », peu aimable. Sa culpabilité le domine. Il est sensible à la voix du Parent-Autoritaire (il se fortifie des messages négatifs qui en émanent). Il en est la victime. Il souffre.

L'Enfant-Naturel est libre, intuitif ; il a le sens du jeu ; il est spontané, *impulsif*, créateur. Il ne craint pas les émotions. Il les exprime. Il sait ce qu'il veut et le moment où il le veut (c'est-à-dire : tout de suite). »

Les thérapeutes qui travaillent avec cette approche (appelée aussi analyse transactionnelle) s'entendent tous pour dire que les gens ayant peu ou pas d'estime d'eux-mêmes ont un Parent-Autoritaire très fort et sont très vulnérables au stress. On dit aussi de ces gens que leur faculté de faire des choix, caractéristique de l'Adulte responsable, est diminuée en raison du manque de confiance qu'ils ont en eux-mêmes. Chez ces personnes, l'Enfant-Naturel n'a pratiquement pas de place et c'est alors l'Enfant-Rebelle (ou enfant adapté) qui fait la loi.

Les personnes souffrant de dépendance affective sont évidemment parmi ces gens n'ayant qu'une faible estime d'eux-mêmes et dont l'Enfant-Naturel ne s'exprime à peu près jamais. Mais, lorsque l'on comprend tous les rouages de la personnalité, on peut transformer une programmation négative en programmation positive. On redonne plus de place au Parent-Nourricier, qui aide à persévérer, et on reprend contact avec l'Enfant-Naturel après avoir gagné sa confiance.

Personnellement, ne sachant pas trop par quoi commencer pour vivre cette expérience, j'ai tout simplement pris une feuille blanche sur laquelle j'ai écrit : « Petite Michèle, je t'aime. » J'ai aussi écrit chaque étape de ma vie, soit les états de fœtus, de nourrisson, de petite enfant, d'enfant, d'adolescente et d'adulte, suivie de mon prénom, avec la mention que j'aimais cet être à ce stade de la vie. Par exemple : « Fœtus Michèle, je t'aime. » Vous ne pouvez vous imaginer à quel point cet exercice très simple peut avoir des répercussions importantes sur tout le reste de votre vie.

Au fil des mois, j'ai répété mentalement les mots « Petite Michèle, je t'aime » des milliers de fois. En auto, en vélo, en faisant de la marche, en me couchant le soir, et surtout la nuit lorsque je ressentais de la peur ou de l'insécurité.

J'ai aussi pris l'habitude de me frictionner vigoureusement au niveau du plexus solaire, justement à cet endroit où je ressentais une angoisse m'assaillir au moment où je m'y attendais le moins.

De plus, j'ai suivi très rigoureusement les conseils de mon frère en supprimant le plus possible de ma vie, au cours de cette période, toute forme d'activités ou de substances qui auraient pu me distraire de mon but. Par exemple, si je m'éveillais la nuit, au lieu d'aller me chercher quelque chose à boire ou à manger, je profitais de l'occasion pour reprendre ma conversation avec la petite Michèle en lui demandant de me parler, de me livrer ses peines et ses colères. J'ai souvent eu des réponses grâce aux rêves qui m'ont permis de résoudre plusieurs énigmes de ma vie.

Lorsque vous aurez commencé à déblayer le terrain, prenez une feuille blanche et notez les émotions qui vous habitent : colère, peine, peur et joie. Puis prenez le temps d'accueillir et de légitimer chacune d'elles.

La colère est légitime lorsqu'elle se présente parce que vous vous respectez et voulez vous faire respecter. La peine peut s'expliquer par le fait que le besoin de votre enfant intérieur d'obtenir de l'attention et de l'affection n'est pas comblé. Prenez quelques minutes pour satisfaire ce besoin. La peur démontre la présence de l'instinct de conservation qui vous a permis de survivre aux traumatismes et aux dangers que vous avez dû traverser avant de devenir adulte. Rassurez votre enfant intérieur que maintenant vous êtes là et que les dangers sont disparus et ne pourront plus vous atteindre.

Quant à la joie, vous n'y aurez vraiment accès qu'après avoir bien identifié et accueilli les autres émotions. Mais cette joie sera si intense et si réconfortante que vous comprendrez enfin tout le sens de l'expression « déborder de joie ».

Une fois cette démarche terminée, utilisez la même approche en identifiant vos sentiments négatifs, comme la honte, la culpabilité, l'impuissance et la peur d'être rejeté. Accueillez ces sentiments pour vous permettre de vous en libérer définitivement. Vous ne serez pas parfaitement guéri d'un seul coup comme si vous aviez utilisé une baguette magique, et vous aurez parfois l'impression de faire des rechutes. Ne vous découragez pas, car je sais, par expérience, que ces moments de faiblesse ne sont que de « petites saucettes en enfer », comme le dit mon frère Louis, qui renforcent le désir de se sortir définitivement de la dépendance affective.

Et tout à coup, vous aurez vraiment la certitude que vous êtes guéri. Vous aurez alors accès à des sentiments positifs comme la paix, la sérénité, le calme et l'amour véritable.

Retrouver l'enfant en soi est donc un défi à relever. Il est facile d'accès, mais difficile à vivre en ce sens qu'il vous amènera à vivre et à revivre, tant que vous n'aurez pas complété le processus, des souffrances égales ou même supérieures à celles que vous avez ressenties lorsque vous étiez cet enfant. Ce n'est qu'à ce prix que vous y accéderez. Il y aura des pleurs, des craintes de ne pas survivre et des découragements. Mais, croyez-en mon expérience et le témoignage de milliers d'autres personnes qui ont réussi à traverser ce tunnel, chaque pas est irréversible et conduit vers la liberté et l'indépendance affective.

Devenir son propre parent

Retrouver son enfant implique, par le fait même, que l'on doit l'accueillir et lui promettre de le chérir inconditionnellement et de toujours lui donner la première place. Pour ne plus jamais avoir peur que personne ne prenne soin de nous, il faut le faire nous-même en devenant notre propre parent.

Comment devient-on son propre parent et comment ce parent doit-il se comporter envers l'enfant intérieur ? La meilleure façon d'être un bon parent, c'est d'instaurer un dialogue avec son enfant intérieur et apprendre à lui apporter plein de petits bonheurs au quotidien. C'est ce que les thérapeutes appellent « apprendre à se gâter ».

Le dialogue intérieur implique que nous acceptons d'être à l'écoute de toutes les émotions et de toutes les peurs de notre enfant intérieur. Le parent doit aussi être attentif à tous les besoins exprimés par l'enfant sans porter de jugement de valeur. Si l'enfant manifeste le besoin de s'exprimer par le jeu, il faut accepter de le laisser faire et trouver du plaisir à jouer avec lui.

En établissant ainsi un dialogue sans interdits entre l'enfant intérieur et le parent nourricier, on devient de plus en plus soi-même et on en vient à laisser tomber tous les masques qui servaient à se protéger. Il peut être utile, au début, de tenter de faire plaisir à l'enfant intérieur en tenant compte de chacune des étapes de la vie séparément. Ce travail peut sembler superflu ; pourtant, il permet souvent de combler des carences importantes de façon quasi instantanée, simplement en proposant une activité valorisante ou amusante que l'on vous a refusée durant l'enfance.

Si vous êtes attentif à votre enfant, il vous mettra sur la voie de ce qu'il désire, que ce soit aller au cirque ou lui offrir un gros cornet de crème glacée aux fraises. Certaines personnes vont avoir l'envie irrésistible de se procurer un jouet qu'enfants elles ont toujours désiré, d'autres prendront plaisir à porter des vêtements extravagants, et d'autres encore voudront ressentir les bienfaits que procure le massage parce qu'elles ont besoin d'être touchées.

Il est important, au cours de cet apprentissage, d'expliquer à l'enfant que l'on ne peut pas faire tout ce que l'on veut à toute heure du jour ou de la nuit, et qu'il y a certaines règles à suivre. Apprendre nos valeurs d'adulte à cet enfant naturel fait aussi partie du travail pour se libérer de la dépendance affective. Si l'adulte et le parent nourricier traitent l'enfant intérieur avec respect et intelligence, celui-ci comprendra très bien les règles de savoir-vivre et de bienséance sans se sentir rejeté comme auparavant.

Faire la symbiose avec soi-même

Une fois le tunnel de la dépendance franchi, arrive la plus belle période de la vie d'un ex-dépendant affectif. C'est en effet la période où l'on peut enfin dire : « Je décide d'être heureux et je prends tous les moyens nécessaires pour l'être. »

Ce qu'il y a de merveilleux à cette étape, c'est que l'adulte libéré de la dépendance affective découvre tout un nouveau monde d'activités et de préférences qui ne seront jamais des anesthésiants puisqu'il n'y a plus en lui cette souffrance à congeler. De plus, il vit plus intensément les activités qui lui servaient autrefois d'anesthésiant, parce que maintenant il les choisit librement au lieu de s'en servir comme bouées de sauvetage.

En étant en symbiose avec elle-même, la personne retrouve le sentiment d'omnipuissance du fœtus relié à sa mère. Les peurs et les colères durent quelques minutes tout au plus, l'insécurité disparaît pour faire place à la confiance et l'amour inconditionnel de soi-même donne maintenant accès à l'amour véritable sous toutes ses formes.

Plusieurs personnes ressentent une certaine ambivalence à ce stade, car elles vivent une période transitoire où elles cherchent où sont leurs véritables champs d'intérêts. Habituées à vivre dans la souffrance perpétuelle et à se trouver des activités pour combler un vide intérieur ou atténuer un problème, elles se sentent tout à coup dans une espèce d'état neutre parfois troublant. Mon frère Louis raconte qu'à cette étape il n'arrivait pas à trouver une seule chose qui lui fasse réellement plaisir. Il entreprit donc d'y aller à tâtons et d'essayer toutes sortes d'activités pour faire l'exploration du bonheur.

Il apprit d'abord à bien manger, ce qu'il n'avait plus fait depuis des années. À cette époque, il ne mangeait même pas un repas chaud par jour. Ce fut tout un changement positif dans sa vie. Puis il prit l'habitude d'aller souvent au cinéma, même seul, juste pour le plaisir de passer un bon moment à faire une activité de pur loisir. Il découvrit aussi les joies de la danse et se mit à voyager à l'étranger. Il parle maintenant l'espagnol couramment. Si vous le rencontriez, vous ne pourriez jamais croire qu'il a souffert de dépendance affective au point de penser sérieusement au suicide et de presque détruire son corps, qu'il traitait sans ménagement.

Cette période de symbiose avec soi-même en est aussi une de grande ébullition intellectuelle et artistique, car elle nous oriente toujours vers une plus grande créativité, qui est le propre de l'enfant naturel. On ne s'ennuie jamais dans une telle ambiance de découvertes et de réalisation de soi sur tous les plans. Après les années de vaches maigres, c'est la période des vaches grasses qui débute. Et on peut enfin goûter à la vie sans panique ni angoisse existentielle.

Il ne faut pas penser qu'à partir de ce moment on est à l'abri de toute peine ou des épreuves normales de la vie. Cependant, on vit la peine avec plus de calme et, surtout, elle ne nous prive plus de la joie d'être avec ceux que l'on aime et de faire ce que l'on aime. C'est une différence appréciable pour un être humain qui aspire au bonheur.

La symbiose avec soi-même permet tous les espoirs, même celui d'envisager à nouveau de rencontrer l'âme sœur, mais cette fois sur des bases saines et libres de toutes attentes infantiles. Peu d'ex-dépendants affectifs se risquent dans cette voie de la vie de couple, ayant tellement été traumatisés par les échecs passés et n'ayant aucun modèle de vie de couple réussie. Ils savourent leur liberté retrouvée et le fait qu'ils n'ont plus peur d'être rejetés ou abandonnés. Pour les ex-dépendants affectifs, partager sa vie avec un partenaire n'est vraiment plus un besoin vital comme ils le croyaient auparavant. Ce peut être une préférence ou un goût, mais jamais au prix de sacrifier leur bien-être et leur sérénité.

Et pourtant, n'y a-t-il pas, dans le cœur de toute personne ayant souffert de la dépendance affective, un éternel souhait de vivre enfin, en harmonie, avec un partenaire avec lequel il serait bon de pratiquer « l'art d'aimer véritablement » ?

10

Le rendez-vous avec la mort

PENDANT une très longue période de ma vie, la mort a représenté ce qu'il y avait de pire au monde. Qu'est-ce qui aurait pu m'arriver de plus terrible que de perdre mes parents ou encore que je sois moi-même victime d'une maladie ou d'un accident entraînant la mort ?

Je réalise aujourd'hui que cette vision sordide de la mort, la mienne ou celle de ceux que j'aimais, avait été fortement nourrie par mon entourage, qui se servait même du spectre de la mort pour faire peur aux enfants désobéissants. Lorsque j'étais pensionnaire, les religieuses nous racontaient, avec force détails, des histoires de guerres et de camps de concentration, la mort atroce d'enfants dans les pays sous-développés ainsi que le viol suivi de meurtre de jeunes filles imprudentes qui avaient péché par manque de vigilance et de pudeur. On nourrissait aussi chez les gens crédules la peur d'être enterrés vivants à la suite d'un coma, et on ne se gênait pas pour exploiter ce thème dans des films d'horreur. En fait, jamais la mort n'était présentée comme une étape normale de la vie de tout être humain, quels que soient son âge, sa race ou ses réussites professionnelles. Je me souviens aussi qu'il était question de la nécessité de mourir « en état de grâce » pour ne pas risquer les feux de l'enfer éternel ou, au mieux, ceux du purgatoire destiné à purifier la personne décédée avant de lui donner accès au ciel.

Les cérémonies entourant les décès n'étaient guère plus réjouissantes. Elles donnaient lieu à des démonstrations de peine, de révolte ou de colère pour le moins impressionnantes pour un enfant qui ne comprend pas trop ce qui se passe.

Personnellement, je n'ai jamais frôlé la mort. Et, mise à part la mort de mon grand-père, lorsque j'avais huit ans, et celle de mon père, lorsque j'avais douze ans, la réalité de la mort n'a jamais été très présente dans ma vie, du moins jusqu'au départ de ma chienne Soleil, qui m'a fait découvrir, comme je l'expliquais au début de ce livre, ce que l'on appelle « le mieux de la mort ». J'avais déjà donc plus de 40 ans quand la mort est venue me frapper de plein fouet en m'arrachant ce petit être de cinq ans qui, j'en suis consciente, était un peu comme mon bébé parce que je n'avais pas d'enfant et sur lequel j'avais effectué un transfert affectif.

N'acceptant pas la maladie incurable de Soleil et déterminée à me battre pour qu'elle continue à vivre près de moi le plus longtemps possible, j'ai décidé de m'inscrire à un cours de reiki dans l'espoir de la guérir en dépit des pronostics du vétérinaire. Lorsque l'on n'accepte pas la réalité, on est prêt à tout essayer, et c'est ce que j'ai fait. Après cinq semaines de combat acharné, j'ai cependant dû me rendre à l'évidence que la fin était imminente et que mes traitements n'avaient pas réussi à guérir Soleil. J'ai dû accepter de la faire endormir pour mettre fin à sa souffrance et la laisser partir vers un autre monde. Mais voilà, existe-t-il, cet autre monde ? On en parle beaucoup pour les humains, sans même avoir la certitude de son existence, mais je n'avais pas souvent entendu parler d'un au-delà pour les animaux. J'étais dans un état d'inquiétude et de peine comme jamais je ne l'avais été auparavant, et je ne pouvais me résigner à lâcher prise.

C'était, je le réalise aujourd'hui, mon premier deuil « conscient », comme adulte, et je n'étais vraiment pas préparée à traverser cette expérience en toute sérénité. J'avais pourtant, au cours des vingt dernières années, beaucoup lu sur la mort des êtres humains, sur le passage d'une vie à une autre, sur le phénomène de la régression dans les vies antérieures, sur la réincarnation, sur la communication avec l'au-delà, mais tout cela demeurait très théorique et n'avait pas été intégré dans mon for intérieur.

En fait, je pensais à la mort comme à quelque chose de très lointain, un peu comme je pouvais réagir à un reportage au sujet d'astronautes sur la Lune. Je savais que cela existait, mais je ne m'y voyais pas personnellement et je ne voulais pas y voir mes proches parents, comme ma mère et mon frère Louis dont la présence sur terre m'est si importante. Je ne voulais pas plus envisager la mort de mon conjoint ou celle de nos animaux qui apportaient tant de joie dans notre maison.

La vie et mes guides ont donc choisi le décès de Soleil pour m'amener à faire un grand pas d'évolution et une prise de conscience de la réalité de la mort. Mais, comme vous pourrez le constater à la lecture de ce qui suit, je n'ai pas été très docile. Mon pas d'évolution, je l'ai effectué en faisant d'abord de nombreux « soubresauts » et « pas de côté », avant d'en arriver à une certaine sagesse par rapport à la mort. J'avais pourtant eu la chance d'entendre quelques témoignages réconfortants au sujet de la mort, et mes nombreuses lectures m'avaient fourni des explications rassurantes sur ce passage inévitable dans la vie de tout être incarné. Mon attachement pour cette chienne, que je considérais comme mon bébé, était si fort que je n'ai pas pu vivre son départ, au moment où il a eu lieu, avec sérénité et résignation.

Cette expérience éprouvante m'a donc permis de mieux comprendre les diverses notions liées à la mort, mais aussi de constater, une fois de plus, que nos pensées sont extrêmement puissantes et peuvent nous conduire à vivre des choix très difficiles. À nous de bien les orienter pour ne pas avoir à en subir les effets négatifs.

Certaines personnes penseront, à la lecture de cette expérience, que je suis un peu bizarre et douteront peut-être de la véracité de mon récit. Je ne leur demande qu'une chose : d'être réceptives à l'ensemble de l'histoire sans s'attarder sur les détails, qui demeurent, à mon avis, secondaires. En vous racontant ce qui m'est arrivé et les conséquences de cette histoire, je ne cherche pas à vous faire partager certaines de mes croyances, mais bien à vous démontrer l'importance d'arriver à accepter la réalité de la mort, peu importe qu'il s'agisse de la nôtre ou de celle d'un être cher. La prise de conscience du fait que la mort est une réalité inévitable, à plus ou moins brève échéance, est aussi un facteur déterminant permettant de décider, une fois pour toutes, de vivre maintenant le plus intensément possible, sans remettre au lendemain ce que nous considérons comme important. Hier n'est plus, demain ne sera peut-être pas. Pourquoi ne pas, dès lors, savourer chaque minute de cette vie terrestre et ses bienfaits au lieu de se morfondre dans la peine et les regrets ?

Après la mort de Soleil, j'étais inconsolable et me posais inlassablement les mêmes questions sur ce qu'elle pouvait bien être devenue après avoir quitté son corps physique. J'entrepris donc de lire tout ce que je pouvais trouver sur l'âme des animaux. Les auteurs de la dizaine de livres que j'ai consultés parlaient tous de la possibilité qu'une âme animale puisse, tout comme l'âme humaine, se réincarner dans un autre corps animal. Plusieurs précisaient que l'âme animale pouvait rejoindre une âme-groupe, mais qu'il arrive fréquemment que certaines âmes animales conservent un caractère individuel et reviennent auprès d'êtres humains avec lesquels elles ont été liées pendant un certain temps par amour et dévouement.

Vous pouvez bien vous imaginer qu'il ne m'en fallait pas plus pour commencer à prier de toutes mes forces pour rappeler ma belle Soleil à la vie, sans toutefois comprendre comment cela pourrait se produire ni comment je serais en mesure de la reconnaître avec son nouveau corps. Je demandais seulement, dans mes prières d'espoir, qu'elle revienne encore sous la forme d'une belle grosse femelle golden retriever, mais, cette fois, en jouissant d'une bonne santé pour ne pas avoir à souffrir comme elle l'avait fait dans sa vie précédente. Les semaines et les mois s'écoulèrent et je pleurais très souvent le départ de ma belle Soleil. Aucun signe ne me permettait de croire que mes prières seraient exaucées ; je ne savais même pas si tout ce que j'avais lu au sujet de la réincarnation animale était la vérité ou bien une illusion. Bien que la présence de mes deux chats était agréable, cela ne comblait pas le vide laissé par Soleil, et je n'arrivais pas à en faire mon deuil.

Un an jour pour jour après le départ de Soleil, je suis allée à Montréal pour y voir France, une thérapeute extraordinaire en auriculothérapie, puis j'ai rendu visite à ma mère. Sur le chemin du retour, sans vraiment réfléchir à ce que je faisais, j'ai quitté l'autoroute 20 et j'ai fait un détour par Saint-Marc-sur-Richelieu où Chantale, de qui j'avais acheté ma Soleil en 1988, avait élu domicile depuis quelques mois. Je me suis arrêtée à une station-service pour lui téléphoner, mais je n'ai eu que son répondeur téléphonique. Je me suis tout de même rendue jusque chez elle où je me suis retrouvée devant une vingtaine de golden retrievers qui sautaient de joie en me voyant arriver. Je ne suis restée que quelques minutes, mais suffisamment longtemps pour remarquer une petite chienne, un peu plus calme que les autres, dans le premier enclos. Pour je ne sais quelle raison, une voix intérieure m'a dit que ce serait elle la future mère de Soleil, si celle-ci devait se réincarner.

En quittant les lieux, j'ai laissé à Chantale un petit mot de salutations dans sa boîte aux lettres. Le reste du chemin m'a semblé exceptionnellement court. J'avais l'impression d'être sur un nuage rose à la perspective de retrouver ma chienne un jour. Lorsque j'ai raconté cette histoire à mon conjoint, il m'a trouvée plutôt fantaisiste et n'a pas trop voulu encourager mon espoir. En bon Taureau déterminé que je suis, je m'y suis malgré tout accrochée, comme un chien à son os, et j'ai appelé Chantale.

La pauvre Chantale, qui ne connaissait rien de toutes ces histoires de réincarnation de chien, se devait pourtant d'être polie avec moi, sa cliente. Elle a eu une attitude empreinte de respect et d'écoute lorsque je lui ai parlé de mes lectures de l'année précédente et de ma visite chez elle. Elle m'a dit que la petite chienne que j'entrevoyais comme la future mère de Soleil s'appelait Fanny et qu'elle avait presque sept ans. Chantale proposa de m'appeler dès qu'une de ses chiennes aurait des chiots, mais elle me conseilla de prendre un mâle pour ne pas faire la comparaison avec Soleil. Toujours aussi entêtée, j'ai assuré à Chantale que Soleil reviendrait sous la forme d'une belle grosse femelle en santé.

Ce que je viens de décrire se passait en novembre 1994. Quelques mois plus tard, en juin 1995, j'ai vécu un moment très difficile puisque je me séparais de mon conjoint et emménageais toute seule avec mes deux chats dans une nouvelle maison. Ce n'était vraiment pas le moment, pour moi, d'envisager la venue d'un petit chiot avec tout ce que cela implique comme investissement en temps et en énergie. Et pourtant, vers la fin du mois de juillet, j'ai reçu un appel pour le moins troublant : Chantale m'annonçait que Fanny avait dû subir une césarienne, le 10 juillet, et qu'elle était morte en mettant au monde le seul chiot qu'elle portait dans son ventre. Le chiot, une belle grosse femelle en santé, avait immédiatement été confié à une autre maman chien, Camomille, qui avait, à la même date, mis au monde trois mâles. La petite orpheline se portait à merveille, malgré ses débuts difficiles, et elle était plus robuste que ses frères adoptifs.

C'est l'une des six filles de Chantale, Agathe, âgée de huit ans à l'époque, qui soupçonna la première que le chiot de Fanny pouvait effectivement être ma Soleil réincarnée. Ne dit-on pas que la vérité sort de la bouche des enfants ? Après l'appel de Chantale, les questions se bousculaient dans ma tête. Avais-je réussi, par mes prières et mes lamentations, à faire revenir Soleil à la vie ? Fanny était-elle morte pour donner sa place à Soleil ? Devais-je maintenant assumer les conséquences de mes supplications auprès de l'Univers ?

J'étais dans tous mes états. J'avais à peine la force d'aller chercher le chiot, mais je me sentais responsable de lui et étais certaine que j'aurais des remords de conscience toute ma vie si je n'y allais pas. J'en étais rendue là parce que je n'avais jamais accepté la mort de Soleil. Je suis donc partie pour Saint-Marc-sur-Richelieu, en me demandant si j'allais la reconnaître intuitivement.

Des amis m'avaient conseillé d'apporter quelques effets ayant appartenu à Soleil comme on le fait lorsque l'on veut identifier le futur dalaï-lama ; apparemment, le petit être réincarné reconnaît les objets qu'on lui présente. Le miracle ne s'est pas produit, cependant, et je n'ai pas senti la présence de ma chienne morte en prenant contact avec l'autre. J'étais bien déçue, mais je n'étais pas pour autant certaine que ce n'était pas elle. De plus, au cours des quelques semaines qui ont suivi, j'ai rencontré au moins trois personnes qui étaient persuadées que les animaux peuvent se réincarner ; elles m'ont toutefois précisé qu'il faut à peu près une année avant que l'on puisse affirmer que ce phénomène s'est produit.

J'ai donc été chercher le chiot lorsqu'il était âgé de sept ou huit semaines. Je lui ai donné le nom de Camay, à la suggestion de mon ex-conjoint qui m'avait accompagnée. Environ une semaine après, ma mère est décédée. J'étais brisée par la fatigue et la peine. J'ai donc rapporté Camay chez Chantale et lui ai dit que je me sentais incapable de poursuivre l'expérience. Sans exiger de remboursement, j'ai proposé qu'elle garde Camay pour remplacer Fanny. Chantale n'était pas très contente. Elle trouvait que la petite chienne et moi étions faites l'une pour l'autre. C'était l'enfer ! Trois semaines plus tard, Chantale m'a informée qu'elle avait trouvé de nouveaux maîtres pour Camay, un jeune couple de Français qui retournaient dans leur pays la semaine suivante. Il fallait donc que je prenne une décision très rapidement.

Imaginant Camay dans la soute à bagages, je n'ai fait ni une ni deux et je me suis précipitée chez l'éleveur pour la récupérer. En la voyant, je l'ai appelée par le nom que je lui avais donné, Camay, mais les petites filles de Chantale m'ont corrigée très spontanément : « Mais non, ce n'est pas Camay, c'est Soleil qui s'est réincarnée. » Dès ce moment, elle est devenue Soleil et je l'ai ramenée à la maison, pour mon grand bonheur. Sa présence est aussi, je m'en confesse, une entrave à ma liberté, ce que seul un propriétaire de chien peut vraiment comprendre. Je me rends compte que je n'ai pas été très sage en refusant d'accepter le départ de ma première chienne et en mobilisant tant de pensées et d'énergie pour la faire revenir. Je ne peux dire que Soleil « 2 », qui a maintenant trois ans, n'est pas une source de joies renouvelées, mais je trouve particulièrement difficile d'avoir cette responsabilité compte tenu du fait que je vis seule et que je dois aussi m'occuper de moi, des chats et de la maison, sans oublier mon travail à temps plein pour subvenir à tous nos besoins. Si j'avais tout simplement accepté le départ de Soleil comme un changement d'état et avais continué à cultiver de beaux souvenirs, je me sentirais beaucoup plus légère aujourd'hui, et elle aussi, probablement.

Il ne faut pas regretter nos décisions, mais apprendre d'elles pour ne pas avoir à revivre plusieurs fois les mêmes expériences sans comprendre les messages d'évolution qu'elles nous transmettent. À la suite de l'histoire de Soleil, j'ai pris la résolution d'accepter le plus sereinement possible toutes les autres morts de mon entourage et, évidemment, la mienne le moment venu. Je m'applique donc à comprendre ce que représente la mort. Je consacre aussi du temps à me préparer à cette mort qui m'attend à plus ou moins brève échéance.

En parlant de ce sujet avec une amie, j'ai réalisé que certaines personnes refusent catégoriquement de penser à la mort et de parler de cette réalité avec qui que ce soit. Peut-être n'est-ce pas nécessaire pour tout le monde de réfléchir à la mort en général et à la leur en particulier. Je crois cependant que pour la plupart d'entre nous ce silence par rapport à la mort risque d'être plus nocif que bénéfique.

On pourrait comparer cette situation au fait d'être informé ou non d'un examen qui aura lieu à la fin de l'année scolaire. Pour certains élèves, sages et désireux d'apprendre, savoir qu'il y aura un examen ne changera pas grand-chose à leur attitude ; ils continueront à bien suivre les cours. D'autres, par contre, ne se prépareront pas si l'on ne les avertit pas de l'examen. Certaines personnes vivent comme si elles avaient un temps illimité sur terre et gaspillent le précieux temps qui leur est alloué. Au lieu d'apprendre des valeurs comme l'amour inconditionnel, la justice et la pureté, elles consacrent toutes leurs énergies à accumuler des objets matériels et à poursuivre leurs ambitions de réussite. À la fin de leur vie, elles regrettent de n'avoir pas agi autrement. « Si j'avais su », disent-elles avec toute la nostalgie de quelqu'un qui réalise quelle belle occasion d'évoluer vient d'être ratée. Ce sont les personnes qui sont passées à côté des petites et grandes joies de la vie qui ont le plus peur de la mort. Ce sont aussi les personnes qui n'ont pas réalisé leurs rêves, qui ont laissé traîner des problèmes sans leur trouver de solutions et qui ont laissé les autres détruire leurs espoirs.

On peut penser à la mort sans avoir peur d'elle. À travers toute l'histoire de l'humanité, on a tenté de trouver des explications au sujet de la mort, mais ce n'est qu'à notre propre mort que nous pourrons vérifier ces hypothèses. Par contre, si entre-temps elles donnent un sens à notre vie, nous apportent une certaine paix intérieure et la force de mieux vivre, elles valent la peine que l'on s'y arrête.

La conscience de notre mort, qui peut arriver aujourd'hui même, nous aide aussi à sortir d'une prison de comportements et de rôles qui nous sont imposés de l'extérieur et qui nous empêchent d'accomplir vraiment ce pour quoi nous sommes là. Nous avons tous une capacité d'évaluation personnelle qui doit nous aider à nous libérer des stéréotypes imposés par la culture et la société. Les gens qui refusent de penser à leur mort risquent de toujours remettre à plus tard ce qu'ils savent devoir faire maintenant, et aussi de vivre dans l'attente du lendemain sans aucun but de croissance personnelle. Comme des robots programmés par leur entourage, ils survivent au lieu de vivre, ils subissent au lieu de décider, ils font du « surplace » au lieu d'avancer. Pour obtenir la paix intérieure, l'être humain doit avoir le sentiment qu'il n'utilise pas son temps de façon superficielle et qu'il ne gaspille pas son énergie dans des activités stériles. Au contraire, il doit considérer chaque journée de vie sur terre comme une occasion unique de s'affirmer et de participer à son évolution, sans se précipiter mais en ayant toujours le sentiment de faire un pas en avant et non de reculer.

Mes propos sur la mort ne constituent pas nécessairement une vérité absolue que vous devez croire à tout prix pour expérimenter une belle et bonne mort. Par contre, comme ils s'appuient sur les témoignages de personnes ayant vécu ce que l'on appelle la « mort clinique », et sur ce qu'ont écrit de nombreux chercheurs en ce domaine, ils pourront sûrement vous aider à mieux préparer votre mort. Parmi ce qui a été écrit de plus intéressant sur le sujet de la mort, il y a le *Message du Graal* et les livres du docteur Élisabeth Kübler-Ross et d'Arnaud Desjardins.

Lorsque nous abordons un tel sujet, il est normal que certaines réalités nous surprennent et nous dépassent, mais cela ne veut pas dire qu'elles n'existent pas. Pensez à ce que l'on découvre en observant une goutte d'eau dans un microscope et que l'on ne voit pas à l'œil nu. Oui, les réalités sont nombreuses et pas toujours bien perçues par notre œil critique et sceptique. S'ouvrir à l'inconnu est un signe de maturité spirituelle et même émotionnelle parce que cette attitude ne se manifeste en général qu'après un long processus de réflexion et de confrontation avec la souffrance.

Cette courte synthèse des connaissances sur la mort vous permettra peut-être de commencer à voir la mort de façon plus positive et à ne pas la considérer comme votre pire ennemie. De plus, j'espère que mes réflexions vous inciteront à consulter d'autres écrits, plus complets, sur la question et à vous rapprocher avec amour de personnes en phase terminale qui n'attendent qu'un geste de votre part pour partager avec vous la dernière étape de leur vie terrestre. Si mes propos ont cet effet ne serait-ce que sur quelques personnes, j'en serai infiniment heureuse. Nous avons tous la responsabilité de participer à l'ouverture de la conscience de nos semblables et chaque petit geste fait en ce sens ne peut que contribuer à répandre la joie sur la planète. Qu'en pensez-vous ?

Connaître le processus

Tout ce qui a été dit et écrit sur la mort l'a été par des vivants. Peut-être cette seule constatation vous détournera-t-elle à tout jamais d'une quête visant à mieux comprendre comment se passe la mort. Ou, au contraire, vous accepterez de faire un certain acte de foi en vous disant que toutes ces personnes ayant vécu une expérience de mort clinique ou ayant côtoyé des mourants ont peut-être découvert une partie du mystère. Quant à l'autre partie, celle que nous ne connaîtrons qu'en traversant dans l'au-delà, pourquoi ne pas faire le pari de Pascal en nous disant que nous avons tout à gagner à croire et pas grand-chose à perdre ?

Il en était autrement lorsque les croyances religieuses invitaient les gens à faire des vies de « sacrifices » pour gagner leur ciel et leur faisaient croire que le malheur ici-bas était une façon de mériter le bonheur de l'autre côté. À mon avis, rien n'est plus faux que cette conception de l'au-delà. Au contraire, selon plus d'un penseur, on meurt comme on a vécu et le bonheur du paradis se prépare sur terre. C'est un peu comme pour la retraite dont je parlais dans un chapitre précédent. Mon ami Joseph Savard disait que l'on commence à préparer sa retraite à vingt ans. On pourrait donc dire que l'on commence à préparer sa mort, instinctivement, dès le premier jour de sa naissance, puis de façon plus consciente lorsque l'on a l'âge de comprendre ce qu'est le passage de la vie terrestre à l'au-delà. J'ai déjà entendu dire que mourir, c'est tout simplement déménager dans une plus belle maison, un peu comme le papillon quitte son cocon pour voler allègrement vers sa liberté. Quelle belle image positive de la mort !

Comme je l'ai mentionné précédemment, j'ai connu quelques personnes, tout à fait dignes de confiance, qui ont vécu l'expérience de la mort clinique. Je considère comme un privilège unique d'avoir su recueillir leur témoignage. Il s'agit de ma mère, de mon frère Louis, de mon ami Georges Labbé, dont je vous ai parlé dans mes livres précédents, d'un autre ami, Steve, qui vit présentement à New York, et de Solange qui vit en banlieue de Québec. Toutes ces personnes m'ont raconté ce qui s'était passé dans les minutes suivant le diagnostic de leur mort clinique et j'ai été vraiment frappée par la ressemblance de leurs récits. Toutes m'ont dit qu'elles avaient quitté leur corps physique et avaient eu l'impression de flotter au-dessus de lui. Elles ont aussi affirmé qu'elles percevaient tout ce qui se passait autour de leur corps et qu'elles entendaient les conversations à leur sujet.

La mort clinique de ma mère est survenue alors qu'elle était en train d'accoucher. Elle souffrait d'un problème, fréquent à cette époque, qui occasionnait souvent la mort de la mère, et parfois aussi celle de l'enfant. Elle se sentit donc quitter son corps et elle traversa un long tunnel au bout duquel se trouvait une lumière chaude et accueillante. Elle m'a raconté que, rendue à cet endroit, elle aurait préféré continuer sa route vers la paix et la sérénité, car elle savait qu'en revenant à l'intérieur de son corps, ce serait de nouveau le combat. Elle entendit alors un médecin, le docteur Stephen Langevin, dire qu'on lui ferait une « saignée », une méthode peu utilisée à l'époque mais qui avait fait ses preuves auparavant. Ce médecin était reconnu pour ses méthodes et ses traitements peu orthodoxes. Au même instant, ma mère a eu la certitude qu'elle avait une décision à prendre, soit de rester dans l'au-delà, soit de revenir sur terre. Elle a alors songé à mon père avec ses nombreux enfants et s'est dit qu'elle ne pouvait pas le laisser tout seul avec ce fardeau. Elle est donc revenue délibérément, par amour pour lui, mais elle m'a souvent répété qu'elle aurait préféré, pour elle-même, rester de l'autre côté.

Lors de leur mort clinique, mon frère Louis ainsi que mes amis Georges et Steve ont aussi traversé un long tunnel au bout duquel ils ont été accueillis par des visages connus et souriants. Il s'agissait d'amis ou de parents déjà décédés avec lesquels ils avaient eu de bonnes relations. Les trois ont affirmé que, depuis leur expérience, ils n'ont plus du tout eu peur de la mort. Au contraire, ils ont été dès lors convaincus que ce qui nous attend « de l'autre côté » est très rassurant, qu'à cet endroit, tout est sérénité, paix et quiétude enveloppante.

La seule personne qui a vécu quelque chose de difficile au moment de sa mort clinique, c'est Solange. Lorsqu'elle a traversé le tunnel, elle a été complètement ignorée par ceux et celles qui étaient à l'autre bout. Elle a été emmenée un peu plus loin et elle a entendu une voix lui dire qu'elle pouvait retourner sur terre, mais qu'elle devait y apprendre à être heureuse si elle ne voulait pas mourir spirituellement et être réduite à néant. De toutes les personnes m'ayant raconté leur mort clinique, Solange est la seule qui avait voulu se donner la mort elle-même. Elle a donc décidé de revenir dans notre monde, et on lui a fait un massage cardiaque après lui avoir ouvert la cage thoracique. Elle a beaucoup souffert physiquement de cette expérience, mais elle en a gardé des traces psychologiques et spirituelles très positives. Depuis sa tentative de suicide, elle travaille bénévolement auprès des jeunes et donne des conférences sur la prévention du suicide. Elle a effectivement réalisé qu'elle devait apprendre à être heureuse malgré toutes les épreuves de la vie. Aujourd'hui, elle n'a pas peur de mourir de nouveau parce qu'elle sait que, la prochaine fois, elle sera bien reçue par ses amis décédés. Comme elle le dit elle-même, avant sa tentative de suicide elle passait ses journées à dire qu'elle serait mieux morte et ignorait tout le monde autour d'elle. C'est sans doute la raison pour laquelle elle n'a pas été bien accueillie de l'autre côté. La façon dont on l'avait accueillie était le reflet de ce qu'elle projetait, tout simplement.

L'auteur du *Message du Graal* parle aussi de la mort comme d'une étape pour retrouver nos semblables. Il explique que, sur terre, il est possible de côtoyer des gens complètement différents de nous sur le plan spirituel parce que nous sommes protégés par notre corps physique. Selon lui, la loi de l'attraction des affinités fait en sorte qu'après le détachement de notre âme de l'enveloppe que constitue notre corps de chair et de sang, celle-ci se retrouve nécessairement avec des âmes de même espèce. Cette explication me fait penser à la description plus allégorique que l'on nous faisait auparavant des différents étages du ciel. Plus on mourait dégagé de ses mauvais penchants et plus on accédait à un niveau élevé du paradis.

On pourrait comparer la mort à un intermède qui nous permet tout simplement de changer de vêtements avant de poursuivre notre cheminement spirituel, sans que l'âme fasse automatiquement un bond d'évolution uniquement parce qu'elle a quitté la terre. En effet, selon la loi des semailles et des moissons, au moment de notre mort notre âme demeure au degré d'évolution où nous sommes rendus. Ainsi, une personne qui n'a investi toute sa vie que dans le matériel, ou qui n'a jamais appris le bonheur sur terre, conservera ces caractéristiques lorsqu'elle traversera dans l'au-delà. Une telle personne aura donc encore beaucoup de pain sur la planche avant de se sentir dégagée.

Heureusement, les êtres humains sont dotés d'une ressource inestimable, le libre arbitre, qui leur permet de décider de quelle façon ils vont utiliser leur potentiel sur terre. On a l'habitude de décrire l'arrivée au « paradis » comme ayant lieu devant saint Pierre. Ce n'est en fait qu'une image pour nous faire prendre conscience qu'au moment de traverser de l'autre côté on voit toute sa vie se dérouler devant soi, en une fraction de seconde. C'est alors que l'on se rend compte si, oui ou non, on a vraiment profité de ce temps précieux sur terre. Sachant cela, je ne peux que vous exhorter à trouver ce qui donnerait le plus de sens à votre vie et à vous y consacrer sans tarder parce que vous allez très certainement mourir un jour et que vous ne connaissez pas l'heure de votre départ. Vivez, aimez, et comprenez l'importance de grandir spirituellement.

Apprivoiser la mort

Pour apprivoiser quelque chose, se le rendre familier et moins difficile à envisager, il faut s'en approcher et y investir patiemment de notre temps. Tous ceux qui ont éduqué un animal vous diront qu'ils n'obtiennent pas des résultats du premier coup. Donc, selon la relation que vous avez avec la réalité de la mort, vous aurez plus ou moins de temps à consacrer pour lui enlever son masque de peur et le remplacer par une image positive de sérénité.

À mon avis, la meilleure façon d'apprivoiser la mort est d'y penser et d'en parler comme l'on parlerait d'une amie lointaine que l'on est certain de revoir un jour, mais sans savoir exactement quand cette rencontre aura lieu. Je trouve aussi qu'il serait utile de familiariser les enfants avec la réalité de la mort, que ce soit lors du décès d'un membre de la famille ou d'un animal de compagnie. Si l'on apprenait très jeune que la mort est quelque chose de tout à fait naturel, on en aurait sûrement moins peur. Le fait d'apprivoiser la mort n'enlève pas le chagrin d'être séparé temporairement de ceux qui nous sont chers, mais on peut dédramatiser ces départs en les comparant à des voyages dans des pays lointains. On ne pleure pas à fendre l'âme lorsque l'on accompagne quelqu'un à l'aéroport, même si l'on ne sait pas si l'on reverra cette personne un jour prochain. Pourquoi, alors, être si abattu lorsqu'une personne quitte son enveloppe terrestre pour reprendre ses attributs plus spirituels et continuer sa route dans une autre dimension ?

J'ai lu dans plusieurs ouvrages traitant de la mort que l'on devrait éviter à tout prix les scènes dramatiques de pleurs excessifs et de crises d'hystérie dans les cérémonies à la mémoire d'un mort. Une telle cérémonie devrait avoir pour objectif de souhaiter à la personne décédée un bon voyage dans l'au-delà, et les manifestations de grande tristesse risquent de perturber cet être qui est encore très près de son corps physique et qui peut, semble-t-il, percevoir les émotions de peine ou de colère. C'est donc un très mauvais service à rendre au défunt que de réagir fortement. Si certaines personnes ne sont pas prêtes à vivre leur deuil sereinement ou manquent de maturité émotionnelle, il est conseillé de les tenir éloignées du défunt, particulièrement dans les premières heures après le décès.

Une autre belle façon d'apprivoiser la mort, c'est de se rapprocher des grandes œuvres, musicales, littéraires ou picturales, dont la source d'inspiration a été la mort. Que l'on pense, par exemple, aux magnifiques *requiem* composés par les plus grands musiciens et l'on réalisera que la mort peut représenter la beauté et la sensibilité plutôt que d'inspirer la frayeur. En se laissant toucher par de tels chefs-d'œuvre, on constate notre très grande vulnérabilité, mais on accepte aussi plus facilement qu'au-delà des apparences corporelles il existe une autre réalité, plus spirituelle, qui nous invite au dépassement et à l'abandon.

Préparer son départ

Préparer son départ ne fait mourir ni plus vite ni plus tard. Je parlais récemment avec un ami de longue date qui doit subir des examens médicaux et qui a réalisé que sa vie physique ne serait pas éternelle. Il a donc décidé de mettre de l'ordre dans ses papiers, de refaire son testament et de commencer à préparer sa préretraite. Il m'a confié que cette démarche avait constitué pour lui un grand réconfort ; s'il ne l'avait pas faite, toute l'œuvre de sa vie risquait de s'effondrer parce qu'il n'avait rien prévu pour la gestion de ses avoirs après son décès. Il est maintenant heureux et soulagé, sans pour autant s'imaginer que cette démarche le conduira au ciel plus tôt que prévu.

Il n'est pas nécessaire de dépenser beaucoup pour préparer son départ sur le plan matériel. Au Québec, trois sortes de testaments sont acceptées légalement. Il y a le testament notarié, préparé par un notaire et enregistré dans le registre central des droits personnels et réels mobiliers. Il y a aussi le testament dit « olographe », c'est-à-dire entièrement écrit par le testateur lui-même. Enfin, le testament, sous forme anglaise, moins utilisé, peut être dactylographié, et signé par le testateur, mais il doit aussi être signé par deux témoins. Les testaments olographes ou sous forme anglaise devraient être laissés dans un endroit sûr pour que les dernières volontés de celui ou celle qui s'en va soient bien exécutées.

Depuis quelque temps, on parle aussi de testaments vidéo. En enregistrant un témoignage sur bande vidéo, on peut ainsi, même après son départ, parler à ses proches. Je tiens à préciser qu'un tel testament n'a qu'une valeur sentimentale ; en aucun cas il ne sera considéré sur le plan légal. Ces vidéo sont réalisées par des amateurs, à des prix qui varient selon le produit final désiré. J'entendais dernièrement, à la télévision, des personnes âgées ayant fait préparer de telles cassettes. Elles étaient ravies du résultat et se plaisaient à imaginer leurs enfants et leurs petits-enfants les visionnant après leur décès. C'est une intéressante façon de rendre la mort moins douloureuse et d'offrir à ses proches un beau souvenir de soi.

Il n'y a pas qu'une seule façon d'entreprendre la préparation psychologique et spirituelle de sa mort. Chacun doit se fier à son intuition et à ce que la vie lui offre pour trouver la clé. Certains commenceront cette préparation lors de la perte d'un être cher alors que d'autres la feront au moment d'une étape difficile de leur vie. Il est cependant rare qu'une personne jeune, en santé et sans problèmes majeurs amorce une recherche en ce sens. C'est aux parents et aux éducateurs de fournir aux jeunes tous les outils nécessaires pour leur permettre d'affronter, le moment venu, les épreuves inévitables de la vie, dont la mort.

Ma mère a préparé sa mort d'une façon tellement belle et sereine que j'ai décidé de vous raconter comment elle s'y est prise. Elle a commencé à me parler de son départ au moins deux ans avant qu'il ait lieu. Elle vivait toujours seule, à l'âge respectable de 86 ans. Elle continuait de lire ses journaux, d'écouter ses émissions favorites à la télévision, et se disait toujours heureuse de recevoir la visite de ses enfants et petits-enfants. Par contre, elle me disait qu'elle commençait à ressentir le goût de quitter son cocon pour redevenir papillon. Elle me prépara donc, ainsi, pendant deux années en me disant que le moment approchait et qu'il ne fallait pas que j'aie de peine lorsqu'elle devrait quitter la terre. Elle mangeait un peu moins et se préparait au grand départ.

Le 8 septembre 1995, la veille de l'anniversaire de mariage de mes parents, mon frère se rendit chez elle et la trouva « endormie », confortablement installée dans son fauteuil préféré. Elle avait fait sa toilette, était bien coiffée et habillée, et portait ses lunettes parce qu'elle écoutait une émission à la télévision. C'est ainsi qu'elle nous a quittés, sans bruit et le sourire aux lèvres. Lorsque je l'ai vue, dans son cercueil, elle m'a semblé tellement sereine que j'ai éprouvé une joie profonde malgré la tristesse de la séparation physique. Qui pourrait rêver d'un départ plus paisible que celui-là ? L'avait-elle préparé ou était-ce le fruit du hasard ? Je me plais à croire que, si l'on entretient des pensées positives au sujet de sa propre mort, on peut avoir une mort très douce, et être conscient du moment du départ.

On ne le répétera jamais assez : la meilleure préparation à la mort réside dans le fait de vivre pleinement les années que l'on a à vivre, qu'il y en ait beaucoup ou peu. Pas nécessairement en sortant des sentiers battus ou en se démarquant des autres, mais tout simplement en appréciant, chaque minute de notre vie, le plaisir de l'émerveillement. Les hommages à la vie sont innombrables : les couchers de soleil, un enfant qui sourit, une musique charmeuse, le plaisir de l'eau qui coule sur son corps, les odeurs merveilleuses de la nature ou de la cuisine, un bon livre, une caresse à son animal de compagnie, et même le sourire d'un inconnu. Si nous savons goûter ces plaisirs, nous accepterons la mort avec plus de sérénité lorsqu'elle décidera de venir nous chercher.

Rencontrer des personnes près de la mort

Certaines personnes partent très rapidement et d'autres, moins. Il existe maintenant des lieux privilégiés où les personnes en phase terminale reçoivent des soins qui rendent leurs derniers moments moins pénibles et qui leur permettent de mourir dans la dignité. Ces maisons de mourants sont une bonne chose, mais elles risquent, par ailleurs, d'isoler les malades, de créer un trop grand écart entre eux et les bien portants.

Dans certaines sociétés, on considère la mort différemment et on permet aux gens de terminer leur vie chez eux, entourés de leurs proches. Ici, on a souvent l'impression que l'on veut cacher les morts. Le passage sur terre se termine dans un salon funéraire. Lorsque mon père est décédé d'une crise cardiaque, sur notre terrain où il aimait tant jardiner, son corps a été exposé dans la résidence familiale. Je suis certaine que cette initiative de la famille a été des plus positives et qu'elle nous a laissé, à tous, un souvenir plus chaleureux que si nous l'avions vu, pour la dernière fois, dans un endroit impersonnel et froid.

Ce n'est pas toujours possible de vivre de telles expériences, ni même de permettre aux gens de passer d'une vie à l'autre chez eux. Le rythme de la vie moderne nous empêche, la plupart du temps, de partager un dernier moment d'intimité avec ceux et celles qui nous quittent pour l'autre monde. Il existe cependant tout un réseau de bénévoles qui rendent régulièrement visite aux malades en phase terminale et tentent de compenser le mieux possible l'absence de la famille. Ces bénévoles œuvrent également auprès des familles pour favoriser le contact entre ceux qui partent et ceux qui restent. Heureusement, les attitudes à ce sujet ont beaucoup évolué au cours des dernières années. Les mourants sont de moins en moins seuls et on leur manifeste énormément d'amour. Il ne faut pas avoir peur de s'approcher de ces personnes. Elles ont certes beaucoup à recevoir de nous, mais elles peuvent aussi nous apporter beaucoup par cette expérience unique qu'elles vivent maintenant et que nous vivrons nous-mêmes un jour.

Je me souviens d'un monsieur très âgé que je faisais manger, tous les dimanches midi, lorsque j'étais bénévole à l'hôpital Saint-Charles-Borromée, à Montréal. Les visites se sont échelonnées sur plusieurs mois avant que cet homme décède. Lorsque je l'ai rencontré, il était grabataire et ne parlait pas du tout. L'infirmier de garde m'avait dit qu'il était très malade et n'avait pas conscience de ce qui se passait autour de lui. Il m'avait même conseillé de mélanger sa nourriture pour aller plus vite, en précisant que le vieil homme ne s'en rendrait pas compte. J'ai cependant préféré agir comme s'il comprenait ce que je lui disais. Je me suis donc présentée, puis lui ai expliqué que je viendrais tous les dimanches midi lui donner son repas. Il n'a eu aucune réaction à mes propos, mais j'ai continué de le traiter de la même façon. Chaque semaine, en le faisant manger, je l'informais de ce qui était au menu et je lui parlais de choses et d'autres.

Le dernier dimanche avant son décès, en arrivant dans sa chambre, j'ai vu que l'on venait de lui laver les cheveux. Il avait une belle et abondante chevelure toute blanche. J'y ai passé ma main en disant au vieil homme à quel point je le trouvais beau avec sa magnifique chevelure. Je n'oublierai jamais son regard attentif, ni les larmes sur ses joues après que je lui ai fait part de mon admiration. J'ai même cru déceler un sourire timide sur son visage frêle mais illuminé.

On m'a dit qu'il est mort quelques heures après mon départ. Notre dernière rencontre a peut-être été, pour lui, le « mieux de la mort » et j'ose espérer que ma simple présence aimante a facilité son passage dans l'autre monde.

Imaginer sa renaissance

La pratique de la programmation du subconscient et de la visualisation créatrice a permis à mon imagination de devenir de plus en plus fertile, plus féconde en idées fantaisistes. Et ce, pour mon plus grand bonheur, car, avec l'imagination en action, on ne s'ennuie jamais. On me dit souvent que je suis une grande rêveuse, et cela ne me dérange pas du tout parce que je sais que je suis aussi très présente lorsque la vie me le demande et que j'assume pleinement mes responsabilités. Le monde imaginaire dans lequel je me plais à naviguer très souvent est donc une partie vraiment agréable de mon existence ; j'y rêve les plus belles histoires où tout se déroule évidemment dans l'harmonie et l'amour.

Afin de terminer ce livre en beauté, j'ai donc imaginé de vous parler de renaissance, de la vôtre et de la mienne, sur cette terre ou dans l'au-delà, selon vos croyances personnelles. Si vous avez la certitude que la mort met fin à toute forme de vie, mes propos vous paraîtront sûrement invraisemblables. Mais ne vous privez pas du plaisir de les lire pour autant… juste au cas où vous seriez dans l'erreur et qu'au contraire la vie continuerait après la mort physique. Imaginer sa renaissance dans l'au-delà ou sur terre, lors d'une prochaine vie, peut constituer une façon efficace de combattre sa peur de la mort et de semer pour l'avenir.

Permettez-moi de m'écarter un peu du thème de ce livre et de faire ici une parenthèse avant de poursuivre sur ma renaissance future.

Les lecteurs et les lectrices de *Dialogue avec l'âme sœur*, paru en 1990, m'ont souvent demandé, par écrit ou lors de mes conférences, ce qui était advenu du couple dont je parlais dans ce livre et qui, de toute évidence, était composé de moi-même et de celui que j'ai appelé mon « âme sœur ». Ces deux personnes, que l'amour avait en quelque sorte surpris, mais qui n'étaient pas libres, devaient choisir leur devenir en tenant compte des conséquences que ce choix entraînerait dans leur vie respective. J'ai abordé très brièvement cet aspect de ma vie dans mon dernier ouvrage, en mentionnant que je vivais seule depuis quelques années. À ce moment-là, j'attendais toujours le dénouement de cette belle histoire d'amour et d'amitié.

Je veux aujourd'hui lever le voile sur elle et y répandre un peu plus de lumière. J'espère que cette attitude d'ouverture de ma part permettra d'éviter toute ambiguïté et sèmera de belles pensées positives susceptibles d'aider toutes les personnes impliquées dans cette histoire à cheminer vers un bonheur tout simple, paisible, dans cette vie ou dans une autre. Elle aidera peut-être également ceux qui vivent une situation similaire à accepter les imprévus de la vie tout en respectant les choix que d'autres personnes font et qui ont une influence sur leur propre existence.

La suite de cette histoire d'âmes sœurs, qui a débuté il y a presque dix ans déjà, par une amitié, se résume à peu de choses. J'ai décidé de me séparer de mon conjoint par besoin d'authenticité et, comme je l'ai réalisé par la suite, pour réussir à guérir du problème de dépendance affective dont je souffrais, mais dont je n'étais pas complètement consciente au moment de ma rencontre avec mon âme sœur. Je dois souligner ici que j'ai eu la chance inouïe d'avoir un conjoint solide ; il ne s'est pas objecté à notre séparation parce qu'il a compris l'importance de cette âme sœur dans ma vie et a eu le courage d'affronter cette réalité en toute lucidité. N'eût été son intégrité exceptionnelle et sa grandeur d'âme, peut-être n'aurais-je pas eu le courage de me séparer et de traverser toutes les étapes qui m'ont finalement conduite à la liberté affective et émotionnelle. Mon plus grand mérite a sans doute été d'avoir été franche avec lui, et le sien, d'accepter de me laisser partir malgré notre attachement réciproque.

Les événements se sont déroulés différemment pour mon âme sœur. En effet, il a opté pour « l'ordre des choses », soit la troisième solution proposée à la fin de *Dialogue avec l'âme sœur*. Les deux âmes sœurs n'ont pas suivi la même route et se retrouvent donc séparées. C'était sans doute là leur destin.

Pourquoi avoir tant cheminé pour en arriver à une telle impasse ? La réponse à une telle question est certainement complexe. Mais j'en suis venue à la conclusion, notamment, que je devais accepter de lâcher prise, de renoncer à l'amour au quotidien. Il me fallait mourir à ce désir qui m'était pourtant si cher et m'abandonner à un destin auquel je ne pouvais plus rien parce que d'autres personnes y intervenaient. Ce faisant, j'ai eu l'impression de devenir plus grande, plus belle et plus amoureuse que jamais parce que j'acceptais de dire à mon âme sœur : « Je renonce, pour l'instant, à vivre avec toi, sans pourtant renoncer à une parcelle de l'amour que j'ai pour toi et sans juger d'aucune façon le choix de vie que tu as fait. » Oui, j'accepte, sans juger et sans regretter.

Ce long cheminement parsemé d'embûches, de peine et de déceptions n'est-il pas aussi celui qui m'a permis de me libérer de la dépendance affective et qui m'a donné accès à mon enfant intérieur, libre et créateur ? De plus, sans ce cheminement difficile, mes deux derniers livres n'auraient peut-être jamais vu le jour.

Cette expérience d'évolution m'a également appris que les valeurs profondes d'une personne peuvent se révéler à nous au fil du temps et de notre propre niveau de conscience. Sur cette route escarpée, particulièrement depuis que je vis seule, j'ai pu mieux apprécier les qualités de mon ex-conjoint et j'ai été en mesure d'admirer plus lucidement le courage incroyable dont il a fait preuve tout au long de sa vie. Ce livre sur les peurs et les façons de les vaincre lui est donc dédié, en hommage à la force qui l'habite et qui a toujours été sa marque de commerce. J'ai la joie de dédier aussi ce livre à Marie-Josée, sa fille, que j'aime beaucoup, et à qui il a légué ce courage remarquable de traverser les plus grandes épreuves en gardant le moral et en acceptant le combat de la vie.

Mais, et c'est peut-être le plus beau de mon histoire, je n'ai pas vraiment renoncé à mes rêves, dans cette vie ou dans une autre. Est-ce en raison de la détermination qui me caractérise, ou d'une force issue de l'amour que seule une âme sœur peut susciter chez un être humain ? Je n'en sais rien, mais, étant persuadée que la vie devant nous peut encore être longue et belle, j'ose espérer que le ciel me viendra un jour en aide pour me permettre de réaliser ce beau projet de vivre mon amour pour cette âme sœur ou une autre de façon plus concrète.

Au cas où cette belle perspective ne pourrait se réaliser, j'ai aussi ma solution de rechange. À la suite des longues discussions que nous avons eues, lui et moi, et des affinités que nous nous sommes découvertes au fil des années, notamment dans le monde merveilleux de la musique, j'ai imaginé, pour nous, une renaissance très spéciale dans une prochaine vie.

Après avoir bien préparé notre retour sur terre par de longues conversations dans l'au-delà, nous pourrions faire le pacte de nous incarner un jour, à quelques années d'intervalle, après avoir demandé à la vie de nous doter tous deux d'aptitudes exceptionnelles pour la musique. Lui deviendrait chef d'orchestre et moi, pianiste de concert. Nous nous rencontrerions évidemment dans la vingtaine, libres de toute attache. Et nous pourrions finir l'histoire, ou plutôt la commencer enfin, en écrivant : « Ils vécurent heureux et décidèrent de continuer ensemble leurs pérégrinations pour l'éternité, unis, depuis toujours et pour toujours, par leur très grande amie, la musique. »

C'est dans l'atmosphère grandiose de cette symphonie cosmique qu'il me faut maintenant vous quitter, encore une fois, mais peut-être pas pour très longtemps. Je vous souhaite bonne route, sur cette terre et dans tous les lieux qu'il vous plaira de visiter au cours de vos prochaines vies. Néanmoins, quels que soient vos rêves les plus merveilleux pour l'avenir, n'oubliez tout de même pas de vivre intensément le présent. Il n'appartient qu'à vous de prendre les moyens nécessaires pour que chaque journée soit toujours la plus intense de votre vie, comme s'il s'agissait de la dernière. Je fais le vœu sincère qu'après la lecture de ce livre la vie et la mort représentent désormais, pour vous, une continuité merveilleuse sans laquelle aucun espoir d'évolution ne pourrait exister.

En guise de conclusion

Caché dans toutes nos peurs, même les plus redoutables, il y a un levier puissant qui peut nous permettre d'être plus authentiques et, surtout, de prendre contact avec l'envers de la médaille. En effet, chacune de nos peurs recèle son contraire, c'est-à-dire qu'elle comporte un côté positif qu'il est important d'explorer pour que nous ne nous laissions pas écraser par la peur initiale.

Lorsque la peur est mise en lumière, avec l'aide de la volonté et de l'intuition, puis qu'elle est transformée en outil d'évolution, elle n'a plus d'effets dévastateurs sur l'être humain devenu vrai, devenu fort.

En guise de conclusion, je vous offre un extrait d'un de mes livres de chevet préférés, écrit par ce grand homme qu'est Lanza del Vasto, dont les textes m'ont toujours aidée à mieux comprendre mes peurs et à m'en libérer.

La Grande Peur

La nuit tombait. La route s'enfonça dans la forêt plus noire que la nuit.

J'étais seul, désarmé. J'avais peur d'avancer, peur de reculer, peur du bruit de mes pas, peur de m'endormir dans la nuit redoublée.

J'entendis des craquements sous bois et j'eus peur. Je vis luire entre les troncs des yeux de bête et j'eus peur. Puis je ne vis plus rien et j'eus peur, plus que jamais.

Enfin, de l'ombre, une ombre sortit qui me barra la route : " Allons ! Fais vite : c'est la bourse ou la vie ! "

Et je fus presque soulagé par sa voix d'homme car j'avais d'abord cru rencontrer un fantôme ou un démon.

Il dit : " Si tu te défends pour sauver ta vie, je prendrai d'abord ta vie et ta bourse ensuite. Mais si tu me donnes ta bourse seulement pour sauver ta vie, je prendrai d'abord ta bourse, et ensuite ta vie. "

Mon cœur s'affolait, mon cœur se révoltait.

Perdu pour perdu, mon cœur se retourna.

Je tombai à genoux, je criai : " Tout ce que j'ai, prends-le, Seigneur, et tout ce que je suis. "

Aussitôt la peur me quitta et je levai les yeux.

Il n'y avait devant moi que lumière. La forêt en était toute verte.

Lanza del Vasto, *Approches de la vie intérieure*,
Éditions Denoël Gonthier

Pourrait-on déduire, à la lecture de ce texte, que la peur et le chagrin ne sont qu'illusion, et n'ont leur raison d'être que dans la confusion de l'âme ? L'esprit éclairé et l'âme épurée puisent leur énergie dans l'amour, la joie et la confiance. Nos plus grandes peurs peuvent ainsi être transformées en forces !

De la même auteure

Pourquoi pas le bonheur ? L'art de vivre heureux par la pensée positive, Éditions Le Dauphin Blanc, 2006

De la même auteure, parus initialement aux Éditions Libre Expression et à paraître aux Éditions Le Dauphin Blanc :

Petits Gestes et Grandes Joies : l'aide-mémoire des gens heureux, le bonheur est le fruit d'un apprentissage simple et accessible à tous.

Les clés du bonheur, la triple mise en forme physique, psychologique et spirituelle, clé du succès.

Le courage d'être heureux, le bonheur ne tombe pas du ciel comme la neige en hiver. Il vient à ceux qui ont le courage d'être heureux contre vents et marées.

Dialogue avec l'âme sœur, existe-t-il une âme sœur unique et parfaite ? La recherche d'une communication intense et durable est-elle utopique ?